KB268484

창업 전략 바이블

창업 전략 바이블

발행일	2026년 3월 20일

지은이	구본성
펴낸이	손형국
펴낸곳	(주)북랩

출판등록	2004. 12. 1(제2012-000051호)
주소	서울특별시 금천구 가산디지털 1로 168, 우림라이온스밸리 B동 B111호, B113~115호
홈페이지	www.book.co.kr
전화번호	(02)2026-5777
팩스	(02)3159-9637

ISBN	979-11-7598-177-5 13320 (종이책) 979-11-7598-178-2 15320 (전자책)

잘못된 책은 구입한 곳에서 교환해드립니다.

이 책은 (주)북랩이 보유한 리코 장비로 인쇄되었습니다.

작가 연락처 문의 ▸ ask.book.co.kr

전용 게시판에 문의를 남기시면 저자에게 직접 전달됩니다.

(주)북랩 성공출판의 파트너

북랩 홈페이지와 SNS에서 다양한 출판 솔루션을 만나 보세요!

홈페이지 book.co.kr   •   **블로그** blog.naver.com/essaybook   •   **출판문의** text@book.co.kr

카톡채널 북랩

창업 전략
바이블

구본성 지음

불확실성의 시대, 창업은 '용기'가 아닌 '전략'이다

우리는 지금까지 경험해 보지 못한 속도로 변화하는 시대에 살고 있습니다. 기술은 더 이상 점진적으로 발전하지 않고 있으며, 인공지능(AI)은 이미 인간의 판단과 노동을 대체할 수준에 이르렀습니다. 세계 경제 질서는 예측할 수 없는 충격과 변동을 반복하고 있습니다. 한 직업이 평생을 보장하던 시대는 이미 지나갔으며, "지금 하는 일이 5년 후에도 존재할까?"라는 질문은 더 이상 막연한 두려움이 아니라 우리가 모두 직면한 냉철한 현실이 되었습니다. 이러한 환경 속에서 창업은 선택이 아닌 생존 전략이자, 미래를 주도적으로 설계하려는 이들에게 가장 강력한 도구로 자리매김하고 있습니다.

누군가는 생계를 위해, 또 다른 이는 더 나은 삶과 자유를 추구하며, 혹은 자신의 가치와 사명을 실현하기 위해 창업의 길에 나섭니다. 그러나 그 동기가 무엇이든 한 가지 변하지 않는 진실이 있습니다. 바로 전략 없는 창업은 무모하며, 감에만 의존한 도전은 결국 도박에 불과하다는 점입니다. 전쟁터에서 전략 없는 용기가 비극을 초래하듯, 오늘날의 창업 역시 뜨거운 열정만으로는 지속될 수 없습니다. 이제 창업은 단순한 '도전'을 넘어, 불확실성 속에서 기회를 포착하고 체계적으로 구조화하는 가장 치밀하고 지적인 게임이 되었습니다.

왜 지금 '전략적 창업'이 중요한가

과거에는 '아이디어만 좋으면 된다'라거나 '일단 부딪히며 배우라'는 조언이 널리 통하던 시절이 있었습니다. 저자 역시 2000년대 초반, 실리콘밸리에서 창업할 당시, 명확한 전략 문서 없이도 빠른 실행력만으로 성과를 낸 경험이 있습니다. 당시에는 시장의 변화 속도가 지금보다 느렸고, 경쟁도 단순했으며, 실패에 따른 비용 역시 감당할 만한 수준이었기 때문입니다.

하지만 현재 상황은 완전히 달라졌습니다. 오늘날의 경쟁자들은 데이터를 기반으로 움직이며, 고객의 무의식까지 분석하고, 시장의 틈새를 우연이 아닌 의도적으로 공략합니다. 이제 승부는 '누가 더 빨리 시작했는가?'가 아니라 '누가 더 정확하게 문제를 정의하고 체계적으로 실행하는가?'에 달려 있습니다. 창업은 더 이상 낭만적인 모험이 아닙니다. 복잡한 환경 속에서 기회를 구조화하고, 검증과 학습을 반복하며 생존을 성과로 전환하는 고도의 전략적 과정이 되었습니다.

본질에 충실한 전략을 지닌 창업가는 혼란 속에서도 나침반을 든 선장처럼 흔들림 없이 나아갑니다. 반면, 전략이 부재한 창업가는 작은 바람에도 쉽게 항로를 벗어나고 맙니다.

성공한 사람들의 공통점: 아이디어가 아닌 사고방식의 차이

우리는 성공한 창업가들을 보며 그들의 독창적인 아이디어나 대담함에 감탄하곤 합니다. 그러나 수많은 사례를 분석해 보면, 진정한 차이는 아이디어 자체가 아니라 '문제를 구조적으로 사고하는 방식'에 있다는 것을 알 수 있습니다. 이들은 불확실성을 회피하려 하지 않고, 오히려 이를 전제로 삼아 그 안에서 취할 수 있는 전략적 선택지를 체계적으로 설계합니다.

그들은 질문 자체가 다릅니다. "이 아이디어가 성공할까?"라고 묻는 대신, "이 문제를 어떤 시장 구조에서, 어떤 고객을 대상으로, 어떤 방식으로 해결해야 지속 가능할까?"라고 질문합니다. 감에 의존하지 않고 논리와 체계적인 프레임워크, 즉 '전략'을 통해 해답을 찾아냅니다.

이 책이 전하는 메시지는 명확합니다. "창업은 전략적 사고에서 출발한다"라는 점입니다. 전략을 갖춘 창업가는 위기 속에서도 기회를 찾아내지만, 전략 없는 열정은 금세 소진되고, 방향 없는 실행은 반복되는 시행착오에 빠지기 마련입니다.

당신의 미래를 체계적으로 설계하는 통합 로드맵

이 책은 창업을 단순히 '사업을 시작하는 행위'로만 보지 않습니다. 창업은 자신의 인생과 자원을 어떻게 배분할지에 대한 가장 중요한 결정이자, 스스로 미래를 만들어 나가는 강력한 수단입니다.

이를 위해 창업 과정을 단순한 '아이디어 → 실행 → 성장'의 직선적 흐름이 아니라, 전략적 사고 → 기회 설계 → 실행 체계 구축 → 지속 가능한 성장으로 이어지는 유기적인 시스템으로 재구성하였습니다. PART 1부터 PART 7까지 이어지는 여정은 창업가의 내면에서 출발해 시장과 조직, 그리고 리더십의 완성에 이르기까지, 당신을 전략적 리더로 성장시키는 완벽한 가이드가 될 것입니다.

이 책은 특정 세대나 단계에 국한되지 않습니다.

- 20대에게는 막연한 가능성을 구체적인 전략으로 전환하는 기준이 됩니다.
- 30대와 40대에게는 경력 전환과 안정적인 도전을 위한 체계적인 로드맵을 제공합니다.

- 50대 이상 세대가 평생 쌓아온 경험을 전략적 자산으로 전환하는 효과적인 방법을 제시할 것입니다.

변화를 향한 초대의 메시지

이 책을 다 읽고 나면, 두 가지 중요한 변화가 찾아오길 바랍니다. 첫째, 창업에 대한 당신의 시각이 완전히 달라질 것입니다. 막연히 '내가 과연 할 수 있을까?'라는 의심은 '어떻게 전략적으로 성공을 끌어낼 것인가?'라는 확신에 찬 질문으로 바뀔 것입니다.

둘째, 완벽하지는 않더라도 세상에 단 하나뿐인 '나만의 창업 전략 로드맵'을 손에 쥐고 있을 것입니다.

이 책의 첫 페이지를 펼쳤다는 것은 이미 변화의 중요한 분기점을 지나왔다는 의미입니다. 전략은 선택에서 출발하며, 그 선택들이 모여 당신의 미래를 만들어갑니다. 지금이 바로 당신의 삶을 전략적으로 설계할 최적의 순간입니다.

그 변화를 향한 여정의 첫 장을 지금 함께 열어가시길 바랍니다.

2026년 봄의 문턱에서

목차

프롤로그　•4

PART 1 　창업은 전략이다 - 비전은 생각이 아니라 설계에서 시작된다

1장 / 왜 창업은 전략이어야 하는가?　•15

1. 아이디어 중심 창업의 한계점　•16

2. 전략적 창업가와 실행형 창업가의 차이점　•20

3. 불확실성 시대에 기회를 창출하는 논리　•26

**2장 / 전략적 창업가의 내면 설계:
　　　성공을 이끄는 보이지 않는 조건　•32**

1. 자기 제한적 신념과 실패에 대한 새로운 관점 재해석　•33

2. 회복탄력성, 성장 마인드셋, 그리고 집중력과 자기 규율　•35

3. 마음 챙김, 몰입, 균형이 성과로 이어지는 구조　•37

4. 실전: 성공 요소 자가 진단 및 몰입 루틴 설계하기　•40

기회를 발견하고, 사업 모델로 전환하라 - 아이디어를 '될 수 있는 사업'으로 바꾸는 법

3장 / 시장과 창업 환경을 분석하는 전략적 관점 •47

1. 창업 생태계의 구조와 흐름에 대해 이해하기 •48

2. 시장 구조에 대한 전략적 이해 •55

3. 트렌드와 데이터 기반 기회 포착 전략 •59

4. 레드오션과 블루오션, 그리고 전략적 틈새시장 접근법 •65

4장 / 사업 아이디어 발굴 및 검증의 기술 •71

1. 아이디어와 기회의 본질적인 차이점 •72

2. 아이디어 발굴을 위한 전략적 접근법 •76

3. 창의적인 아이디어 창출 기법 •82

4. 아이디어의 검증을 위한 프레임워크와 실전 도구 •89

가치 제안과 비즈니스 모델 설계 - 고객이 선택할 수밖에 없는 구조 만들기

5장 / 가치 제안: 고객의 선택을 이끄는 핵심 메시지 •105

1. 가치 제안의 본질과 전략적 포지셔닝 이해하기 •106

2. 가치 제안 캔버스(Value Proposition Canvas)의 실전 활용법 •110

3. 시장 혁신과 고객 가치를 창출한 가치 제안 사례 •116

6장 / 비즈니스 모델과 수익 구조 전략 •122

1. 비즈니스 모델 캔버스 이해하기 •123

2. 주요 수익 모델 유형과 선택 기준 •127

3. 반복 가능한 수익 구조와 피벗 전략 •137

제품·시장·실행을 연결하라 - 전략이 실제 행동으로 작동하는 방식

7장 / 제품과 서비스 개발 및 가격 정책 ·145

1. 고객 여정 및 문제 해결 설계 ·146

2. MVP 기반 반복 개발: 완성보다 검증이 우선이다 ·150

3. 제품 포지셔닝 및 가격 전략 수립 ·155

8장 / 시장 진입 및 마케팅 전략 ·167

1. 시장 세분화와 타깃팅: '모두'를 지양하고 '특정 고객'을 선택하라 ·168

2. 경쟁 분석 방법: 시장을 통찰하는 구조적 시선 ·178

3. 경쟁 우위 확보와 브랜드 전략 구축 ·183

4. 고객 관계 및 경험 설계 ·191

숫자와 조직으로 전략을 완성하라 - 지속 가능한 실행 기반 구축

9장 / 창업팀 구성과 실행 전략 ·201

1. 단독 창업과 공동 창업에 대한 전략적 선택 ·202

2. 이상적인 초기 창업팀 구성 요소 ·208

3. 역할 설계, 조직 문화 및 갈등 관리 ·215

4. 핵심 인재의 확보 및 유지 ·223

10장 / 재무 계획 및 자금 조달 전략 수립 ·231

1. 재정 계획의 목적: 숫자가 전략이 되는 이유 ·232

2. 수익 예측: 가능성을 구체적인 수치로 입증하라 ·234

3. 비용 구조: 고정비용과 변동비용의 전략적 설계 방안 ·238

4. 손익분기점(BEP): 생존과 성장의 경계선 ·241

5. 재무제표 이해하기: 숫자로 보는 사업의 건강 상태 •245

6. 현금 흐름 관리: 이익보다 먼저 신경 써야 할 부분 •253

7. 단계별 자금 조달과 투자 유치 전략 •258

성장, 확장, 그리고 지속가능성 -
창업 이후를 준비하는 전략적 시야

11장 / 운영 전략과 확장 가능한 성장 구조 •265

1. 프로세스 및 핵심성과지표(KPI) 설계:
   실행을 측정할 수 있는 체계로 구축하기 •266

2. 시스템 중심 운영 전환: 개인의 노력에서 조직의 힘으로 •270

3. 학습형 조직 구축: 확장을 이끄는 조직의 진화 •274

12장 / 성장과 변화, 그리고 위기 대응 전략 •280

1. 확장 전략: 검증된 가치를 안정적으로 확장하라 •282

2. 사업 전환 및 다각화 전략: 변화를 기회로 만드는 설계법 •287

3. 위기 대응 전략: 위기 대응은 철저한 준비에서 시작된다 •291

4. 회복탄력성과 민첩한 실행: 다시 도약하는 조직의 필수 조건 •296

창업가의 성장 로드맵 -
비전을 현실로 완성하는 마지막 전략

13장 / 창업가의 리더십과 자기 성장 전략 •305

1. 자기 인식과 전략 재정비: 리더십의 시작점 •307

2. 리더십 유형과 역량의 심화 및 확장 •313

3. 지속 가능한 창업가 성장 루틴: 성장을 반복할 수 있게 하는 힘 •322

14장 / 종합 창업 전략 로드맵   ·329

1. 창업 단계별 전략 요약: 전체적인 흐름을 먼저 파악하라   ·330

2. 실전 점검표: 전략을 실행으로 전환하는 핵심 기준   ·333

3. 독자를 위한 실행 가이드: 나만의 전략 로드맵을 완성하기   ·336

15장 / 사업계획서 작성 방법   ·340

1. 사업계획서는 왜 필요한가?   ·341

2. 사업계획서란 무엇인가?   ·344

3. 사업계획서의 핵심 구성 요소: 전략 논리로 설계하기   ·350

에필로그   ·361

참고문헌   ·365

부록 1. 창업 예산 작성의 예   ·374

부록 2. 창업 자금 출처 및 사용 명세서의 예   ·375

부록 3. 손익계산서의 예   ·376

부록 4. 재무상태표(대차 대조표)의 예   ·378

부록 5. 현금흐름표의 예   ·379

부록 6. 사업계획서(Business Plan) 작성 템플릿   ·381

부록 7. 창업 실행 점검표   ·387

창업은 전략이다

비전은 생각이 아니라 설계에서 시작된다

···

　　창업은 더이상 단순한 아이디어나 열정, 빠른 실행만으로 성공과 실패가 결정되지 않는다. 불확실성이 일상이 된 시대에 창업의 핵심은 속도가 아니라 무엇을 선택하고, 무엇을 과감히 버릴 것인가에 대한 전략적 설계에 있다. 전략 없는 실행은 방향을 잃은 무의미한 움직임에 불과하며, 비전 없는 아이디어는 현실로 이어지기 어렵다. 이 파트에서는 창업을 즉흥적인 도전이 아닌 신중한 선택과 체계적인 설계의 과정으로 재정의하며, 전략적 창업가와 실행형 창업가의 차이를 통해 '옳은 일'을 선택하는 사고의 기준과 그 전략을 성과로 완성하는 창업가의 내면 설계가 왜 중요한지를 명확히 제시한다.

· 1장 ·

왜 창업은 전략이어야 하는가?

"전략 없는 비전은 환상에 불과하다.

창업자의 꿈은 전략적 설계 없이는 현실이 되기 어렵다."

- 리 볼만(Lee Bolman)

창업은 단순히 회사를 설립하고 제품을 출시하는 것에 그치지 않는다. 진정한 창업이란 고객의 문제를 해결하고, 시장에 새로운 가치를 제시하며, 기존의 질서를 혁신하는 치열한 도전이다. 이를 위해서는 단순한 열정이나 빠른 실행력만으로는 부족하며, 명확한 방향성과 선택 기준을 제시하는 전략이 필요하다. 따라서 창업의 여정은 어떤 문제를, 왜 지금, 그리고 어떤 방식으로 해결할 것인지를 결정하는 전략적 선택의 연속이라 할 수 있다.

이 장의 목적은 창업을 단순한 '아이디어 실행'의 영역에서 벗어나, 비전을 현실로 구현하는 전략적 설계 행위로 재정의하는 데 있다.

1. 아이디어 중심 창업의 한계점

많은 예비 창업자는 창업을 생각할 때 가장 먼저 '아이디어'를 떠올린다. '이 아이디어만 있으면 성공할 수 있다', '아직 아무도 시도하지 않은 아이디어다.', '기술이나 콘셉트만 뛰어나면 시장이 자연스럽게 따라올 것이다'라는 믿음이 창업의 출발점이 된다. 그 결과, 많은 창업자가 제품 개발, 브랜드 네이밍, 로고 디자인, 웹사이트 구축 등 눈에 보이는 실행 활동부터 시작하는 경우가 많다.

그러나 아이디어 중심의 창업 방식은 겉으로는 빠르고 열정적으로 보이지만, 실제로는 구조적인 한계를 지니고 있다. 이러한 한계는 단순한 실행력 부족이 아니라, 출발점 자체가 잘못 설정된 데서 비롯된다.

문제보다 해결책이 앞서는 구조적 오류

아이디어 중심 창업의 가장 근본적인 문제는 '문제 정의 이전에 해결책이 존재한다'라는 점이다. 창업자는 먼저 고객의 고통(pain)보다는 자신이 만들고 싶은 제품이나 서비스를 떠올린다. 그로 인해 질문의 순서가 뒤바뀌게 된다.

"고객이 겪고 있는 문제는 무엇인가?"가 아니라

"이 아이디어를 어디에 활용하면 좋을까?"가 된다.

이 과정에서 창업자는 고객의 문제를 자신의 아이디어에 맞게 해석하거나, 일부 사례를 일반화하여 문제를 과장하는 실수를 범하기 쉽다. 겉으로는 문제를 해결하는 것처럼 보이지만, 실제로는 고객이 당장 해결할 필요가 없거나 이미 더 간단한 대안이 존재하는 경우가 많다. 결과적으로 아이디어에 대한 확신은 커지지만, 문제에 대한 검증은 부족해진다. 이러한 이유로 많은 스타트업이 '제품을 먼저 만들고 나서 고객을 찾는' 상황에 빠지게 된다.

선택 기준이 없는 상황에서의 의사 결정

아이디어 중심의 창업에는 또 하나의 치명적인 약점이 있다. 바로 전략적 선택 기준이 부족하다는 점이다. 시장은 끊임없이 변화하고, 경쟁자는 예상보다 빠르게 나타나며, 자원은 항상 한정되어 있다. 이러한 환경 속에서 창업자는 매 순간 중요한 결정을 내려야 한다.

- 어떤 고객 세그먼트를 먼저 공략할 것인가?
- 어떤 기능은 지금 개발하고, 어떤 기능은 과감히 포기할 것인가?
- 가격을 인하할 것인지, 차별화를 더욱 강화할 것인지 고민해야 한다.

그러나 명확한 전략이 부재한 상황에서는 이러한 선택을 평가할 일관된 기준이 마련되어 있지 않다. 그로 인해 의사 결정은 다음과 같은 방향으로 흐르기 쉽다.

- 경쟁사가 하면 따라 한다.
- 투자자가 관심을 보이면 전략을 변경한다.
- 단기적인 반응이 좋으면 마치 전략이 효과적인 것처럼 착각한다.

이는 전략이라기보다는 즉흥적인 대응이 계속되는 것에 가깝다. 선택과 집중이 제대로 이루어지지 않으면 조직은 점점 복잡해지고 자원은 분산될 수밖에 없다.

빠른 실행이 오히려 방향 상실로 이어지는 역설적인 현상

아이디어 중심의 창업자들은 흔히 "실행력이 가장 중요하다"라거나 "빠르게 움직여야 한다"라고 말한다. 물론 실행은 매우 중요하다. 하지만 방향성이 없는 실행은 속도가 아니라 방황에 가깝다. 기능은 계속 추가되지만, 핵심 가치는 점점 희미해지고, 마케팅은 진행되지만, 어떤 고객을 위한 것인지 명확하지 않고, 매출은 발생하지만 그것이 지속 가능한 구조인지 알 수 없다.

이러한 상황을 흔히 '열심히 노력하지만, 성과가 쌓이지 않는 상태'라고 표현한다. 실행이 많아질수록 되돌리기 어려운 결정들이 쌓여가고, 어느 순간 창업자는 스스로에게 묻게 된다.

"우리가 정말 올바른 방향으로 가고 있는 걸까?"

문제는 이 질문이 너무 늦게 제기된다는 데 있다.

전략이 결여된 아이디어는 단지 '가능성'에 그칠 뿐이다

아이디어 자체는 분명 가치가 있을 수 있다. 하지만 그것은 어디까지나 가능성에 불과하다. 아이디어가 실제 사업으로 발전하기 위해서는 전략이 필수적이다. 여기서 말하는 전략은 두꺼운 사업계획서나 화려한 프레젠테이션이 아니다. 전략이란 불확실한 환경 속에서 올바른 선택과 집중을 가능하게 하는 사고의 기준이며, 다음 질문에 대한 명확한 답을 의미한다.

- 우리는 누구의 어떤 문제를 해결하는가?
- 왜 지금, 이 방법이어야 할까?

- 이 선택이 시간이 지나도 지속 가능한 구조를 만들어낼 수 있을까?

이 질문에 답하지 않은 채 실행에 옮긴다면, 단기적으로는 움직임이 있는 것처럼 보일 수 있지만 장기적으로는 자원 낭비와 피로 누적으로 이어질 가능성이 크다. 결국 창업의 성패를 좌우하는 것은 아이디어의 참신함이 아니라, 그 아이디어를 어떤 전략적 맥락 위에 올려놓느냐에 달려 있다. 창업은 아이디어에서 출발할 수 있지만, 성공은 언제나 전략에서 비롯된다.

2. 전략적 창업가와 실행형 창업가의 차이점

창업 초기 단계에서 모든 창업가는 '생존'이라는 과제 앞에서 제품 개발, 고객 대응, 마케팅, 자금 문제 등 다양한 과제를 해결해야 한다. 하지만 생존을 위해 시간을 어떻게 활용하느냐에 따라 창업가는 실행형 창업가(The Doer)와 전략적 창업가(The Strategist)로 나뉜다. 시간이 지날수록 이 두 유형의 창업가가 내는 성과는 점점 뚜렷한 차이를 보인다.

문제 해결 방법론

문제를 해결하는 데 실행형 창업가는 문제 해결의 효율성을 최우선으로 생각하며 '어떻게 할 것인가'에 집중한다.

예를 들어, "어떻게 하면 더 빠르게 제품을 만들 수 있을까?", "어떻게 광고 효율을 높일 수 있을까?"와 같은 기술적 효율성에 주로 신경 쓴다. 이들은 속도를 원동력으로 삼지만, 때로는 막다른 길을 향해 누구보다 빠르게 달려가는 위험에 직면하기도 한다.

반면, 전략적 창업가는 행동에 앞서 방향성을 먼저 점검한다. 즉, "왜 이것을 해야 하는가?"라는 질문을 먼저 던진다. "이 기능이 정말 고객의 문제를 해결하는가?", "현재 사용하는 마케팅 채널이 우리 브랜드 가치와 부합하는가?"와 같은 본질적인 물음을 두고 끊임없이 고민한다. 단순히 일을 '처리'하는 데 그치지 않고, 그 결과가 목표 달성에 얼마나 이바지하는지를 지속적으로 확인한다.

피터 드러커가 말했듯이, 실행형 창업가는 일을 능숙하게 처리하는 사람이고, 전략적 창업가는 올바른 일을 선택하는 사람이다.

자원 관리와 우선순위 설정: 바쁜 것과 생산적인 것의 차이

실행형 창업가는 모든 업무를 '중요하다'라고 판단하여 스스로 과부하 상태에 빠지기 쉽다. 창업자가 모든 실무에 직접 관여하다 보니 팀원들은 지시를 기다리게 되고, 결국 조직의 성장은 창업자의 물리적 시간 한계에 묶이게 된다.

전략적 창업가는 '하지 말아야 할 일'을 명확히 구분하는 데 뛰어나다. 80/20 법칙을 활용해 전체 성과의 80%를 창출하는 핵심 20%의 업무에 집중한다. 나머지 업무는 과감히 위임하거나 제거하여, 조직이 가장 큰 효과를 낼 수 있는 부분에 자원을 집중적으로 투입한다.

목표 설정과 의사결정: 단기 실행을 넘어 전략적 방향으로

많은 초기 창업자는 당장의 실행과 성과에 집중할 수밖에 없다. 오늘의 매출, 이번 주 사용자 수, 그리고 이번 업데이트의 완성 여부와 같은 단기 지표는 생존을 위해 반드시 필요하다. 이러한 관점에서 실행 중심의 창업가는 눈앞의 문제를 해결하고 즉각적인 결과를 만들어내는 데 강점을 지닌다. 그러나 이러한 방식이 계속되면 조직의 시야가 점점 단기 성과에만 고정되어 장기적인 방향성이 흐려질 위험이 있다.

반면, 전략적 창업가의 목표 설정은 시간의 관점이 다르다. 이들은 단기 성과를 완전히 무시하지 않으면서도, 궁극적으로는 시장에서의 생존과 확장을 결정짓는 장기적 요소에 집중한다. 즉, 시장 점유율, 브랜드 자산, 고객 신뢰, 경쟁 우위의 축적에 중점을 둔다. 오늘 내리는 의사 결정이 1년, 3년, 5년 후 기업의 위치에 어떤 영향을 미칠지 함께 고려하는 것이다.

의사 결정 기준에서도 뚜렷한 차이가 나타난다. 실행 중심의 창업가는 주로 구체적인 결과와 수치를 판단의 기준으로 삼는다. 매출 증가, 사용자 수 확대, 비용 절감과 같은 지표들이 의사 결정을 이끈다. 이러한 기준은 실행력을 강화하는 데 효과적이지만, 때로는 기업의 미션이나 정체성과 충돌하는 선택을 초래하기도 한다.

이에 반해 전략적 창업가는 기업의 미션과 시장 내 포지셔닝을 의사결정의 핵심으로 삼는다. 단기적으로 손해처럼 보이는 선택일지라도, 장기적으로 브랜드 신뢰를 높이고 시장 내 입지를 확고히 할 수 있다면 과감히 결단을 내린다. 숫자는 중요한 참고 자료이지만, 최종 판단 기준은 '이 선택이 우리가 나아가고자 하는 방향과 부합하는가?'이다.

위기 관리 방식에서도 두 유형은 뚜렷한 차이를 보인다. 실행형 창업가는 당장 발생한 문제를 해결하는 데 에너지를 집중한다. 불이 나면 즉시 진화하고, 문제가 발생하면 신속히 수습하는 방식이다. 이러한 접근은 초기 위기를 극복하는 데 효과적이지만, 동일한 문제가 반복되는 구조를 방치할 위험이 크다.

반면, 전략적 창업가는 아직 드러나지 않은 잠재적 위협을 예측하고, 문제가 발생하지 않도록 조직 구조 자체를 개선하는 데 주력한다. 시장 변화, 경쟁자의 움직임, 내부 역량의 한계를 사전에 분석하여, 시스템과 프로세스를 통해 위험을 효과적으로 흡수할 수 있는 조직을 설계한다. 이러한 접근은 단기적으로는 다소 느리게 보일 수 있으나, 장기적으로는 위기에 강한 기업을 만드는 기반이 된다.

결국 목표 설정과 의사 결정의 차이는 단순한 스타일의 문제가 아니라, 기업이 단기 생존에 머무를지, 아니면 지속 가능한 전략적 조직으로 발전할지를 결정하는 핵심 요소이다. 전략적 창업가는 실행을 포기하는 사람이 아니라, 실행을 더 큰 방향성과 연결할 줄 아는 사람이라 할 수 있다.

구분	실행형 창업가	전략적 창업가
시야	단기적 성과 (이번 주 매출, 오늘 업데이트)	장기적 생존 (시장 점유율, 브랜드 자산)
판단 기준	가시적인 결과물과 수치	기업의 미션과 시장 내 위치(Positioning)
위기관리	닥친 문제를 해결하는 데 급급함	잠재적 위협을 예측하고 구조를 개선함

실행형과 전략적 창업가의 목표 설정과 의사 결정의 차이

피터 드러커의 관점: '옳은 일'을 실천하는 가치

경영학의 대가 피터 드러커는 "효율성(Efficiency)은 일을 제대로 하는 것이고, 효과성(Effectiveness)은 올바른 일을 하는 것"이라고 정의했다. 실행형 창업가는 효율적인 사람이다. 구멍 난 배에서 물을 가장 빠르게 퍼내는 역할을 한다. 반면, 전략적 창업가는 효과적인 사람이다. 배가 처음부터 구멍 나지 않도록 설계하거나, 지금 퍼내는 물보다 더 큰 파도가 다가오고 있음을 감지해 방향을 바꾸는 사람이다.

결국 창업가는 '실행하는 전략가'가 되어야 한다. 실행 없는 전략은 그저 환상에 불과하고, 전략 없는 실행은 오히려 악몽이 되기 때문이다. 창업 초기에는 실행력이 중요하지만, 사업이 본궤도에 오를수록 창업가는 '실행의 늪'에서 벗어나 '전략의 주도권'을 쥐는 데 더 큰 비중을 두어야 한다.

"오늘 바쁘게만 움직이셨나요, 아니면 목표를 향해 한 걸음 더 나아가셨나요?"

이 질문에 대한 답변이 당신이 어떤 창업가의 길을 걷고 있는지를 알려 줄 것이다.

구분	실행형 창업가	전략적 창업가
핵심 질문	"어떻게 할까?"	"왜 이걸 해야 하지?"
관심 초점	실행, 효율성	방향, 시장 구조
문제 접근	문제 해결 중심	문제 정의 중심
시간 프레임	단기 실행	장기 전략
업무처리 방식	실무 적용과 전환이 빠름	기획과 설계 중심
조직 내 위치	기능 담당자	창업자 또는 리더
위험 대응	전략 부재로 인한 방향 감퇴	불확실성을 기회로 전환

실행형 창업가와 전략적 창업가의 차이점

사례 A : 뛰어난 실행력을 갖춘 실행형 창업가

김 대표는 5년 동안 유명 커피 프랜차이즈에서 매니저로 근무하며 인테리어, 메뉴 운영, 고객 응대, 매출 관리 등 커피숍 운영에 필요한 다양한 역량을 쌓았다. 이러한 경험을 바탕으로 자신만의 카페를 창업했지만, 기존 프랜차이즈의 운영 방식을 그대로 답습하는 데 그쳤다. 결국 지역 내 새로운 경쟁 브랜드가 등장하면서 1년 만에 매출이 급감했고, 카페는 결국 문을 닫을 수밖에 없었다.

사례 B : 전략을 먼저 수립한 전략적 창업가

이 대표는 단순히 커피를 판매하는 공간을 넘어 '프리랜서와 창작자들의 아지트'라는 뚜렷한 콘셉트를 내세워 같은 지역에 커피숍을 창업했다. 그녀는 회의실, 팟캐스트 녹음 부스, 지역 예술가들의 작품 전시 공간 등을 결합한 복합 문화 공간을 기획하여 기존 커피숍과 차별화하는 데 성공했다. 그 결과, 창업 2년 만에 두 번째 지점을 오픈하며 사업을 확장할 수 있었다.

두 사람의 차이는 실행력의 차이가 아니라 전략적 선택 여부에 있었다.

3. 불확실성 시대에 기회를 창출하는 논리

세계적인 경영학자 클레이튼 크리스텐슨은 그의 저서 『혁신기업의 딜레마』에서 "불확실성은 전략가에게 새로운 질서의 시작"이라고 말한 바 있다. 창업 환경은 본질적으로 불확실하다. 기술은 빠르게 진화하고, 고객의 기대는 끊임없이 변하며, 경쟁 구도는 예측하기 어렵다. 하지만 전략적 창업가는 불확실성을 회피해야 할 대상이 아니라, 오히려 기회의 원천으로 바라본다.

불확실성으로 가득한 환경 속에서 성공하는 창업가는 변화를 두려워하지 않고, 그 속에서 패턴과 가능성을 포착해 기회로 전환한다. 이러한 능력의 핵심에는 바로 '전략적 사고'가 자리하고 있다. 전략적 사고의 본질은 미래를 정확히 예측하는 것이 아니라, 다양한 가능성에 대비하며 선택과 집중을 가능하게 하는 사고 체계를 갖추는 데 있다. 그 논리는 다음 세 가지로 요약할 수 있다.

불확실성을 체계화하는 '질문의 힘'

불확실성은 단순히 정보가 부족한 상태가 아니라, 정리되지 않은 정보가 과도하게 많은 상태를 뜻한다. 전략적 창업가는 예리한 질문을 던지며 안개 속에서 지도를 그려 나간다.

가설 검증에 초점을 맞춘 질문, 예를 들어 "우리가 옳다고 믿는 것 중에서 가장 틀릴 가능성이 높은 것은 무엇인가?"와 같은 질문은 창업자가 가진 확증 편향을 효과적으로 제거하는 데 도움을 준다.

변곡점 포착은 단순히 '매출이 왜 부진한가?'를 묻는 것이 아니라, '고객이 우리 제품을 떠나는 바로 그 순간, 어떤 대안을 선택하는가?'를 질문한다.

회복 탄력성(Resilience) 설계란, "Plan A가 실패했을 때 조직이 무너지지 않고 신속하게 전환할 수 있는 최적의 '피벗(Pivot)' 지점은 어디인가?"를 사전에 고민함으로써 불확실성을 통제할 수 있는 변수로 전환하는 것을 의미한다.

모든 기회가 아닌, '선택된 기회'에 집중한다

모든 기회에 무작정 손을 대면 자원이 분산되어 결국 아무 성과도 얻지 못하게 된다. 전략적인 창업가는 '아니오'라고 말하는 능력을 전략의 핵심으로 여긴다.

기회를 포착할 때는 단순히 '수익성이 있을까?'를 넘어서, '이 기회가 우리의 핵심 역량을 강화하는가?'를 기준으로 삼아야 한다.

경쟁 우위의 지속성 불확실한 시장 환경에서는 오늘의 기회가 내일은 사라질 수 있다. 따라서 '일시적인 유행'과 '구조적인 변화'를 명확히 구분하여, 장기적으로 방어할 수 있는 해자(Moat)를 구축할 수 있는 기회에만 집중해야 한다.

포기 전략 무엇을 포기할지 명확히 결정하는 순간, 남은 목표에 대한 실행력은 기하급수적으로 높아진다.

제약 조건을 기회로 전환하기

자본, 인력, 시간이 부족하다는 현실은 창업자에게 큰 고통이 되지만, 역설적으로 가장 창의적인 해결책을 찾아내는 원동력이 되기도 한다.

창의적인 대안 모색 예산이 부족할 때는 고가의 광고 대신 커뮤니티를 형성하고, 인력이 부족할 경우 자동화 도구를 도입하거나 파트너십을 체결한다. 이렇게 구축된 '가벼운 구조'는 시장 변화에 더욱 유연하게 대응할 수 있도록 돕는다.

우선 순위의 강제성 자원이 무한하다면 모든 일을 동시에 처리하려 하겠지만, 자원의 한계는 창업자로 하여금 '오늘 반드시 해결하지 않으면 사업이 위태로워지는 문제'가 무엇인지 명확히 인식하게 만든다.

외부 자원을 전략적으로 활용하는 방안 핵심 기술은 내부에 내재화하되, 부가적인 기능은 오픈 소스나 외부 플랫폼을 적극 활용하여 속도와 비용 효율성을 동시에 극대화한다.

전략적 사고 역량 자기진단 점검표

(각 항목 1~5점: 1 = 전혀 그렇지 않다 / 5 = 매우 그렇다)

영역	진단 질문
시나리오 기반 예측	변화하는 시장, 기술, 정책 환경을 주기적으로 점검하고 있다.
	하나의 시나리오에만 의존하지 않고 여러 가능성을 고려하여 계획을 수립한다.
	각 시나리오에 대비하여 대체 계획(B플랜, C플랜)을 준비해 두고 있다.
선택과 집중	기회가 많더라도 핵심 우선순위를 명확하게 설정할 수 있어야 한다.
	'하지 않을 일'을 과감히 결정하고 실행에서 제외한다.
	선택한 분야에 자원과 시간을 집중적으로 투자한다.
자원의 전략적 재배치	자원의 투입 시기와 방향을 전략적으로 조정한다.
	한정된 자원 내에서 창의적인 활용 방안을 모색한다.
	고객, 채널, 마케팅, 기술 등 성장의 핵심 분야에 자원을 적절히 배분한다.

점수 해석하기

- 36~45점 - 매우 뛰어난 전략적 사고 역량을 갖추어 불확실성을 능동적으로 관리하고 기회를 창출하는 수준이다.
- 26~35점 - 전략적 사고 역량은 전반적으로 양호하나, 일부 영역에서는 개선이 요구된다.

- 16~25점 - 전략적 사고 역량이 부족한 상태로, 시나리오 대비, 선택과 집중, 자원 배치 등 다양한 분야에서 역량 강화가 필요하다.
- 15점 이하 - 전략적 사고 체계가 부재한 상태로, 변화에 대한 대응력과 자원 활용 전략을 다시 점검하고 재정비할 필요가 있다.

점검표 활용 방법 팁

- 이 점검표는 분기(3개월)마다 팀 단위로 실시하여 조직 전체의 전략적 사고 수준을 정량적으로 비교하고 분석할 수 있도록 한다.
- 점수가 낮게 나타난 영역은 다음 분기에 개선 과제로 선정하고, 구체적인 실행 계획을 수립하여 보완해 나간다.

핵심 질문 요약

- 지금 내가 하고 있는 행동은 전략적인 선택에 따른 것인가, 아니면 습관적인 반응인가?
- 이 사업은 단순히 경쟁에서 이기기 위한 것인가, 아니면 경쟁의 의미를 새롭게 정의하기 위한 것인가?
- 불확실성이 커질수록 나는 더 빠르게 행동하는가, 아니면 더 깊이 고민하는가?

맺음말: 창업은 실행이 아니라 철저한 설계에서 시작된다

창업에서 실행은 매우 중요하지만, 전략 없는 실행은 오히려 빠른 실패를 초래할 뿐이다. 반대로 실행이 수반되지 않은 전략은 현실과 동떨어진 계획에 그치기 쉽다. 성공적인 창업은 이 두 요소가 균형을 이루었을 때 비로소 가능해진다. 결국 창업은 단순한 아이디어의 문제가 아니라, 올바른 선택의 문제이며, 이러한 선택은 전략을 통해서만 실현될 수 있다.

· 2장 ·

전략적 창업가의 내면 설계: 성공을 이끄는 보이지 않는 조건들

> "성공한 기업가와 그렇지 못한 기업가를 가르는
> 가장 큰 차이 중 하나는 순수한 인내력이다." - 스티브 잡스

창업 세계에서 성공은 흔히 매출, 투자 유치, 사용자 수, 시장 점유율과 같은 구체적인 성과로 평가되곤 한다. 하지만 장기적으로 지속 성장하는 기업들을 살펴보면, 이러한 외형적인 성과 이면에는 공통된 내적 기반이 자리하고 있음을 알 수 있다. 그것은 자본이나 기술이 아니라, 바로 창업가의 내면 역량이다.

이 장에서는 전략을 실행하는 주체로서 창업가가 갖추어야 할 내면의 구조에 대해 다룬다. 전략은 단순한 계획이 아니라 선택의 기준이며, 이러한 기준은 궁극적으로 창업가의 사고방식과 마음가짐에서 비롯된다.

1. 자기 제한적 신념과 실패에 대한 새로운 관점 재해석

많은 창업자가 실패를 두려워하는 이유는 실패 그 자체보다 실패가 자신을 규정해 버릴 것이라는 자기 제한적 신념에 기인한다. "나는 아직 준비되지 않았다", "이번 실패는 내 능력의 한계를 보여준다.", "한 번 실패하면 끝이다"와 같은 생각들은 객관적인 사실이 아니라 개인의 해석일 뿐이다. 문제는 이러한 해석이 반복될수록 창업자들이 점점 더 안전한 선택만 하게 되고, 전략적인 실험을 회피하게 된다는 점이다.

전략적 창업가는 실패를 단순한 결과가 아닌 소중한 데이터로 받아들인다. 실패는 개인의 무능함을 입증하는 증거가 아니라, 가설이 잘못되었음을 알려주는 신호다. 이러한 관점의 전환이 중요한 이유는, 전략이 본질적으로 불완전한 정보 속에서 이루어지는 선택과 학습의 과정이기 때문이다.

실패를 새롭게 바라보는 데 있어 핵심이 되는 질문은 다음과 같다.

- 무엇이 잘못되었는지가 아니라, 어떤 가정이 잘못되었는가?
- 이 경험이 앞으로의 선택 기준에 어떤 변화를 불러와야 할까?

이러한 질문을 반복하는 창업가는 실패를 경험할수록 위축되기보다는 오히려 판단력을 더욱 정교하게 다듬어 나간다. 실패는 전략적 사고를 연마하는 가장 강력한 훈련 도구이다.

최근 연구에 따르면, 기업가로서의 성공은 특정 유전적 기질보다는 개인의 성장 마인드셋, 학습에 대한 태도, 그리고 실패를 극복하는 회복 탄력성(resilience)과 밀접한 관련이 있는 것으로 밝혀졌다. 창업은 정해진 자격시험을 통과하는 과정이 아니라, 문제를 해결해 나가는 훈련 과정에 더 가깝다.

성공한 창업가들은 실패를 단순히 견디는 데 그치지 않는다. 그들은 실패의 원인을 깊이 분석하고, 그 경험을 내면화하여 다음 도전에 적극적으로 활용한다. 예를 들어, 스티브 잡스는 애플에서 퇴사한 후 넥스트와 픽사를 통해 기술과 창의력을 한층 더 발전시켰고, 일론 머스크는 스페이스X의 연이은 발사 실패에도 불구하고 투자자들을 설득해 결국 궤도 진입에 성공했다. 이들의 공통점은 성찰적 학습(reflective learning)과 전략적 전환에 있다.

자기 제한적 신념은 눈에 보이지 않지만, 창업가의 행동을 강력하게 제약한다. 이를 극복하는 첫걸음은 그러한 신념이 절대적인 진리가 아님을 깨닫는 것이다. 다음 단계는 작은 실천을 통해 그 믿음을 경험적으로 재구성하는 것이다. 내면의 족쇄를 풀어낼 때 비로소 잠재력이 현실의 성과로 이어진다.

또한 실패는 끝이 아니라 새로운 방향을 모색하는 신호이다. 이를 성장의 자산으로 바꾸는 창업가는 실패를 받아들이는 태도, 원인을 분석하는 습관, 그리고 다시 도전하는 용기를 모두 갖추고 있다. 결국 창업에서 진정한 경쟁력은 실패를 통해 배우고 더욱 강해지는 회복탄력성에 달려 있다.

2. 회복탄력성, 성장 마인드셋, 그리고 집중력과 자기 규율

전략은 단 한 번의 올바른 선택만으로 완성되지 않는다. 불확실한 환경 속에서 전략을 끊임없이 수정하고 보완하며 실행할 수 있는 역량이 필요하다. 이러한 역량의 핵심에는 회복탄력성과 성장 마인드셋이 자리하고 있다.

회복탄력성은 단순히 견디는 능력을 의미하지 않는다. 이는 실패 후에도 감정적으로 무너지지 않고 다시 생각하며 선택할 수 있는 정신적 회복력을 뜻한다. 회복탄력성이 뛰어난 창업가는 위기 상황에서도 자신을 객관적으로 바라보고, 감정과 전략을 명확히 구분할 수 있다.

성장 마인드셋은 결과보다 과정을 더 중요하게 여기는 태도이다. 고정 마인드셋이 "나는 이 정도 수준의 사람이다"라고 결론짓지만, 성장 마인드셋은 "이 경험이 나를 얼마나 성장시킬 수 있을까?"라고 스스로에게 질문한다. 이러한 차이가 학습의 속도와 전략의 발전 속도를 좌우한다.

집중과 규율이 결합할 때, 내면의 역량은 실제 성과로 구체화된다. 기업가는 하루에도 수십 가지 결정을 내려야 하는데, 이때 중요한 것은 '무엇을 할 것인가'가 아니라 '무엇을 하지 않을 것인가'를 명확히 선택하는 것이다. 집중은 전략적 우선순위를 실행으로 옮기는 힘이며, 규율은 그 집중을 일시적인 노력이 아닌 습관으로 정착시키는 구조다. 집중이 목표를 향한 추진력을 제공한다면, 규율은 일상적인 루틴을 통해 예측할 수 있는 성과를 꾸준히 만들어내는 원동력이다.

정보 과잉과 선택의 홍수 속에서 모든 것을 완벽히 해내려는 창업가는 가장 먼저 지치고 소진된다. 전략적인 창업가는 '무엇을 할 것인가'보다 '무엇을 하지 않을 것인가'를 먼저 결정한다. 집중과 규율은 곧 전략적 절제의 또 다른 표현이다.

3. 마음 챙김, 몰입, 균형이 성과로 이어지는 구조

많은 창업가가 '열심히 일하는데도 성과가 잘 나타나지 않는다'라고 느낀다. 그 원인은 단순한 노력의 양이 아니라, 에너지 관리 방식에 있다. 성과는 투입한 시간의 총량이 아니라, 몰입의 질에서 비롯된다.

마음 챙김이란 자신의 감정과 상태를 있는 그대로 인식하는 능력을 말한다. 이는 감정을 억누르는 것이 아니라, 판단 없이 관찰함으로써 불필요한 반응을 줄이는 훈련이다. 마음 챙김이 부족할 경우, 작은 외부 자극에도 전략이 쉽게 흔들릴 수 있다. 이러한 마음 챙김은 기업가가 불필요한 감정적 반응을 줄이고, 복잡한 상황 속에서도 명확하게 사고하며, 보다 의도적이고 신중한 의사 결정을 내릴 수 있도록 돕는다.

몰입(Flow)은 도전 수준과 개인의 역량이 조화를 이룰 때 경험하는 최적의 작업 상태를 의미한다. 이 상태에서는 창의성과 생산성이 동시에 극대화된다. 몰입은 단순한 의지의 문제가 아니라, 환경과 일상의 루틴을 체계적으로 설계함으로써 만들어진다. 하지만 몰입 상태는 영구적으로 유지될 수 없으므로, 적절한 균형이 필요하다.

일과 삶의 균형은 단순한 윤리적 구호인 '워라밸'을 넘어, 장기적인 성과를 위한 전략적 선택이다. 이러한 균형 감각은 복지 차원을 뛰어넘어 비즈니스의 지속가능성을 뒷받침하는 중요한 전략적 자산이다. 회복 없는 과도한 몰입은 결국 탈진으로 이어지며, 탈진은 전략적 사고 능력을 저해한다. 이 세 가지 요소는 다음과 같은 구조로 연결된다.

마음 챙김 → 감정의 안정 → 깊은 몰입 → 높은 품질의
성과 → 회복과 균형 → 다시 몰입

전략적 창업가는 이 순환 구조를 의도적으로 설계한다. 성과는 단순한 의지의 문제가 아니라, 내면과 환경이 서로 작용하는 시스템의 결과이기 때문이다.

진정한 기업가적 성공은 단순한 외적 성과를 넘어서, 내면의 명확성, 정신적 강인함, 정서적 건강, 그리고 개인의 핵심 가치와의 깊은 조화를 포함한다. 이러한 성공의 토대를 이루는 핵심 요소로는 마음 챙김, 몰입(플로우), 일과 삶의 균형, 그리고 자아실현이 있다.

[사례 1] '제품 실패'에서 '전략 가설 오류'로 시각을 전환한 창업가

한 헬스케어 스타트업 창업가는 첫 제품 출시 후 6개월 만에 시장 반응이 저조해 서비스를 중단했다. 처음에는 이를 '내가 시장을 잘못 판단했다'라는 개인적인 실패로 여겼다. 그러나 투자자 멘토와의 검토 과정에서 문제의 원인이 '제품 역량'이 아니라 고객 정의 가설에 있다는 사실이 밝혀졌다. 그는 고객을 B2C 일반 소비자로 가정했지만, 실제 구매 의사결정자는 병원과 기관이었다. 이후 그는 이 실패 경험을 바탕으로 B2B 모델로 전환했고, 두 번째 시도에서 안정적인 매출 구조를 구축할 수 있었다.

실패를 '자기 부정'이 아닌 '가설을 수정하는 기회'로 새롭게 바라본 전환점이었다.

[사례 2] '포기 직전'에서 루틴 재설계를 통해 다시 일어선 스타트업

한 SaaS 창업가는 매출 정체와 팀원 이탈로 심한 탈진을 경험했다. 그는 문제의 원인을 '시장'이나 '팀' 탓으로 돌리기보다는 자신의 에너지 관리 방식을 점검하는 데 집중했다. 이후 하루에 두 차례, 각 90분씩 핵심 업무에 집중하는 시간을 정하고, 회의와 이메일, SNS 사용을 특정 시간대로 제한

했다. 그 결과 3개월 만에 제품 개선 속도가 눈에 띄게 빨라졌고, 핵심 고객 지표도 반등하기 시작했다.

회복탄력성은 단순한 의지가 아니라, 집중력과 규율이 체계적으로 뒷받침될 때 비로소 발휘된다.

[사례 3] 성과는 향상되었지만, 회사가 무너진 이유

한 전자상거래 창업가는 매출 성장에 매진하며 주당 70시간 이상 일했다. 단기적으로는 실적이 향상되었지만, 1년이 지나자 심각한 의사 결정 피로와 팀 내 갈등을 겪게 되었다. 이후 그는 마음 챙김 훈련과 '주 1회 리셋 데이'를 도입하고, 중요한 의사 결정은 오전 집중 시간에만 하도록 조정했다. 그 결과, 의사결정 오류가 줄어들고 팀의 만족도와 실행 속도도 함께 개선되었다.

균형은 성과의 적이 아니라, 오히려 성과를 이루기 위한 필수 조건이다.

4. 실전: 성공 요소 자가 진단 및 몰입 루틴 설계하기

성공을 설계하기 위한 자기 점검과 실행 전략

기업가 정신은 단순한 아이디어나 비전에 머무르지 않고, 이를 뒷받침하는 지속 가능한 습관과 의도적인 자기 관리를 통해 완성된다. 이 절에서는 추상적인 가치나 태도보다는 자신을 점검하고 구체적인 행동 계획을 세울 수 있는 실용적인 도구를 제시한다. 그 목표는 세 가지로 요약할 수 있다.

- 현재 자신의 역량과 한계를 객관적으로 파악하기.
- 몰입을 방해하는 요소를 제거하여 최적의 작업 환경을 조성하기.
- 지속적인 성과를 위해 반복 가능한 루틴을 확립하기.

1단계 : 성공 요인 자가 진단

성공을 설계하기 위해서는 먼저 자신의 현재 내적 역량을 수치로 점검하는 것이 중요하다. 다음 7가지 항목을 1점(매우 낮음)부터 5점(매우 높음)까지 평가한 후, 총점을 산출한다.

요소	설명	점수 (1~5)
회복탄력성	실패나 스트레스를 경험한 후, 얼마나 빨리 회복할 수 있을까요?	
자기 주도성	스스로 동기를 부여하고 목표를 설정하며 책임을 다하고 있나요?	
집중력	주어진 시간 동안 방해받지 않고 온전히 몰입할 수 있나요?	

감성 지능	타인의 감정을 잘 이해하고, 협업하는 과정에서 자신의 감정을 효과적으로 조절할 수 있습니까?	
마음 챙김	현재 자신의 상태와 감정을 인지하고, 판단하지 않은 채 있는 그대로 받아들이는 능력을 실천하고 계신가요?	
성장 마인드셋	실패나 비판을 자신 성장의 밑거름으로 받아들이고 있나요?	
자기 효능감	'나는 할 수 있다'라는 믿음을 얼마나 가지고 계신가요?	

※ 활용법

총점을 바탕으로 강점과 보완할 부분을 파악한다. 35점 이상은 뛰어난 자기 역량을 의미하며, 20점에서 34점 사이는 개선이 필요한 상태이다. 19점 이하는 일상 루틴을 재정비하고 마인드셋을 전환할 필요가 있다.

2단계 : 몰입 루틴 설계 지침

몰입(Flow)은 생산성과 창의성을 동시에 향상하는 중요한 상태이다. 이를 습관으로 정착시키기 위해서는 다음 네 가지 요소를 체계적으로 설계하는 것이 필요하다.

- 집중할 수 있는 환경을 만들기 위해 방해 요소를 제거하고, 조명과 공간, 소음 등을 몰입에 적합하게 조절한다.
- 루틴을 시작하기 전에 오늘 꼭 달성해야 할 핵심 목표 하나를 명확하게 설정한다.
- 시간을 일정한 블록 단위로 나누어 일정 시간 집중한 후 짧게 휴식하는 방식을 적용한다(예- 포모도로 기법: 25분 집중, 5분 휴식).

- 몰입하기 전에 명상, 스트레칭, 시각화 훈련 등을 통해 몸과 마음을 몰입 상태로 전환한다.

3단계 : 실행 계획 수립표

항목	나의 계획 예시	체크 ✔
집중하기 좋은 시간대	매일 오전 9시부터 10시까지 (또는 본인에게 가장 적합한 시간에)	
공간 및 환경 정비	방해받지 않는 조용한 공간을 마련하고, 책상을 깔끔하게 정리한 후 조명을 점검하세요.	
디지털 방해 요소 차단	스마트폰 무음 기능 설정하기, SNS 로그아웃 및 알림 끄기	
몰입 전 준비 루틴	명상과 스트레칭을 하며, 커피 한 잔과 함께 오늘의 목표를 다짐한다.	
성과 추적 방법	회고 노트 작성, 성과 및 시간 기록, 감정 기록하기	

※ 루틴 실천 7일 후 점검

몰입 효과와 방해 요인을 점검하고, 루틴을 유연하게 조정하라.

성공은 단 하나의 뛰어난 전략만으로 이루어지지 않는다. 오히려 지속 가능한 습관을 꾸준히 실천하는 과정에서 진정한 성공이 탄생한다. 매일의 적은 노력이 모여 큰 변화를 만들어내는 것이다. 자신을 돌아보는 자가진단과 생산성을 극대화하는 몰입 루틴을 설계함으로써 내면을 단련할 수 있다. 이는 단순히 업무 효율을 높이는 것을 넘어, 예측할 수 없는 환경 속에서도 흔들림 없이 최고의 성과를 내는 견고한 기반이 될 것이다.

결국, "성공한 기업가는 하루아침에 만들어지지 않는다. 그들은 매일의 몰입과 반복을 전략적으로 설계한 사람들이다."라는 말처럼, 당신의 성공도 의도적이고 꾸준한 노력의 산물임을 잊지 말자.

맺음말: 전략은 내면에서 완성된다

전략은 단순히 시장 분석이나 경쟁 우위만으로 완성되지 않는다. 같은 전략을 가지고도 어떤 창업가는 흔들리지만, 어떤 창업가는 끝까지 흔들림 없이 실행해 나간다. 이러한 차이는 창업가의 내면적 설계에서 비롯된다. 명확한 내적 기준과 정서적 안정이 갖추어질 때, 리더는 조직에 일관된 비전과 활력을 불어넣을 수 있다. 따라서 기술과 전략만큼이나 자기 성찰과 내면 성장에 대한 투자가 필요하다.

자기 제한적 신념을 극복하고 실패를 학습의 기회로 전환하는 힘, 회복탄력성과 성장 마인드셋을 바탕으로 전략을 꾸준히 실행하는 태도, 그리고 마음 챙김과 몰입, 균형을 통해 성과를 체계적으로 만들어내는 능력. 이 모든 요소는 눈에 보이지 않지만, 결과를 좌우하는 핵심 변수들이다. 전략적 창업이란 단순히 사업을 설계하는 것을 넘어, 창업가 자신을 전략적으로 설계하는 과정이다. 진정한 기업가 정신은 외적인 성과를 뛰어넘어, 삶의 태도와 존재 방식에서 비롯되는 내적 완성에 그 근본을 두고 있다.

PART 2

기회를 발견하고,
사업 모델로 전환하라

아이디어를 '될 수 있는 사업'으로 바꾸는 법

· · ·

불확실한 환경 속에서 기회는 단순한 아이디어가 아니라 시장을 꿰뚫어 보는 전략적 통찰에서 비롯된다. 이 파트에서는 창업 생태계와 시장 구조를 면밀히 분석하고, 트렌드와 데이터를 활용해 기회의 위치를 정확히 포착하는 방법을 다룬다. 또한 아이디어와 기회의 차이를 명확히 구분하며, 문제 중심 사고와 발굴 기법, 검증 도구를 통해 아이디어를 실제 사업으로 전환하는 과정을 제시한다. 감각에 의존하지 않고 구조적 접근과 철저한 검증을 통해 아이디어를 '성공 가능한 사업'으로 변환하는 전략적 출발점이라 할 수 있다.

• 3장 •

시장과 창업 환경을 분석하는
전략적 관점

"시장 분석과 환경 분석은 수동적인 예측이 아니라

능동적인 시장 창조 전략으로 이어져야 한다." - 피터 드러커

창업은 개인의 열정과 아이디어만으로 이루어지지 않으며, 창업자가 속한 환경 내 다양한 요소들과의 상호작용에 따라 성공 여부가 결정된다. '창업 생태계'는 단순한 주변 여건을 넘어 기회를 창출하고 자원을 연결하며 성장을 촉진하는 복합적인 시스템이기 때문에, 이를 전략적으로 분석하고 활용하는 것이 중요하다. 창업 생태계를 이해하면 시장 진입 전에 자신의 위치를 명확히 파악하고, 필요한 자원을 언제 어떻게 확보할지 효과적으로 판단할 수 있다. 본 장에서는 창업 환경의 구성 요소를 분석하고, 이에 맞는 전략 수립 방법을 제시하고자 한다.

1. 창업 생태계의 구조와 흐름에 대해 이해하기

창업 생태계란 창업 기업이 탄생하고 성장하는 데 필요한 인프라, 자원, 규칙, 문화, 제도, 그리고 인간관계 등이 복합적으로 얽혀 형성된 환경을 의미한다. 이는 단순한 사업 배경을 넘어 창업의 생존과 성공을 좌우하는 핵심 요소로 작용한다. 창업 환경은 창업자가 사업을 시작하고 운영하는 과정에 영향을 미치는 외부와 내부의 모든 요소를 포함하며, 시장 규모, 경쟁 강도, 경제 상황, 기술 발전, 법률 및 정책 등 다양한 요인들이 이에 해당한다.

많은 창업가가 뛰어난 아이디어를 가지고 있더라도, 사업을 시작할 때 창업 환경의 중요성을 간과하는 경우가 많다. 아이디어가 실현 가능해 보여도 실제 환경과 맞지 않으면 성공하기 어렵다. 예를 들어, 경제 불황기에는 소비자들의 구매력이 떨어져 판매가 부진할 수 있고, 경쟁이 치열한 시장에서는 사업 운영에 더 많은 자원과 시간이 필요하다. 따라서 창업 환경에 대한 철저한 분석과 이해는 성공적인 창업을 위해 반드시 선행되어야 한다.

창업 생태계는 단순한 '배경'이 아니라 '전략 공간'이다

많은 예비 창업자는 창업 생태계를 단순히 주어진 환경이나 외부 조건으로만 인식하는 경향이 있다. 정부 정책, 투자 시장, 기술 트렌드, 경쟁 상황 등을 '어차피 정해진 배경'으로 받아들이고, 그 안에서 아이디어와 실행력으로만 경쟁하려 한다. 그러나 전략적인 관점에서 보면, 창업 생태계는 결코 수동적인 배경이 아니다. 오히려 창업 성공 확률을 구조적으로 높이거나 낮출 수 있는 능동적인 전략 공간이다.

창업 생태계는 자본, 인재, 기술, 정보, 제도, 네트워크가 유기적으로 연결되어 서로 작용하는 복합 시스템이다. 이 안에서는 어떤 사업은 빠르게 성장하는 반면, 비슷한 역량을 갖추었음에도 지속적으로 제약받는 사업도 존재한다. 이는 개인의 능력 차이보다는 생태계와 사업 모델 간의 적합성에서 비롯되는 경우가 많다.

전략적 창업가는 "무엇을 할 것인가"에 앞서 "어디에서, 어떤 환경 속에서 할 것인가"를 먼저 고민한다. 즉, 창업 생태계를 하나의 전략적 지형으로 바라보고, 그 지형이 제공하는 기회와 제약을 자세히 분석한다. 어떤 생태계는 기술 기반 스타트업에 유리하지만, 다른 생태계는 로컬 서비스나 플랫폼 비즈니스에 더 적합할 수 있다. 투자 문화, 규제 수준, 고객의 수용성, 산업 클러스터의 존재 여부 등에 따라 성공 가능성은 크게 달라진다. 따라서 전략적 창업가는 다음과 같은 질문을 던진다.

- 이 생태계는 어떤 유형의 창업에 유리한가?
- 현재 내가 설계한 사업 모델이 이 생태계 내에서 가속 효과를 누릴 수 있는지, 아니면 구조적인 제약을 받는가?

이 질문에 대한 답은 단순한 시장 분석을 넘어서야 한다. 이는 창업가가 자신의 전략적 위치를 어디에 설정할지 판단하는 문제이자, 동시에 시간과 자원을 어디에 집중할지 결정하는 일이다. 창업 생태계를 하나의 전략적 공간으로 인식하는 순간, 창업은 더 이상 운이나 우연에 맡기는 일이 아니라, 구조를 파악하고 그에 맞춰 선택하는 전략적 행위가 된다.

이러한 관점에서 창업 생태계를 구성하는 핵심 요소와 시장 구조를 분석하고, 창업가가 자신에게 유리한 전략적 기회를 어떻게 단계적으로 식별하고 활용할 수 있는지 살펴본다.

창업 생태계 6대 요소의 전략적 중요성

① **시장(Market)** 시장은 창업자가 제품이나 서비스를 제공할 대상과 그 범위를 정의하는 개념이다. 이는 단순히 고객의 수요를 파악하는 것을 넘어, 시장 규모와 성장 가능성, 세부 세그먼트의 특성, 그리고 경쟁 구도까지 포함한다. 예를 들어, 빠르게 성장하는 시장에서는 기회를 선점하는 속도가 경쟁력의 핵심이 될 수 있지만, 이미 성숙한 시장에서는 차별화된 가치 제안과 독창적인 마케팅 전략이 더욱 중요하다. 시장을 분석할 때는 고객의 행동 패턴, 구매력, 그리고 시장을 형성하는 트렌드 변화를 자세히 파악하는 것이 필수적이다. 이러한 분석을 바탕으로 창업자는 제품과 서비스의 포지셔닝을 결정하고, 경쟁사 대비 우위를 확보할 전략을 수립할 수 있다.

② **자본 및 금융 인프라(Capital & Funding)** 사업을 지속하고 확장하기 위해서는 안정적인 자본 조달이 필수적이다. 창업 초기에는 엔젤 투자, 가족이나 지인 자금, 정부 지원 프로그램 등이 주요 자금원이 될 수 있다. 이후 성장 단계에 접어들면 벤처 캐피털, 크라우드펀딩, 은행 대출, 전략적 투자 등 다양한 자금 조달 방법이 활용된다. 중요한 것은 단순히 자금을 확보하는 데 그치지 않고, 자금 조달 시기와 조건을 전략적으로 조율하는 것이다. 너무 이른 시기에 과도한 자본을 유치하면 지분 희석이나 경영권 분산의 위험이 있으며, 반대로 자금 확보 시기를 놓치면 성장 기회를 잃을 수 있다. 따라서 창업자는 자신의 성장 단계와 비즈니스 모델에 맞는 최적의 자금 조달 전략을 세워야 한다.

③ **인적 자원 및 인재 풀**(Human Capital) 창업의 성공은 결국 '사람'에 달려 있다. 창업자는 사업의 비전과 가치를 함께 공유하며, 불확실한 환경 속에서도 실행력을 발휘할 수 있는 핵심 인재를 찾아야 한다. 단순히 경력이나 스펙이 뛰어난 인물보다, 사업 목표를 깊이 이해하고 팀워크를 원활하게 끌어낼 수 있는 인재가 더욱 필요하다. 또한, 창업 환경에서는 우수 인재를 확보하는 것뿐만 아니라 장기적으로 유지할 수 있는 전략도 매우 중요하다. 보상 체계 구축, 성장 기회 제공, 자율성과 책임 부여 등이 인재 유출을 막는 핵심 요소다. 창업자는 네트워킹, 멘토링, 산업 협회 활동 등을 통해 지속적으로 인재 풀을 확장하고 강화해야 한다.

④ **기술 및 혁신 역량**(Technology & Innovation) 오늘날 대부분의 산업에서 기술 혁신의 속도와 범위는 비즈니스 경쟁력을 결정하는 핵심 요소로 자리매김하고 있다. 창업자가 보유한 기술 자산과 이를 발전시킬 수 있는 혁신 역량은 시장에서 차별화를 가능하게 한다. 이는 단순히 최신 기술 트렌드를 반영하는 것을 넘어, 고객의 문제를 해결할 수 있는 새로운 방법과 솔루션을 개발하는 능력을 포함한다. 또한, 지식재산권(IP) 확보, 연구개발(R&D) 투자, 기술 상용화 전략 등은 장기적인 경쟁 우위를 유지하는 데 필수적인 요소다. 빠르게 변화하는 기술 환경에서는 혁신 주기를 단축하고 민첩하게 제품을 개선하는 능력이 무엇보다 중요하다.

⑤ **제도 및 정책 환경** 사업을 운영할 때는 반드시 법과 제도의 틀 안에서 활동해야 하는 제약이 따른다. 산업별 규제, 노동법, 세제 정책, 지적재산권 보호, 환경 규제 등은 창업자에게 직접적인 영향을 미친다. 특히 정부가 제공하는 창업 지원 정책, 세금 감면, 보조금 제도는 사업 초기 단계에

서 큰 도움이 될 수 있다. 하지만 규제 리스크를 간과하면 불필요한 법적 문제나 제재를 받을 위험이 있다. 따라서 창업자는 해당 산업과 지역의 법·제도 환경을 철저히 조사하고, 이를 준수하는 동시에 지원 제도를 적극적으로 활용하는 전략을 세워야 한다.

⑥ **문화 및 네트워크(Culture & Networks)** 창업이 활발히 이루어지는 환경에는 공통으로 '도전과 실패를 수용하는 문화'와 '개방적인 네트워크'가 자리 잡고 있다. 창업 친화적인 사회 분위기와 실패에 대한 관용은 창업자들이 새로운 시도를 할 때 심리적 안전망 역할을 한다. 또한, 산업별 협회, 창업 커뮤니티, 전문 포럼, 인큐베이터와 액셀러레이터 등은 창업자들이 자원과 정보를 얻고 파트너를 찾는 데 중요한 네트워크를 형성한다. 이러한 네트워크를 통해 창업자들은 투자자, 고객, 협력사 등과의 연결 고리를 만들며, 성장을 더욱 가속할 수 있다.

창업 생태계의 여섯 가지 요소는 각각 독립적으로 작용하는 것이 아니라 상호 생태계의 여섯 가지 요소는 각각 독립적으로 작용하는 것이 아니라 상호 유기적으로 연결되어 창업 성공의 가능성을 결정한다. 시장은 자본, 인재, 기술의 방향성을 제시하고, 정책은 자본 조달과 시장 접근성을 변화시키며, 문화와 네트워크는 혁신과 성장의 속도를 올린다. 중요한 것은 모든 요소를 완벽히 갖추는 것이 아니라, 자신의 전략에 맞게 우선순위를 정해 요소들을 효과적으로 배치하는 것이다.

창업 생태계 6대 요소

따라서 창업자는 각 요소의 현황을 자세히 분석하고, 이들 간의 상호 연관성을 깊이 이해하여 환경에 최적화된 전략을 수립해야 한다. 전략은 '무엇을 더 가질 것인가'가 아니라 '이 환경에서 무엇을 어떻게 활용할 것인가'에 관한 문제이다. 이것이 바로 불확실한 상황 속에서 지속 가능한 성장을 이루는 길이다.

로컬 생태계와 글로벌 생태계의 전략적 차이점

모든 창업 생태계가 동일하게 작동하는 것은 아니다. 전략적인 창업가는 생태계를 단순히 '좋고 나쁨'으로 평가하지 않고, 자신의 성장 단계와 전략적 적합성에 따라 판단한다. 즉, 자신의 제품과 비즈니스 모델, 보유 역량,

그리고 장기적인 확장 전략을 종합적으로 고려하여 지역 생태계와 글로벌 생태계 중 어디에 기반을 둘지 신중하게 결정해야 한다. 두 생태계는 각각 고유한 특성과 장단점을 가지고 있기 때문이다.

예를 들어, 서울 성수동과 부산 해운대는 최근 빠르게 성장하고 있는 대표적인 지역 창업 생태계이다. 이들 지역에서는 다양한 정부 지원과 민간 파트너십이 활발히 이루어져 초기 스타트업이 성장할 수 있는 견고한 기반을 제공한다. 반면, 실리콘밸리, 싱가포르, 런던은 전 세계적인 네트워크와 풍부한 투자 환경을 갖추고 있지만, 생존 경쟁이 매우 치열하여 높은 수준의 역량과 전략이 필수적이다. 창업가는 각 생태계의 특성을 자세히 분석하여 자신의 사업에 가장 적합한 환경을 신중하게 선택해야 한다. 따라서 창업 초기 단계에서 창업가가 스스로에게 던져야 할 전략적 질문은 "지금 나에게 필요한 것은 속도인가, 규모인가?"이다.

구분	지역 생태계	글로벌 생태계
특징	밀접한 지원과 신속한 피드백을 받기 쉬우며, 규제 환경 또한 비교적 우호적이다.	자금과 시장 규모가 훨씬 크지만, 그만큼 경쟁도 매우 치열하다.
강점	초기 제품이나 서비스의 테스트 및 피벗에 유리하며, 지역 기반 네트워크를 빠르게 확장할 수 있다.	대규모 확장 기회가 풍부하며, 세계 최고 수준의 기술과 투자가 집중되어 있다.
약점	시장의 규모가 제한적일 경우 성장에 제약이 따르거나, 일정 단계 이후에는 정체될 가능성이 있다.	높은 진입 장벽과 복잡한 문화적 차이, 언어 장벽 등 여러 가지 어려움을 극복해야 한다.

지역과 글로벌 생태계의 차이점

2. 시장 구조에 대한 전략적 이해

일반적으로 '시장'이라는 단어를 들으면 단순히 물건이 거래되는 장소를 떠올리기 쉽지만, 창업가에게 시장은 훨씬 더 복잡한 개념이다. 시장은 경쟁이 치열하게 벌어지는 전장이자, 기회를 포착하고 전략을 수립해야 하는 중요한 지도가 되기도 한다. 시장의 구조와 흐름을 정확히 이해하지 못한다면, 마치 방향 감각 없이 전투에 나서는 것과 다름없다.

많은 창업자가 제품을 먼저 개발해 시장에 내놓는 방식을 선택한다. 그러나 전략적인 창업가는 제품 개발부터 시작하지 않는다. 먼저 시장을 자세히 분석하고, 그 속에서 발견한 기회를 바탕으로 문제를 정의한 후, 이에 적합한 해결책을 설계한다. 시장은 단순히 제품이 출발하는 배경이 아니라, 전략의 근거가 되는 중요한 토대이기 때문이다.

시장 구조를 분석하는 전략적 관점

시장 구조를 제대로 이해하기 위해서는 네 가지 핵심 요소를 꼼꼼히 살펴봐야 한다. 첫째, 구매 결정을 내리는 주체인 고객을 명확히 파악하는 것이다. 둘째, 해당 고객을 대상으로 이미 제품이나 서비스를 제공하고 있는 경쟁자를 분석해야 한다. 셋째, 현재와 미래의 시장 규모 및 성장 가능성을 면밀히 검토해야 한다. 마지막으로, 진입 장벽과 전환 비용을 고려하여 신규 진입과 고객 확보의 난이도를 평가하는 것이 중요하다. 이러한 구조적 이해를 바탕으로 TAM, SAM, SOM 분석을 활용하면 전략적 목표를 더욱 명확하게 설정할 수 있다.

TAM(Total Addressable Market)은 특정 제품이나 서비스가 해결하고자

하는 문제를 가진 모든 잠재 고객을 포함하는, 이론상 전체 시장의 크기를 의미한다. 다시 말해, 경쟁자가 전혀 없다고 가정할 때 해당 제품이나 서비스가 이론적으로 도달할 수 있는 최대 매출 기회를 나타내는 가장 광범위한 시장 규모이다.

SAM(Serviceable Available Market)은 내가 실제로 접근할 수 있는 시장을 의미하며, TAM 중에서 내가 제공하는 제품이나 서비스가 실질적으로 도달할 수 있는 시장의 일부를 가리킨다. 이는 특정 지역적 제한, 유통 채널의 제약, 규제 환경, 또는 특정 기술 스택과 같은 현실적인 제약을 반영한 시장 규모이다.

마지막으로, SOM(Serviceable Obtainable Market)은 실제로 우리가 차지할 수 있는 시장을 의미한다. 이는 경쟁 상황, 마케팅 전략, 자사의 역량, 초기 자원 등 다양한 요소를 종합적으로 고려하여 설정한 가장 현실적인 목표 시장이다.

이 모델은 시장의 규모와 기회를 명확히 파악하는 데 필수적이며, 한정된 자원을 어디에 집중할지 결정하고 단계별 확장 전략을 수립하는 데 중요한 역할을 한다. 예를 들어, 카카오택시는 전국 택시 이용자를 전체 시장(TAM)으로 설정한 뒤, 실제로 앱을 사용할 수 있는 고객층을 서비스 가능 시장(SAM)으로 좁혔다. 초기에는 수도권에 집중하여 점유할 수 있는 시장(SOM)을 신속하게 확보하며 성장의 기반을 다졌다. 이 세 가지 분석 방법에 대한 자세한 내용은 참고 자료를 확인해 주시기를 바란다.

시장을 움직이는 세 가지 힘: 변화의 원동력

시장 분석은 단순히 현재 상황을 파악하는 것을 넘어서, 미래의 변화를 예측하고 기회를 선점하는 과정이다. 이러한 시장의 역동적인 변화는 세 가지 주요 동력에 의해 주도되며, 이 동력들은 새로운 시장을 창출하고 기존 시장을 재편하는 동시에 창업가에게 혁신적인 기회를 제공한다.

기술 변화(Technology Shift) 기술은 시장 변화를 주도하는 강력한 동력 중 하나이다. 새로운 기술의 등장으로 기존 산업 구조가 흔들리고, 소비자의 행동 양식이 근본적으로 변화하며, 이전에는 상상할 수 없었던 새로운 제품과 서비스가 탄생한다. 예를 들어, 스마트폰의 출현은 모바일 앱 생태계, 디지털 콘텐츠 시장, 위치 기반 서비스의 급성장을 끌어냈다. 이는 단순한 통신 기기의 발전을 넘어, 개인의 일상과 비즈니스 모델 전반을 재정의한 기술 혁명이었다. 기술 변화는 항상 새로운 시장의 씨앗을 뿌리며, 이를 가장 먼저 감지하고 활용하는 사람이 시장을 선도하게 된다.

정책 변화(Policy Shift) 정부의 정책 변화는 시장의 흐름과 규모에 지대한 영향을 미친다. 이러한 변화는 규제 완화, 보조금 지원, 세제 혜택, 또는 새로운 법률 제정 등 다양한 형태로 나타난다. 때로는 새로운 시장 기회를 창출하기도 하며, 때로는 기존 시장의 판도를 완전히 뒤바꾸기도 한다. 정책 변화는 대체로 예측할 수 있는 패턴을 보이기 때문에, 이를 사전에 파악하고 적절히 대응하는 능력은 창업가에게 매우 중요한 전략적 역량으로 작용한다.

사회적·문화적 변화(Social Shift) 소비자들의 가치관과 라이프스타일, 그리고 사회 전반의 문화적 경향 변화는 시장의 근본적인 수요를 형성하는 중요한 원동력이다. 이러한 사회·문화적 변화는 제품이나 서비스에 대한 새로운 욕구를 창출하거나 기존 수요의 양상을 변화시키기도 한다. 최근 MZ

세대의 소비 습관 변화는 이러한 사회·문화적 변화의 대표적인 사례로 꼽
힌다. 사회·문화적 변화는 소비자의 내면에 잠재된 욕구를 자극하며, 새로
운 라이프스타일에 부합하는 비즈니스 모델을 만들어내는 핵심 동력이 된
다.

　이 세 가지 힘의 공통점은 바로 '변화'라는 키워드에 있다. 시장에서 성공
적인 기회를 잡은 사람들은 단순히 좋은 아이디어를 떠올린 것이 아니라,
기술적·정책적·사회·문화적 변화를 누구보다 먼저 읽어내고, 그 변화의 흐
름 속에서 새로운 시장의 가능성을 발견한 이들이다. 변화를 감지하고 그
흐름에 올라타는 능력은 불확실한 시장에서 생존하고 성장하기 위한 창업
가의 핵심 역량이라 할 수 있다.

3. 트렌드와 데이터 기반 기회 포착 전략

오늘날 창업 환경은 더이상 정적인 예측만으로 성공을 보장하기 어렵다. 우리는 끊임없이 변화하는 상황에 맞춰 역동적으로 해석하고 적응해야 하는 시대에 살고 있다. 소비자의 관심은 순식간에 바뀌고, 산업 구조도 몇 달 만에 완전히 재편되기도 한다. 이러한 급변하는 환경 속에서 성공하는 창업가는 단순히 좋은 아이디어를 가진 사람이 아니라, 변화의 방향을 먼저 파악하고 그 흐름에 능숙하게 올라탈 줄 아는 사람이다.

트렌드는 단순한 '유행'이 아니라 '방향성'을 의미한다

트렌드 분석은 전략적 창업가가 반드시 갖추어야 할 핵심 역량이다. 그 중요성은 다음 세 가지 이유로 설명할 수 있다.

첫째, 트렌드 분석은 기회를 선점할 수 있는 기반을 마련해준다. 시장 변화가 본격화되기 전에 그 흐름을 미리 파악함으로써 선제적으로 시장에 진입할 수 있는 통찰력을 제공한다. 이를 통해 경쟁자들이 반응하기도 전에 유리한 위치를 확보할 수 있다.

둘째, 위기관리에 있어 매우 중요한 역할을 한다. 낡은 사업 모델이나 시대에 뒤처진 아이디어에 집착하기보다는 변화의 흐름을 정확히 파악하여 신속하게 사업 방향을 전환(피벗)할 수 있도록 돕는다. 이를 통해 불필요한 자원 낭비를 줄이고 실패 위험을 효과적으로 낮출 수 있다.

셋째, 시장 중심의 제품 개발이 가능해진다. 트렌드 분석을 통해 고객의 깊은 니즈와 시대정신에 부합하는 솔루션을 도출할 수 있다. 이는 단순히 '만들고 싶은 것'을 만드는 것이 아니라, '시장이 필요로 하는 것'을 제공함으로써 성공 가능성을 극대화하는 것이다. 트렌드와 데이터를 기반으로 시장의 흐름을 읽는 능력은 불확실한 시대에 창업가가 갖춰야 할 가장 강력한 무기가 된다.

거시적 트렌드에서 미시적 데이터로 이어지는 전략

전략적 창업가는 단순히 트렌드를 맹목적으로 따르지 않는다. 그는 거시적인 흐름을 출발점으로 삼되, 이를 미시적인 데이터로 검증하며 구체적인 사업 기회로 발전시킨다. 트렌드는 '믿음의 대상'이 아니라, 확인하고 점진적으로 접근해야 할 가설이기 때문이다. 따라서 창업가는 세 가지 전략적 원리를 반드시 이해해야 한다.

첫째, 거시적 트렌드를 통해 패러다임 변화를 인식하는 것이 중요하다. 거시 트렌드는 사회, 경제, 기술 전반에 걸쳐 장기적으로 산업의 규칙을 바꾸며, 어떤 사업이 가능해지고 어떤 사업이 사라질지를 결정한다. 최근 대표적인 변화로는 AI와 자동화의 확산, ESG와 지속가능성의 부상, 구독 경제의 확대, 초개인화된 고객 경험의 중요성, 그리고 건강과 웰니스에 관한 관심 증가를 들 수 있다. 이러한 트렌드들은 공통적으로 기존 시장 구조를 재편하며, 새로운 비즈니스 모델이 등장할 수 있는 기반을 마련한다. 다만, 거시 트렌드 자체가 곧바로 사업 기회를 의미하는 것은 아니다.

둘째, 미시 데이터를 분석하여 실제 소비자 행동 변화를 포착하는 것이다. 미시 데이터는 고객의 검색, 반응, 구매, 불만 등 구체적인 행동에서 나타난다. 검색 트렌드 분석은 잠재 수요의 방향성을 제시하며, SNS와 온라인 콘텐츠 반응은 감성적 욕구와 유행의 초기 신호를 보여준다. 또한 전자상거래 리뷰와 온라인 커뮤니티 분석을 통해 고객이 직접 표현하지 않은 불편함과 개선 가능성을 발견할 수 있다. 이러한 데이터는 거시적 트렌드가 실제 시장에서 어떻게 구현되고 있는지를 검증하는 데 중요한 역할을 한다.

셋째, 트렌드 간의 연관성과 융합을 통해 새로운 기회를 창출하는 것이다. 혁신은 단일 트렌드를 따르는 데서 나오지 않고, 서로 다른 트렌드가 만나는 지점에서 탄생한다. 예를 들어, AI와 헬스케어의 결합, 지속가능성과 구독 모델의 결합, 초개인화와 교육 서비스의 결합은 기존 시장에서는 찾아볼 수 없던 새로운 가치 제안을 가능하게 한다. 이러한 융합은 경쟁이 덜한 새로운 시장을 개척하고, 차별화된 비즈니스 모델을 만들어낸다.

결국 거시적 트렌드는 방향성을 제시하고, 미시적 데이터는 현실을 검증하며, 트렌드 간의 융합은 전략적 기회의 완성을 이끈다. 전략적 창업이란 단순히 큰 흐름을 예측하는 능력이 아니라, 그 흐름이 실제 고객의 행동으로 구체화하는 지점을 정확히 파악하고 설계하는 과정이다.

트렌드 분석과 데이터 기반 의사 결정은 단순한 이론에 머무르지 않고, 실제 시장에서 그 효과가 입증된 전략이다. 성공한 기업들은 변화의 흐름을 직감에 의존하지 않고, 소비자 행동과 가치의 변화를 정확히 파악하여 이를 비즈니스 모델에 체계적으로 반영해 왔다.

[사례 1] '오늘의 집' - 라이프스타일 상거래 플랫폼

'오늘의 집'은 Z세대의 시각 중심 소비 트렌드와 집 실내장식에 관한 관심 증가를 기회로 삼아 성공한 대표적인 사례다. 이 기업은 실내장식을 전문가만의 영역이 아닌 개인의 라이프스타일을 표현하는 공간으로 새롭게 정의했다. 사용자들이 직접 올린 실제 공간 사진을 중심으로 커뮤니티를 형성하고, 콘텐츠와 상거래를 자연스럽게 연결해 영감 탐색부터 구매에 이르는 원활한 사용자 경험을 제공했다. 이는 비주얼 콘텐츠에 익숙하고 공유에 적극적인 세대의 소비 패턴을 정확히 반영한 전략이라 할 수 있다.

[사례 2] '하이퍼리즘' - ESG를 핵심 가치로 내세운 스트리트 패션 브랜드

'하이퍼리즘'은 ESG와 윤리적 소비라는 거시적 트렌드를 브랜드 전략의 핵심에 두고 있다. 이 기업은 MZ세대의 환경 의식과 개성 표현 욕구가 동시에 커지고 있음을 민감하게 포착하여, 친환경 소재와 윤리적 생산 과정을 브랜드 정체성으로 명확히 내세웠다. 단순히 친환경 메시지에 그치지 않고, 디자인과 스타일 경쟁력도 유지함으로써 '가치와 취향을 동시에 만족시키는 브랜드'로 자리매김했다.

이 두 사례는 공통적으로 트렌드를 단순히 표면적으로 소비하는 데 그치지 않고, 소비자의 행동 변화와 가치 인식을 비즈니스 구조에 적극 반영했다는 점에서 중요한 시사점을 제시한다. 트렌드를 기회로 전환하는 진정한 힘은 유행을 빠르게 좇는 데 있는 것이 아니라, 변화의 본질을 깊이 이해하고 이를 일관된 전략으로 구현하는 능력에서 비롯된다는 사실을 보여준다.

[요약] 트렌드를 기회로 바꾸는 기업가의 통찰력

급변하는 시장 환경에서 트렌드 분석은 더 이상 선택이 아닌, 기업의 생존을 결정짓는 핵심 역량이 되었다. 하지만 전략적 창업가에게 트렌드는 단순히 미래를 예측하는 정보에 그치지 않는다. 오히려 변화의 방향을 파악하고, 그 속에서 자신이 나아가야 할 전략적 위치를 설정하는 사고의 출발점이 된다.

이 과정에서 데이터는 트렌드를 파악하는 공통의 언어가 된다. 방대한 정보 속에서 반복되는 신호와 의미 있는 패턴을 찾아내는 능력이 바로 데이터 해석 역량이며, 이를 통해 아직 드러나지 않은 기회를 포착하는 것이 기업가의 통찰력이다. 직관도 중요하지만, 검증되지 않은 직관은 전략이 될 수 없다.

따라서 진정한 기업가는 유행을 수동적으로 따르지 않는다. 그는 자신의 비전과 역량을 바탕으로 트렌드를 재해석하고, 필요하다면 새로운 방향으로 재구성한다. 단순히 트렌드를 읽는 데 그치지 않고, 이를 적극적으로 활용하고 설계하는 주체가 될 때 비로소 창업은 모방이 아닌 혁신으로 나아간다. 이것이 변화의 흐름을 선도하는 기업가 정신의 본질이다.

<u>연습 문제</u>

1. 현대 사회에서 주목받고 있는 주요 거시적 트렌드 중 하나를 선택하여, 그 트렌드가 당신이 구상하는 창업 아이디어에 어떤 기회를 제공하는지 구체적인 사업 아이템과 함께 설명해 보십시오.

2. 관심 있는 특정 분야(예: 미용, IT 기기, 반려동물용품 등)를 선정한 뒤, 해당 분야에서 소비자의 세밀한 행동 변화를 파악하기 위해 두 가지 이상의 구체적인 데이터 수집 방법을 제안하시오.

3. 트렌드 분석의 세 가지 핵심 요소인 기회 선점, 위기 관리, 그리고 시장 중심 제품 개발 중, 창업 준비 단계에서 가장 중요한 요소와 그 이유를 설명해 보시오.

4. 레드오션과 블루오션, 그리고 전략적 틈새시장 접근법

창업을 준비하는 과정에서 많은 예비 창업가들은 가장 먼저 경쟁의 강도를 묻는다. "이 시장은 이미 포화 상태인가?", "경쟁이 이렇게 치열한데 과연 진입할 수 있을까?"라는 질문이다. 하지만 전략적인 창업가에게 더 중요한 질문은 경쟁이 많고 적음이 아니라, 이 시장 내에서 내가 차지할 수 있는 전략적 위치가 어디인지이다.

시장은 단순한 경쟁의 장이 아니라 '전략적 위치'이다

시장 진입 전략은 단순히 경쟁을 피하거나 무작정 뛰어드는 것이 아니다. 이는 시장의 구조와 경쟁 구도를 자세히 분석한 후, 자신의 비즈니스 모델이 가장 효과적으로 작동할 수 있는 최적의 지점을 선택하는 과정이다. 이러한 관점에서 시장은 레드오션, 블루오션, 핑크오션 세 가지 유형으로 구분할 수 있으며, 각 유형은 서로 다른 전략적 의미를 지닌다.

레드오션은 이미 다수의 경쟁자가 존재하며 치열한 경쟁이 벌어지고 있는 시장을 의미한다. 이러한 시장에서는 가격, 품질, 기능을 중심으로 경쟁이 심화하며, 시장 성장도 정체되거나 완만한 경우가 많다. 결과적으로 기업들은 기존 시장 점유율을 두고 경쟁하게 되며, 가격 경쟁과 차별화의 한계에 직면하게 된다. 레드오션에서 성공하기 위해서는 단순히 더 저렴하거나 더 빠른 제품을 만드는 것에 그치지 않는다. 오히려 명확한 대상 설정과 차별화된 가치 제안을 통해 경쟁의 기준 자체를 바꾸는 것이 중요하다. 스타벅스는 포화한 커피 시장에서 '제3의 공간'이라는 경험 가치를 내세워, 제품이 아닌 문화를 판매함으로써 레드오션 속에서 독자적인 전략적 위치를 확립했다.

반면, 블루오션은 경쟁이 거의 없거나 아직 형성되지 않은 새로운 시장을 의미한다. 이는 기존 시장의 규칙을 따르기보다는 고객의 숨겨진 욕구를 재해석하고 전혀 다른 방식으로 가치를 제공함으로써 창출된다. 블루오션에 성공적으로 진입하면 초기에는 독점적인 지위를 확보할 수 있으며, 시장의 기준과 규칙을 주도적으로 설정할 수 있다. 다만, 이러한 시장은 불확실성이 크고 단순한 개선을 넘어서는 명확한 가치 혁신이 요구된다. 에어비앤비는 기존 호텔 산업의 경쟁 구도를 벗어나 '현지인처럼 살아보는 숙박 경험'이라는 새로운 가치를 제시함으로써, 경쟁이 거의 없던 시장을 창출한 대표적인 사례다.

그러나 블루오션은 영원히 경쟁이 없는 상태로 유지되지 않는다. 시장의 가능성이 입증되면 자연스럽게 후발 주자들이 몰려들고, 이에 따라 시장은 핑크오션 단계로 전환된다. 핑크오션은 아직 과도한 경쟁이 벌어지지 않은 초기 경쟁 단계로, 이 시기의 핵심 전략은 속도와 확장성에 집중하는 것이다. 선도 기업은 브랜드를 강화하고 고객 충성도를 높이는 동시에, 기술, 플랫폼, 운영 측면에서 진입 장벽을 견고히 구축해야 한다. 또한 빠른 규모 확장을 통해 시장 지배력을 확보하지 못하면, 결국 레드오션으로 전락할 위험에 직면하게 된다. 배달의민족은 배달 앱 시장이 핑크오션 단계에 접어든 이후에도 고객 경험과 브랜드 전략을 꾸준히 강화하며 선도적 위치를 지킨 대표적인 사례다.

결국 시장 진입 전략의 핵심은 '어떤 시장을 선택할 것인가'가 아니라, 자신의 역량과 비즈니스 모델에 가장 적합한 전략적 위치를 어디에 설정할 것인가에 달려 있다. 전략적 창업가는 경쟁을 두려워하지도, 무작정 회피하지도 않는다. 대신 시장 구조를 자세히 분석하여 그 안에서 자신만의 틈새를 찾아내고, 경쟁을 통제할 수 있는 영역으로 만든다. 이것이 바로 전략적 시장 진입의 본질이다.

시장 선점의 중요성: 변화 속에서 기회를 잡다

시장에 진입하는 것보다 시장을 선점하는 것이 훨씬 더 중요하다. 각 시장 유형에 따라 전략의 핵심은 달라진다. 경쟁자가 적은 블루오션이나 핑크오션 단계에서는 혁신을 통해 신속하게 시장을 선도하고 독점적인 위치를 확보하는 것이 필수적이다. 반면, 경쟁이 치열한 레드오션에서는 차별화된 가치를 제공하고 효율적인 전략으로 빠르게 시장에 진입한 후, 특정 고객의 니즈를 집중적으로 공략하여 자신만의 독자적인 영역을 구축해야 한다.

피지컬100의 창업자는 "우리는 블루오션을 개척하고자 했다. 사람들의 건강과 자기관리에 관한 관심이 높아지는 흐름에 맞춘 서비스를 제공함으로써, 경쟁자들이 진입하기 전에 시장을 선점하려 했다"라고 말했다. 이는 변화에 대한 예측과 시장 선점에 대한 창업가의 통찰력을 잘 보여준다. 결국, 시장 동향을 정확히 파악하고 변화의 조짐 속에서 기회를 포착하는 능력이 성공적인 시장 진입 전략의 핵심임을 알 수 있다.

시장의 틈새와 타이밍이 갖는 전략적 가치

새로운 사업을 시작하는 초기 창업자에게 가장 중요한 전략적 선택 중 하나는 시장의 크기가 아니라 어디서, 언제 시작할 것인가 하는 점이다. 자원과 역량이 제한된 창업자가 모든 시장을 한꺼번에 공략하려는 시도는 현실적이지 않다. 오히려 대기업이 주목하지 않거나 해결하지 못한 작은 문제에서 출발해 점진적으로 영역을 확장하는 접근법이 성공 가능성을 높여준다.

먼저, 시장의 틈새란 단순히 규모가 작은 시장을 의미하지 않는다. 이는 아직 충분히 해결되지 않았거나 체계적으로 정리되지 않은 문제 영역을 가리킨다. 대기업들은 규모가 크고 효율성이 높은 사업에 주로 집중하기 때문에, 수익성이 낮거나 복잡한 문제들은 자연스럽게 시장의 사각지대로 남게 된다. 전략적인 창업가는 바로 이 지점을 기회의 출발점으로 삼는다. 작지만 명확한 불편을 해결함으로써 강력한 고객 신뢰를 쌓고, 이를 바탕으로 사업 영역을 점차 확장해 나가는 것이다.

창업가는 전략적 틈새를 발견하기 위해 세 가지 핵심 질문에 집중해야 한다. 첫째, 고객이 반복적으로 불편을 겪고 있지만 아직 해결되지 않은 문제는 무엇인가? 둘째, 기존 서비스가 충분히 포용하지 못하는 특정 고객 집단은 누구인가? 셋째, 기술, 정책, 사회적 변화 속에서 새롭게 등장했으나 아직 주목받지 못한 니즈는 무엇인가? 이 질문들은 단순한 시장 규모가 아니라 문제의 심각성과 해결의 절실함을 판단하는 중요한 기준이 된다.

토스(Toss)의 초기 전략은 틈새시장 공략의 전형적인 사례라 할 수 있다. 공인인증서와 복잡한 절차로 인해 송금이 불편하다는 문제는 오랫동안 존재했지만, 기존 금융기관들은 이를 근본적으로 개선하지 못했다. 토스는 '간편 송금'이라는 좁은 문제에 집중해 고객의 불편을 정확히 해소했고, 그 결과 신뢰와 사용성을 바탕으로 종합 금융 플랫폼으로 성장할 수 있었다. 작은 틈새에서 출발해 큰 시장으로 확장한 대표적인 성공 사례다.

하지만 시장의 틈새를 발견하는 것만으로는 충분하지 않다. 아무리 훌륭한 아이디어라도 진입 시기가 맞지 않으면 실패할 수 있다. 타이밍은 단순한 예측의 문제가 아니라, 시장이 준비되었는지를 감지하는 문제이다. 성공적인 시장 진입은 기술이 실제로 구현할 수 있는 수준에 도달했는지, 고객이 새로운 해결책을 받아들일 준비가 되었는지, 그리고 제품과 서비스를 효과적으로 전달할 수 있는 채널이 열려 있는지, 이 세 가지 조건이 동시에 충족될 때 비로소 이루어질 수 있다.

중요한 점은 이러한 조건들이 어느 날 갑자기 명확한 신호로 드러나지 않는다는 것이다. 고객과의 대화, 소셜 미디어 반응, 온라인 커뮤니티의 논의, 제품 리뷰와 댓글 속에는 시장 변화의 미묘한 징후들이 서서히 쌓여간다. 전략적인 창업가는 이러한 신호들을 꾸준히 관찰하고 해석하여, 시장이 '지금 준비되었는지'를 판단한다.

결국 시장의 틈새와 적절한 시기는 단순한 운이나 직감에 의존하는 것이 아니다. 이는 문제를 바라보는 관점과 변화를 감지하는 꾸준한 훈련의 결과다. 작은 불편함을 크게 인식하고, 미세한 신호조차 놓치지 않는 창업가만이 한정된 자원 속에서도 의미 있는 시장 진입에 성공할 수 있다.

점검표

나는 시장을 충분히 이해하고 있는가?

- 시장의 성장 가능성과 위험 요인을 분석하였다.
- 주요 경쟁자의 수와 특징, 그리고 차별화 요소를 분석하였다.
- 시장 진입 시점과 타이밍을 신중히 고려하여 전략을 수립하였다.

맺음말

이 장에서 살펴본 바와 같이, 시장과 창업 환경은 단순한 배경이 아니라 창업의 성공과 실패를 구조적으로 결정짓는 전략적 공간이다. 창업가는 아이디어를 실행하기 전에 자신이 속한 생태계의 구조, 시장 내 힘의 균형, 그리고 변화의 방향을 자세히 파악해야 한다. 시장 규모와 경쟁 강도, 기술·

정책·사회적 변화, 트렌드와 데이터는 모두 우연한 성공을 배제하고 전략적 선택을 가능하게 하는 판단의 근거가 된다. 시장을 읽는다는 것은 미래를 예측하는 것이 아니라, 불확실한 상황 속에서도 의미 있는 결정을 내릴 수 있는 통찰력을 갖추는 과정이다.

결국 전략적 창업이란 "무엇을 할 것인가"보다 "어디서, 언제, 어떤 구조 안에서 할 것인가"를 먼저 고민하는 사고방식에서 출발한다. 레드오션과 블루오션, 지역과 글로벌 생태계, 거시적 트렌드와 미시적 데이터는 모두 창업가에게 같은 질문을 던진다. 이 시장이 지금 나의 전략을 지지하는가, 아니면 제약하는가? 이 질문에 명확히 답할 수 있을 때, 창업가는 경쟁을 두려워하지 않고 변화에 휩쓸리지 않으며 자신의 위치를 스스로 설계할 수 있다. 시장을 읽는 능력은 곧 전략적 창업가의 기본 체력이자, 다음 장에서 다룰 실행 전략의 출발점이 된다.

· 4장 ·
사업 아이디어의 발굴 및 검증 기술

"아이디어는 체계적으로 구체화되고

실행할 수 있는 요소들로 세분될 때 비로소 현실로 실현될 수 있다."

– 스콧 벨스키, 전 Adobe 최고 제품 책임자 겸 수석 부사장

아이디어는 어느 날 갑자기 떠오르는 영감이 아니라, 발견되고 검증되며 의도적으로 설계되는 결과물이다. 많은 기업가가 매력적인 아이디어만 있으면 성공적인 창업이 가능하다고 믿고 시작하지만, 현실에서는 아이디어 그 자체만으로는 아무런 가치를 지니지 않는다. 아이디어는 구체적인 문제를 해결하고 실질적인 가치를 창출할 때 비로소 '사업 기회'로 전환된다.

이 장에서는 아이디어를 단순한 생각에 그치지 않고, 실행할 수 있는 비즈니스 기회로 발전시키는 과정을 다룬다. 이를 위해 아이디어 발굴, 평가, 그리고 기회 육성이라는 세 가지 핵심 단계를 중심으로 내용을 전개한다. 독자는 이 과정을 통해 평범한 아이디어와 성장 잠재력이 높은 기회를 구분하는 안목을 기르고, 불확실성을 체계적으로 줄이는 방법을 배우게 될 것이다.

1. 아이디어와 기회의 본질적인 차이점

많은 예비 창업가들은 '좋은 아이디어만 있으면 절반은 성공한 것'이라고 생각한다. 하지만 창업 현실에서 아이디어는 아직 가치가 부여되지 않은 상태에 가깝다. 아이디어가 실제 문제를 해결하고, 고객이 비용을 지급할 의사가 있으며, 지속 가능한 구조로 확장될 수 있을 때 비로소 '기회(Opportunity)'로 전환된다. 다시 말해, 아이디어는 출발점에 불과하며, 기회는 검증과 설계를 거쳐 얻어지는 결과다. 따라서 창업가에게 필요한 능력은 '아이디어를 많이 내는 능력'이 아니라 아이디어를 기회로 전환하는 능력이다.

아이디어: 가능성의 씨앗이자 출발점

아이디어는 혁신의 출발점이다. 새로운 제품의 개념이 될 수도 있고, 기존 방식을 개선하거나 불편을 해소하는 작은 해결책일 수도 있다. 형태는 다양하지만, 아이디어의 가장 중요한 속성은 '아직 완성되지 않은 상태'라는 점이다. 일반적으로 아이디어는 다음과 같은 특징을 지닌다.

첫째, 아이디어는 창의적인 출발점이지만 구체성이 부족한 경우가 많다. 무엇을 만들지, 누구를 위한 것인지, 그리고 어떤 방식으로 전달할지에 대한 명확한 구조가 부족한 경우가 흔하다.

둘째, 아이디어는 아직 검증되지 않은 가설에 가깝다. 좋은 직감이나 확신이 있을 수 있지만, 실제 고객이 원하고 비용을 지급할지는 아직 확인되지 않은 상태이다.

셋째, 아이디어는 잠재력을 가지고 있지만, 그것만으로 자동으로 기회가

되지는 않는다. 잠재력은 가능성에 불과하며, 기회로 발전하기 위해서는 평가와 실험, 그리고 수정의 과정이 필요하다.

따라서 아이디어 단계에서 가장 중요한 질문은 단순하다.

"이 아이디어가 실제 시장에서 성공할 기회로 발전할 수 있을까?"

이 질문에 답하기 위해서는 아이디어를 기회의 관점에서 다시 한번 재구성해야 한다.

기회: 씨앗이 뿌리를 내리는 기반

기회는 아이디어가 한 단계 발전하여 목표 고객, 명확한 문제 인식, 실행할 수 있는 해결책, 그리고 지속 가능한 수익 구조를 갖춘 상태를 의미한다. 다시 말해, 기회는 단순히 '좋아 보이는 생각'이 아니라 '검증된 사업 구조'를 뜻한다. 기회로 인정받는 개념에는 공통적으로 다음과 같은 요소들이 포함된다.

첫째, 고객의 문제 해결이 명확해야 한다. 기회란 단순히 고객의 불편을 줄이는 것을 넘어, 고객 경험을 한층 더 향상하는 해결책을 의미한다. 문제의 규모와 빈도, 그리고 해결의 절박함이 명확할수록 기회의 가치도 더 커진다.

둘째, 전략적인 시장 위치 확보가 가능해야 한다. 기회는 시장 내에서 '내가 설 자리를' 만들어준다. 경쟁이 덜한 틈새시장을 선점하거나 경쟁의 기준을 새롭게 설정하는 포지셔닝 전략을 수립할 수 있어야 한다. 이를 위해 고객의 요구, 경쟁 구도, 그리고 산업 변화에 대한 깊은 이해가 필수적이다.

셋째, 지속 가능한 경쟁 우위가 필수적이다. 좋은 기회란 단기적인 일시적 우위가 아니라, 경쟁자가 쉽게 모방할 수 없는 차별화된 요소를 포함해야 한다. 이러한 경쟁력은 기술, 품질, 서비스, 브랜드, 운영 역량이 유기적으로 결합한 구조적 강점에서 비롯된다.

넷째, 창업가와의 정합성이 매우 중요하다. 강력한 기회는 창업가의 가치관, 목표, 역량과 긴밀히 맞아떨어질 때 더욱 오래 지속될 수 있다. 개인적인 동기와 사업 방향이 일치하면 실행의 집중도와 회복탄력성이 크게 향상된다. 기회는 단지 시장에만 존재하는 것이 아니라 창업가의 내적 자원과도 깊이 연결되어 있다.

결국 기회란 여러 요소가 조화를 이루어 '실행할 만한 이유'가 명확해진 상태를 말한다. 아이디어가 기회로 전환되는 순간, 창업은 단순한 상상에서 구체적인 설계 단계로 나아가게 된다.

기회의 원천: 탐색, 정보, 변화, 그리고 실행의 중요성

아이디어를 기회로 전환하는 과정은 단순한 우연에 맡겨지지 않는다. 기회는 적극적으로 탐색하고, 체계적인 정보 분석을 통해 구조화하며, 변화의 신호를 포착하고, 실행을 통해 구체화된다.

기회는 능동적으로 탐색할 때 비로소 발견된다. 일상 속 불편함을 세심히 관찰하고, 끊임없이 "왜?"라고 질문하며 기존의 가정을 의심하고 다양한 시각을 수용하는 과정에서 문제의 본질이 드러난다. 오직 문제를 발견하는 사람만이 진정한 기회를 설계할 수 있다.

정보는 아이디어에 현실성을 부여하는 중요한 역할을 한다. 시장의 공백을 발견하고, 고객의 실제 요구를 파악하며, 비용과 수익성 등 실현 가능성을 검토하는 모든 과정이 정보에 기반해 이루어진다. 정보는 추상적인 생각을 실행할 수 있는 구체적인 구조로 연결해 주는 다리와 같다.

변화는 새로운 기회의 촉매제이기도 하다. 기술의 발전과 사회적 전환은 새로운 욕구를 창출하며, 기존 가치의 개선 가능성을 넓혀준다. 변화가 시작되는 순간에는 항상 새로운 문제와 새로운 시장이 함께 나타난다.

마지막으로, 초기 창업 단계에서는 실행 중심의 사고가 매우 중요하다. 불확실성이 높은 환경에서는 완벽한 계획을 세우기보다는 현재 보유한 자원(기술, 지식, 네트워크)을 활용해 작게 실행하고, 그 과정에서 배우며 방향을 조정하는 접근법이 더 효과적이다. 성공한 창업가는 계획과 즉흥성을 대립하는 개념으로 보지 않는다. 목표가 명확한 영역에서는 계획을 통해 추진하고, 불확실성이 큰 영역에서는 실행을 통해 길을 개척해 나간다.

정리하자면, 아이디어는 '가능성'이며, 기회는 '검증된 구조'라고 할 수 있다. 창업가의 핵심 역량은 단순히 아이디어를 많이 내는 것이 아니라, 탐색과 정보 수집, 변화에 대한 대응, 그리고 실행을 통해 아이디어를 기회로 전환하는 능력에 있다. 이 장의 목적은 바로 그 전환 과정의 논리와 기술을 체계적으로 익히도록 돕는 데 있다.

2. 아이디어 발굴을 위한 전략적 접근법

아이디어는 단순한 '번뜩임'에서만 나오지 않는다. 오히려 창업에서 성공적인 아이디어는 우연히 얻어지는 것이 아니라, 관찰, 문제 정의, 정보 탐색, 변화 해석의 과정을 거치며 점차 구체화되는 결과물이다. 이 과정에서 중요한 것은 '아이디어를 떠올리는 능력'이 아니라, 아이디어가 자연스럽게 떠오를 수 있는 구조를 설계하는 능력이다. 전략적인 창업가는 영감을 기다리지 않고, 반복 가능한 방법으로 기회를 찾아낸다.

이 절에서는 전략적 접근법을 세 가지 핵심 축으로 정리한다.

첫째, 해결책을 찾기 전에 문제를 명확히 정의하는 문제 중심 사고. 둘째, 경쟁에 집중하기보다 간과된 문제 영역을 발견하는 틈새 탐색. 셋째, 변화와 정보를 활용하여 기회의 방향을 구체화하는 방법이다.

문제 중심 사고: 해결책보다 문제를 먼저 명확히 정의하라

초기 창업가들이 자주 저지르는 실수는 '멋진 솔루션'에서 출발하는 것이다. "AI로 뭔가 해보자", "플랫폼을 만들자", "앱으로 바꾸면 될 것 같다"와 같은 접근 방식은 겉보기에는 그럴듯하지만, 실제로는 문제를 해결하기보다 문제를 대체하는 구조를 만들어낸다. 이 과정에서 창업가는 자신도 모르게 문제를 '발견하는' 것이 아니라 '만드는' 일에 가까워지게 된다. 결국 고객의 실제 불편과는 동떨어진 기능만 늘어나고, 시장의 반응도 미미해지기 마련이다.

전략적 창업가는 이 과정을 거꾸로 진행한다. 먼저 문제를 명확히 정의하고, 그 문제를 겪고 있는 고객을 구체적으로 파악한 후에야 해결책을 설계한다. 문제 중심 사고의 출발점이 되는 질문은 단순하지만 매우 날카롭다.

- 그 문제를 겪는 사람은 **누구**인가(Who)?
- **언제·어디서**(When / Where) 그 불편함이 발생하나?
- **무엇 때문에**(Why) 반복적으로 불편함을 겪고 있는가?
- 현재 **어떤 방법으로**(How) 문제를 해결하고 있으며, 그 방식의 한계점은 무엇인가?

이 질문은 문제를 '감정적인 불만'이 아닌 '구조적인 결함'으로 전환한다. 문제를 구조적으로 정의하면, 자연스럽게 해결책의 방향도 명확해진다. 문제 정의가 올바르게 이루어졌다는 신호는 다음과 같다.

- 고객이 그 문제를 자신의 언어로 즉시 설명한다.
- 문제는 일시적인 것이 아니라 반복적으로 발생한다.
- 고객은 이미 문제 해결을 위해 시간과 비용, 노력을 투자하고 있다.
- 현재 여러 대안이 존재하지만, 모두 완전하지 않거나 사용에 불편함이 있다.

이 네 가지 신호가 동시에 나타난다면, 이는 단순한 '아이디어 후보'가 아니라 '기회 후보'에 더 가깝다고 할 수 있다. 반면에 고객이 문제를 인지하지 못하거나, 불편함을 감수할 만한 이유가 부족하거나, 이미 매우 만족스러운 대안이 존재한다면 아무리 훌륭한 솔루션이라도 사업으로서 성공하기는 어렵다.

문제 중심 사고는 단순히 '문제의 크기'에만 주목하지 않고, '문제의 밀도'

까지 살피도록 이끈다. 큰 시장에서도 문제의 깊이가 얕을 수 있고, 반대로 작은 영역에서도 문제는 매우 깊을 수 있다. 창업가는 '큰 시장'보다는 '깊이 있는 문제'에서 출발할 때 더욱 안정적인 성장을 이룰 수 있다.

시장의 틈새를 파악하는 방법:

경쟁이 적은 곳이 아니라, 문제가 방치된 곳을 찾아라

'틈새'라는 단어를 들으면 많은 사람들이 곧바로 '작은 시장'을 떠올리기 쉽다. 하지만 전략적 틈새는 단순히 시장의 크기와 관련된 개념이 아니다. 이는 아직 해결책이 명확히 정립되지 않은 문제 영역이거나 기존의 플레이어들이 충분히 다루지 않은 분야를 의미한다. 다시 말해, 틈새란 '작아서 비어 있는 공간'이 아니라, '남아 있음에도 불구하고 해결되지 않은 문제'인 것이다.

대기업이 틈새시장을 남기는 이유는 분명하다. 대기업은 규모의 경제를 바탕으로 운영되며, 표준화된 고객을 대상으로 효율성을 극대화하는 데 집중한다. 이에 따라 다음과 같은 문제들은 구조적으로 우선순위에서 밀리기 쉽다.

- 고객이 분명히 불편함을 느끼고 있으나, 시장 규모가 작다고 판단되는 문제
- 해결 과정이 복잡하고 예외 상황이 많아 운영 효율성이 저하되는 문제
- 고객 세그먼트가 분산되어 있어 마케팅 비용이 증가하는 문제
- 규제와 이해관계, 그리고 기존 시스템으로 인해 변화가 어려운 문제이다.

하지만 초기 창업자에게는 이러한 문제들이 오히려 기회가 된다. 창업자

는 대기업처럼 거시적인 관점에서 '평균적인 고객'을 상대하지 않는다. 대신 특정 고객군이 겪는 반복적인 불편을 세밀하게 해결함으로써 충성도 높은 고객과 높은 전환율을 확보할 수 있다. 초기에는 작은 성공에 불과하지만, 그 작은 성공이 '확장 가능한 기반'이 된다. 틈새시장을 발견하기 위한 관찰 포인트는 다음과 같다.

- **불편의 지속성** 불편함이 오랜 시간 지속되고 있으며, 문제 해결이 더디거나 미흡한 상태이다.
- **회피되는 고객층** 특정 집단이 지속적으로 '주류 서비스에서 배제'되고 있다.
- **우회 해결의 흔적** 고객이 임시방편으로 여러 도구를 조합하거나, 비합리적인 절차를 감수하는 경우가 있다.
- **불만 표현** 리뷰, 커뮤니티, 콜센터, 현장 대화 등에서 동일한 불만이 반복적으로 나타난다.

토스의 사례는 틈새 전략이 어떻게 확장으로 이어질 수 있는지를 잘 보여준다. 핵심은 단순히 '송금 시장' 자체가 아니라, 송금 과정에서 발생하는 마찰(frictions)을 문제로 정의한 데 있다. 고객들은 송금을 원했지만, 절차가 복잡했고, 기존 기관들은 이를 '당연한 비용'으로 여겼다. 토스는 이러한 마찰을 제거하는 데 집중했고, 그 결과 신뢰와 사용 빈도를 높이며 서비스 영역을 확장할 수 있었다. 틈새는 작은 출발점이지만, 잘 설계하면 성장의 발판이 된다.

변화와 정보는 기회의 촉매이다: 예측보다 감지, 감지보다 검증이 중요하다

시장은 끊임없이 변화한다. 기술과 정책, 그리고 사회·문화는 새로운 행동 양식을 만들어내고, 이러한 행동은 다시 새로운 문제를 일으킨다. 전략적 창업가의 역할은 '미래를 예측하는 것'이 아니라, 이미 변화가 초래한 불편과 공백을 신속하게 포착하는 데 있다.

변화를 통해 기회가 만들어지는 전형적인 패턴은 두 가지로 나뉜다.

- **새로운 가능성의 출현** : 이전에는 기술적 한계와 비용, 인프라 문제로 불가능했던 일들이 이제 실현될 수 있게 되었다.
- **기존 가치의 재평가** : 사람들의 기준이 변화함에 따라, 동일한 제품이라도 '더 중요해진 가치'가 새롭게 주목받는다(예: 편의성, 안전, 친환경, 프라이버시 등).

그러나 변화가 존재한다고 해서 사업 기회가 자동으로 생기는 것은 아니다. 변화는 어디까지나 '재료'에 불과하며, 기회는 그 재료를 정보로 체계화할 때 비로소 만들어진다. 여기서 말하는 정보는 단순한 데이터가 아니라, 의사 결정을 뒷받침하는 근거를 의미한다. 전략적 창업가는 이러한 정보를 세 가지 목적에 맞게 활용한다.

- **시장 격차 확인** : 경쟁사가 채우지 못한 공백이 실제로 존재하는지 점검해야 한다.
- **고객 니즈 검증** : 고객이 해당 문제를 실제로 불편하게 느끼고 있으며, 이를 해결하기를 진심으로 원하는지 확인해야 한다.
- **실현 가능성 점검** : 비용, 채널, 기술, 운영 측면에서 실행이 가능한지

확인해야 한다.

정보를 수집할 때 중요한 태도는 '정답을 찾는 것'이 아니라 '가설을 검증하는 것'이다. 즉, 자료를 모아 내 생각을 확신하는 것보다 내 아이디어가 틀릴 가능성을 빠르게 발견하는 것이 더 유익하다. 이 과정을 신속하게 진행할수록 불필요한 개발과 비용을 줄일 수 있고, 더 나은 기회로 방향을 전환할 수 있다.

요약: 아이디어는 단순한 '발상'이 아니라 '과정'에서 비롯된다

전략적 아이디어 발굴은 다음과 같은 과정으로 요약할 수 있다.

- 문제를 먼저 명확히 정의하고
- 방치된 문제 영역(틈새)을 발굴하며
- 변화의 신호를 정보로 확인한다.
- 아이디어를 기회로 발전시킨다.

이 과정은 창업가에게 '무엇을 만들 것인가'보다 먼저 '어떤 문제를 해결할 것인가'를 묻는다. 이 질문에 대한 답이 명확해지는 순간, 아이디어 발굴은 더이상 막연한 직감이나 우연에 의존하지 않고 전략적 사고의 영역으로 나아가게 된다.

3. 창의적인 아이디어 창출 기법

혁신적인 아이디어는 특별한 사람의 번뜩이는 재능에서만 나오는 것이 아니다. 스타트업이 '혁신의 원천'으로 불리는 이유는 그 안에 수많은 문제와 비효율, 그리고 아직 해결되지 않은 욕구가 끊임없이 존재하기 때문이다. 중요한 것은 억지로 아이디어를 짜내려 하기보다는, 호기심의 눈으로 일상을 관찰하고 작은 불편함을 기회로 바라보며, 반복 가능한 방법으로 아이디어를 만들어내는 습관을 기르는 것이다. 지루하고 반복적인 업무, 낡은 절차, 사용자에게 불친절한 서비스는 모두 "왜 이렇게 해야 할까?"라는 질문에서 출발해 개선의 실마리를 찾을 수 있다.

여기에서는 직관의 중요성을 인정하면서도, 아이디어를 '재현할 수 있는 방식'으로 창출할 수 있도록 돕는 체계적인 방법을 소개한다. Y Combinator의 재러드 프리드먼(Jared Friedman)이 제안한 일곱 가지 접근법은 혁신의 기회를 탐색하는 데 실질적으로 유용한 프레임워크를 제공한다. 독자들은 이 일곱 가지 관점을 통해 단순히 아이디어를 떠올리는 단계를 넘어, 아이디어를 만들어내는 환경과 구조를 설계하는 방법까지 익히게 될 것이다.

자신의 강점을 적극적으로 활용하라 : 창업자와 시장의 적합성에서 시작하기

강력한 스타트업 아이디어는 종종 창업자의 '강점'에서 비롯된다. 여기서 말하는 강점은 단순한 기술이나 경력에 국한되지 않는다. 특정 산업의 맥락을 깊이 이해하는 능력, 현장에서 직접 겪은 문제 경험, 그리고 반복된 실패 속에서 쌓인 통찰력까지 모두 포함된다. 이것이 바로 '창업자-시장 적합성(Founder-Market Fit)'이다. 창업자가 자신이 잘 아는 시장에서 출발할수록 문제 정의가 더욱 정교해지고 실행 속도도 빨라진다.

따라서 아이디어를 찾기 전에 먼저 자신의 경험을 되돌아볼 필요가 있다. 일하면서 가장 비효율적이었던 절차는 무엇이었는가? 고객이 반복해서 불만을 제기했던 부분은 어디였는가? 현장에서 "이건 왜 이렇게 복잡하지?"라고 느꼈던 순간은 없었는가? 이러한 지점에는 이미 '문제의 밀도'가 쌓여 있다.

예를 들어, 스냅독스(SnapDocs)는 주택 융자 마감 과정에서 발생하는 번거로운 문제를 해결하고자 시작되었다. 창업자는 복잡한 서류 절차를 직접 경험하며 그 구조적 비효율성을 정확히 파악했기에, 이를 디지털 플랫폼으로 전환할 수 있었다. 이처럼 자신의 전문성과 경험이 깊이 연관된 문제를 선택하면, 후발 주자보다 더 빠르게 학습하고 더 오래 견디며 더 깊이 탐구할 수 있다. 강점에 기반한 아이디어는 단순히 성공 확률을 높이는 것을 넘어, 창업가의 동기 부여와 팀의 몰입을 강화하는 원동력이 되기도 한다.

개인적인 문제 해결에서 출발하기: '나의 불편함'을 '우리의 문제'로 확장하기

훌륭한 아이디어는 종종 개인적인 불편함에서 출발한다. 내가 불편함을 느꼈다면, 비슷한 상황에 있는 다른 사람들도 같은 문제를 겪고 있을 가능성이 크다. 중요한 것은 단순히 '불편함을 느끼는 것'이 아니라, 그 불편함을 보편적인 문제로 확장할 수 있는지 검증하는 과정이다.

개인적인 문제에서 출발할 때는 두 가지 단계가 필요하다.

첫째, 자신의 경험을 정확하게 언어로 표현하는 것이다. 무엇이 불편했는지, 왜 불편했는지, 그리고 기존의 대안들이 왜 만족스럽지 않았는지를 구체적으로 정리해야 한다.

둘째, 그 경험을 타인에게 공유하여 검증받아야 한다. 주변의 동료나 친구, 잠재 고객과의 대화를 통해 "이 문제가 나만의 문제인지, 아니면 반복적으로 발생하는 집단적인 문제인지"를 확인하는 과정이 필요하다. 개인적인 통찰은 출발점에 불과하며, 사업 기회로 발전시키기 위해서는 반드시 외부의 검증이 뒤따라야 한다.

도어대시(DoorDash)는 제한된 배달 옵션이라는 불편함에서 출발해, 지역 음식점과 소비자를 연결하는 플랫폼으로 성장했다. 펠로톤(Peloton) 역시 집에서 더 몰입감 있는 운동 경험을 원하는 개인의 욕구에서 시작했지만, 콘텐츠와 커뮤니티를 결합해 시장을 확장했다. 이 두 사례가 보여주는 핵심은 같다. 개인적인 문제는 강력한 출발점이 될 수 있으나, 시장 조사와 검증을 통해 '확장 가능한 문제'로 재구성될 때 비로소 기회로 이어진다는 점이다.

열정을 원동력으로 삼되, 기준은 시장에 두어라

창업은 긴 여정이다. 불확실성과 실패 가능성이 높은 이 길을 오래 걸어가기 위해서는 열정이 필수적이다. 열정은 창업가에게 에너지와 인내를 불어넣어 주며, 초기의 어려운 상황을 견뎌내는 내적 동력이 된다. 하지만 열정만으로는 방향성을 보장할 수 없다. 열정만으로는 시장을 설득하기 어렵고, 비용을 감당하거나 사업을 확장하는 것도 불가능하다.

따라서 열정을 '출발 동력'으로 인정하되, 이를 성공적인 기회로 만들기 위해서는 최소한 세 가지 기준을 함께 점검해야 한다.

첫째, 시장에서 실제로 수요가 존재하는가.

둘째, 지속 가능한 수익 구조로 연결될 수 있는가.

셋째, 내 가치관과 장기적인 삶의 방향과 일치하는가.

열정이 아무리 크더라도 시장이 좁거나 지급 의사가 약하면 사업은 성장하기 어렵다. 반대로 시장이 크더라도 내가 감당할 수 없는 방식이라면 지속성이 무너진다. 결국 열정은 사업의 연료이고, 시장 검증은 핸들이며, 실행 전략은 엔진과 같다.

변화의 흐름을 기회로 삼아라: 트렌드를 '파도'가 아닌 '도구'로 활용하라

혁신은 변화의 경계에서 탄생한다. 기술이 발전하고 규제가 변하며 사회적 가치가 이동할 때 기존의 질서는 흔들리기 마련이다. 이 과정에서 생겨나는 새로운 공백은 창업가에게 기회의 장이 된다. 중요한 것은 변화를 예측하는 것이 아니라, 변화가 만들어낸 새로운 행동 양식과 불편함을 정확히 포착하는 데 있다.

플랜그리드(PlanGrid)는 태블릿과 모바일 기기의 확산을 단순한 기기 변화로만 보지 않았다. 오히려 건설 현장이 여전히 종이 도면과 비효율적인 소통에 의존하고 있다는 점에 주목했다. 이를 바탕으로 변화한 기술 환경을 적극 활용해 현장의 정보 흐름과 협업 방식을 새롭게 설계했다. 즉, 변화는 그 자체가 목적이 아니라, 문제 해결을 위한 하나의 수단이었다. 변화에 대응한다는 것은 단순히 트렌드를 쫓는 것이 아니라, 트렌드가 제공하는 가능성을 활용해 현실의 문제를 창의적으로 해결하는 것을 의미한다. 변화에 기반한 아이디어를 다룰 때 창업가가 해야 할 일은 명확하다.

첫째, 변화의 신호를 주의 깊게 관찰하고, 둘째, 그 변화로 인해 발생하는 불편함과 수요의 이동을 분석하며, 셋째, 이러한 변화를 바탕으로 구체적인 서비스 구조를 설계하는 것이다. 또한, 변화가 항상 성공을 보장하지 않기 때문에 유연성과 회복탄력성을 갖추고 지속적으로 실험과 조정을 반복해야 한다.

성공 모델에서 영감을 얻되, 단순한 모방이 아닌 '재구성'을 하라

많은 창업가가 성공 사례를 연구하지만, 학습과 단순 모방은 분명히 다르다. 단순한 복제는 시장의 상황과 고객의 조건이 달라지는 순간 무용지물이 되기 쉽다. 반면, 전략적 학습은 성공의 원리를 깊이 이해하여 이를 다른 문제와 새로운 시장에 맞게 재구성하는 과정이다.

스탠더드 코그니션(Standard Cognition)은 아마존 고(Amazon Go)의 계산대 없는 소매 경험에서 영감을 받았지만, 이를 특정 매장 형태에 단순히 복제하지는 않았다. 다양한 소매 환경에 적용할 수 있도록 기술과 운영 방식을 새롭게 설계하며, 그 과정에서 새로운 시장을 개척했다. 여기서 중요한 점은 '무엇을 모방했는가?'가 아니라 '어떤 원리를 다른 상황에 적용했는가?'이다. 성공 사례는 단순한 해답이 아니라, 더 높은 수준의 질문을 끌어내는 도구로 활용해야 한다.

다양한 관점과 전문가의 통찰력을 적극적으로 활용하라

아이디어는 혼자만의 생각으로 완성되기 어렵다. 특히 초기 단계에서는 자신의 확신보다 외부의 피드백이 더 정확한 경우가 많다. 고객, 업계 전문가, 창업 경험자, 심지어 비전문가의 질문 속에서도 중요한 통찰을 얻을 수 있다. 중요한 것은 단순히 많은 의견을 듣는 것이 아니라, 그 의견을 체계적으로 정리하고 학습으로 전환하는 것이다. 효과적인 집단지성 활용은 세 가지 단계로 이루어진다.

첫째, 다양한 집단으로부터 피드백을 받을 때는 질문을 구체적으로 설정하는 것이 중요하다.

둘째, 반복적으로 나타나는 패턴과 주요 불만 사항을 도출한다.

셋째, 추출한 내용을 바탕으로 제품 가설을 세우고 이를 검증하는 실험을 진행한다.

이 과정을 거치면서 아이디어는 단순한 '좋은 생각'에서 '검증할 수 있는 설계안'으로 발전하게 된다. 특히 전문가의 통찰력은 시장의 규칙, 규제, 운영 현실, 경쟁 구조를 신속하게 파악할 수 있도록 도와주어 초기 시행착오를 크게 줄여준다.

"고장 난 부분 바로잡기" 전략: 낡은 시스템을 정면으로 개선하라

마지막으로, 가장 강력한 아이디어는 종종 '이미 망가져 있지만 여전히 유지되고 있는 시스템'에서 비롯된다. 비효율적인 관행, 불합리한 가격 구조, 그리고 사용자에게 불리한 관행이 지속되는 산업은 겉으로 보기에는 견고해 보이지만, 내부에는 개선할 부분이 쌓여 있다. 이러한 영역을 겨냥하는 전략이 바로 '고장난 것을 고치는' 접근법이다.

이 전략의 핵심은 단순한 불편함이 아니라 근본적인 구조적 결함을 겨냥하는 데 있다. 예를 들어, 렌드업(LendUp)은 고금리 급여일 대출의 약탈적 관행을 문제의 핵심으로 인식하고, 보다 투명하고 공정한 대안을 제시하고자 했다. 물론 이러한 접근 방식은 이해관계자, 규제 기관, 산업 관행과의 충돌을 불가피하게 수반한다. 따라서 해당 분야에 대한 전문성 확보, 파트너십 구축, 그리고 점진적인 확장 전략이 함께 필요하다. 거대한 산업을 혁신하는 일은 한 번에 이루어지지 않으며, 작은 개입과 지속적인 개선을 통해 현실을 변화시켜야 한다.

요약: 창의성은 타고난 재능이 아니라, 체계적으로 설계할 수 있는 습관이다

창의적인 아이디어는 단순한 우연의 번뜩임이 아니라, 반복적으로 연습하는 사고 습관에서 비롯된다. 자신의 강점에서 출발하여 개인적인 불편함을 시장의 문제로 확장하고, 열정을 동력으로 삼되 시장의 기준에 맞춰 검증하며, 변화의 흐름을 적극 활용한다. 또한 성공 모델을 재구성하고, 집단지성과 전문가의 통찰을 체계화하며, 낡은 시스템을 개선 대상으로 삼는 것이다. 이 일곱 가지 관점은 각각 다르게 보이지만 결국 하나의 결론으로 귀결된다.

아이디어는 저절로 떠오르는 것이 아니라 스스로 만들어내는 것이다. 그리고 그 '만드는 과정'이 바로 창업가의 역량을 보여준다.

점검표

- 나의 강점인 기술, 지식, 경험이 시장의 특정 문제를 해결하는 데 어떻게 이바지할 수 있는지 명확하게 설명할 수 있는가?
- 최근 일상생활에서 나를 가장 불편하게 하거나 짜증 나게 했던 경험은 무엇인가?
- 이 문제를 해결할 수 있는 나만의 독창적인 아이디어가 있는가?
- 내가 개인적으로 가장 깊이 몰두하며 시간과 노력을 아끼지 않는 분야는 무엇일까?
- 이 아이디어가 시장에서 실제로 수요가 있는지, 그리고 수익성 있는 비즈니스 모델로 발전할 수 있는지 현실적으로 검토해 보았나?
- 내가 영감받은 기존의 성공 사례는 무엇인가?
- 나의 아이디어가 기존 모델들이 해결하지 못했던 시장의 문제를 해결하고 있는가?
- 내 사업 아이디어와 관련된 분야에서 최소 3명 이상의 전문가(멘토, 투자자, 선배 창업자)를 알고 있는가?
- 부정적인 피드백도 열린 마음으로 받아들여, 이를 아이디어 개선의 기회로 활용할 수 있을까?
- 내가 생각하는 '고장 난' 산업, 서비스 또는 프로세스는 무엇일까?
- 이 문제를 해결할 수 있는 나만의 독창적인 아이디어가 있는가?

4. 아이디어의 검증을 위한 프레임워크와 실전 도구

달튼 콜드웰(Dalton Caldwell)의 아이디어 평가 프레임워크

아이디어 발굴이 '가능성의 문'을 여는 작업이라면, 검증은 그 문을 통과할 자격이 있는지 확인하는 과정이다. 창업 아이디어는 매력적으로 들릴수록 주관적인 확신에 의존하기 쉽다. 따라서 초기 단계에서는 '될 것 같다'라는 감각을 '될 근거가 있다'라는 판단으로 전환할 수 있는 도구가 필요하다. 와이 콤비네이터(Y Combinator)의 파트너 달튼 콜드웰은 이러한 목적을 위해 아이디어를 네 가지 관점에서 점검하는 평가 프레임워크를 제시했다. 이 프레임워크는 아이디어의 잠재력을 한 번에 판단하기보다는, 강점과 약점을 세분화하여 드러내고 보완할 우선순위를 정하는 데 도움을 주는 진단 도구에 가깝다.

콜드웰의 관점에 따르면, 아이디어는 다음 네 가지 영역에서 평가되어야 한다.

- 시장 규모(잠재적 영향력)
- 창업자와 시장의 적합성(Founder-Market Fit)
- 차별화 요소(경쟁 우위의 기반)
- 실행 가능성(현실의 제약을 극복하는 능력)

각 영역을 점수화하면 아이디어가 단순히 '좋아 보이는 단계'에 머무르는지, 아니면 '실행할 기회'로 발전하는지를 비교적 객관적으로 평가할 수 있다.

① 시장 규모: 아이디어가 확장될 수 있는 충분한 시장이 존재하는가?

시장 규모는 단순히 '크다'라는 것만으로 평가할 수 있는 문제가 아니다. 중요한 것은 아이디어가 해결하고자 하는 문제가 얼마나 널리 반복되며, 확장할 수 있는 방식으로 수요가 발생하는지에 달려 있다. 시장이 크면 성장 가능성도 크지만, 그만큼 경쟁과 대체재도 많아진다. 반면, 시장이 작으면 경쟁은 덜할 수 있으나 확장 전략에 한계가 있을 수 있다. 따라서 시장 규모를 평가할 때는 "현재 고객 수가 몇 명인가"에 집중하기보다, 시간이 지날수록 기회가 확대되는 구조인지 여부를 살펴야 한다. 이때 시장은 두 가지 유형으로 나누어 생각할 수 있다.

기존의 거대 기업이 지배하는 시장에서 성공하기 위해서는 단순한 개선을 넘어, 고객이 즉시 체감할 수 있는 새로운 가치(가격 구조, 경험, 접근성 등)를 제공해야 한다.

미래에 거대한 시장으로 성장할 잠재력이 있는 신흥 시장은 아직 규칙이 확립되지 않았거나 성장 단계에 있어 선점 기회를 제공하는 동시에 높은 불확실성도 내포하고 있다.

시장 규모 점수는 궁극적으로 '이 아이디어가 성장할 여지가 있는가?'를 평가하는 지표로, 이후 차별화 요소와 실행 가능성 평가와 함께 종합적으로 해석해야 한다.

② 창업자-시장 적합성: 이 시장을 끝까지 깊이 파고들 수 있는가?

시장에서 항해하는 창업자는 방향을 설정하고, 풍랑을 견뎌내며, 중요한 결정을 내리는 '선장'과 같다. 창업자와 시장의 적합성은 단순히 경력의 화려함만을 평가하는 것이 아니다. 오히려 그 시장을 남들보다 더 깊이 이해하고 있는지, 그리고 그 이해를 바탕으로 꾸준히 실행할 수 있는 동기와 지속력이 있는지를 판단하는 것이다. 이 과정에는 두 가지 요소가 함께 고려된다.

- **전문성** 산업 구조와 고객의 실제 프로세스, 현장의 병목 현상을 정확히 파악하고 있는가? 전문성은 문제 정의의 정확성을 높이고 학습 속도를 올리는데 중요한 역할을 한다.
- **열정과 집념** 창업은 예상보다 더디고 힘든 여정이기에, 장기적으로 견딜 수 있는 내적 동력이 필수적이다. 열정은 위기 속에서도 꾸준히 행동을 이어가게 하는 원동력이다.

예를 들어, 복잡한 산업의 비효율을 혁신하는 기업들은 대개 창업자가 해당 분야에 깊이 경험이 있거나, 문제를 끈질기게 해결하려는 강한 동기를 가진 경우가 많다. 이 항목의 평가는 단순히 "이 사업이 나에게 적합한가?"를 넘어서 "내가 이 시장에서 끝까지 살아남을 수 있을까"라는 질문에 대한 검증을 의미한다.

③ 차별화: 고객이 '굳이' 당신을 선택해야 할 명확한 이유가 있는가?

시장이 존재하고 창업자가 적합하더라도, 고객이 선택할 이유가 없다면 사업은 성립할 수 없다. 차별화란 단순히 제품 기능을 나열하는 것이 아니라, 고객이 전환을 결심하게 만드는 이유이다. 즉, 고객이 기존의 대안(경쟁사, 관행, 직접 해결, 무시하기) 대신 당신의 솔루션을 선택하도록 만드는 핵심적인 근거를 의미한다. 차별화는 두 가지 차원에서 점검할 수 있다.

- **독창적인 가치 제안(UVP)** 고객이 한 문장으로 쉽게 이해할 수 있는 명

확한 약속이 있는가? '왜 이것이 더 나은 선택인지'가 분명하게 전달되어야 한다.

- **모방 난이도 및 방어 가능성** 아이디어가 어느 정도 성공하면 즉시 복제될 위험이 큰지, 아니면 데이터, 네트워크, 브랜드, 운영 역량 등으로 쉽게 따라올 수 없는 견고한 구조를 구축할 수 있는지 여부를 점검한다.

차별화 점수는 단순히 '우리 제품이 좋다'는 것을 넘어서, 고객이 실제로 제품을 바꿔야 할 충분한 이유가 있는지를 평가하는 지표이다.

④ 실행 가능성: 현실의 제약을 극복할 수 있는가?

검증의 마지막 단계는 '현실'이다. 실행 가능성은 비전을 실제 사업으로 전환할 수 있는 능력을 평가한다. 좋은 아이디어가 실패하는 주요 원인은 아이디어 자체의 문제가 아니라 실행에 필요한 조건이 충족되지 않기 때문이다. 따라서 이 단계에서는 다음 사항들을 점검한다.

- **핵심 자원** 자금, 팀, 기술, 파트너, 채널 등 필수 요소를 충분히 확보하고 있는가?
- **실행 로드맵** 우선 최소 기능부터 개발하고, 대상 사용자에게 어떻게 테스트할지, 그리고 어떤 지표로 성과를 평가할지에 대한 구체적인 계획이 마련되어 있는가?
- **유연성** 시장의 피드백에 따라 방향을 신속하게 조정할 준비가 되어 있는가?

실행 가능성은 아이디어의 '가능성' 자체가 아니라, 실행할 수 있는 구체적인 구조를 의미한다. 즉, 오늘부터 바로 실천할 수 있는 계획이 명확할수록 평가 점수가 높아진다.

아이디어 점수화: 숫자는 결론이 아니라 '대화의 출발점'이다

이 프레임워크는 네 가지 영역을 각각 1점에서 10점까지 평가할 수 있도록 설계되었다.

- 1-3점 치명적인 결함이 있거나 가설 단계에서 추가 검증이 시급한 상태이다.
- 4~7점 기본적인 가능성은 있으나 시장, 차별화, 실행 중 한 가지 측면에서 보완이 필요한 상태이다.
- 8-10점 비교적 잘 정리된 개념이지만 여전히 반복적인 검증과 조정이 필요한 단계이다.

각 항목의 평균 점수를 계산하면 아이디어의 '현재 준비 상태'를 한눈에 파악할 수 있다. 하지만, 이 도구의 진정한 가치는 최종 점수에 있지 않다. 점수화 과정은 아이디어를 세분화하여 분석하게 하고, 가장 취약한 부분을 드러내며, 이후에 취할 구체적인 행동을 결정하는 데 도움을 준다.

예를 들어, 시장 규모는 크지만, 차별화 점수가 낮다면 이는 '기회는 있으나 선택받을 이유가 부족한 상태'라고 할 수 있다. 반대로 차별화는 뛰어나지만, 실행 가능성이 작다면 '원리는 맞으나 자원과 로드맵이 미흡한 상태'라고 볼 수 있다. 이처럼 점수의 조합은 창업가에게 '어떤 부분을 먼저 보완해야 하는지'를 명확하게 알려준다.

요약: 검증은 아이디어를 실현하는 과정이다

달튼 콜드웰의 평가 프레임워크는 아이디어를 단순히 탈락시키기 위한 심사표가 아니다. 오히려 아이디어를 강력한 기회로 성장시키기 위한 점검표다. 시장의 판이 형성되어 있는지, 창업자가 적합한지, 선택한 이유가 명확한지, 실행에 필요한 조건이 갖춰져 있는지를 차례로 점검함으로써, 창업가는 막연한 확신에서 벗어나 근거에 기반한 의사결정을 내릴 수 있다. 이러한 반복적인 평가 과정을 거치면서 아이디어는 단순한 '좋은 생각'이 아니라 '실행 가능한 기회'로 발전하게 된다.

가상의 '로컬 푸드 배달 서비스' 스타트업 아이디어를 달튼 코드웰 공식에 따라 평가해 보았다.

- **시장 규모**(평가 점수 / 6점)

  - **강점** : 로컬 푸드와 친환경 소비 트렌드가 확산함에 따라 잠재 시장이 크게 성장할 가능성이 높다.
  - **약점** : 대형 배달 앱과 대형 마트의 자체 배송 서비스와의 경쟁이 심화되고 있어, 전국 단위로의 확장이 어려울 가능성이 있다.
  - **개선 방안** : 강남구와 제주도 등 특정 지역을 중심으로 '동네 생활권' 전략을 전개하여 틈새시장을 공략하는 것이 효과적이다. 특히 고급 유기농 식자재와 제철 특산물 등 차별화된 가치를 강조하는 데 중점을 두어야 한다.

- **창업자와 시장의 적합성**(평가 점수 / 8점)

  - **강점** : 창업팀은 지역 농업에 대한 깊은 이해와 농산물 유통 분야에서의 풍부한 경험을 바탕으로, 건강하고 지속 가능한 식생활에 대한 강한 열정을 가지고 있다.
  - **약점** : IT 개발 역량이 다소 부족하여 앱 구현 시 외부 협력에 의존할 가능성이 있음.

- **차별성** (평가 점수 / 7점)

  - **강점** : 생산자와의 직거래를 통해 신선함을 보장하며, 투명한 유통 과정을 강조한다. 또한, 당일 수확 및 배송으로 신속함을 제공하고, 생산자의 이야기를 담은 스토리텔링을 통해 고객과의 유대감을 더욱 강화한다.
  - **약점** : 다른 로컬 푸드 서비스나 마켓컬리와 같은 프리미엄 식품 배송 서비스와의 차별점을 더욱 명확하게 제시할 필요가 있다.
  - **개선 방안** : 고객 맞춤형 제철 꾸러미 서비스를 도입하고, 레시피 제공과 요리 클래스 연계를 통해 부가 가치를 창출한다.

- **실행 가능성**(평가 점수 / 5점)
- **강점** : 지역 농가와의 견고한 네트워크 구축.
- **약점** : 콜드 체인 시스템 구축 및 유지에 드는 비용 부담, 배달 인력 확보의 어려움, 초기 투자금 유치의 부담이 있다. 또한, 법적 규제에 대한 철저한 검토가 필요하다.
- **개선 방안** : 소규모 지역에서 최소 기능 제품(MVP)을 먼저 출시하여 시장 반응을 자세히 검토한 후, 점진적으로 사업을 확장하는 방법을 제안한다. 아울러 정부 지원 사업과 크라우드펀딩을 적극 활용하여 초기 자금을 확보하는 전략도 함께 고려할 필요가 있다.

총평

평균 6.5점으로, 아이디어는 탄탄한 기반을 갖추고 있으나 실행 가능성 측면에서 보완이 시급하며, 시장 규모 확대를 위해 보다 구체적인 전략 수립이 필요하다는 결론에 도달했다.

기회 검증을 위한 도구와 기준 - 검증 보드(Validation Board) 활용 방법

사업 아이디어를 실행에 옮기기 전에 반드시 거쳐야 할 단계가 있다. 바로 아이디어가 실제로 실현할 수 있는 기회인지 검증하는 과정이다. 이 단계의 목적은 아이디어를 '증명'하는 데 있지 않다. 오히려 잘못된 가정을 가능한 한 조기에 발견하여 실패 비용을 최소화하고 학습 속도를 높이는 데 있다. 이러한 목적에 가장 적합한 도구가 린 스타트업 방법론의 핵심 실전 도구인 검증 보드(Validation Board)다.

린 캔버스가 사업 아이디어의 구조를 한 장에 정리한 설계도라면, 검증 보드는 그 설계도 위에 놓인 가정들이 실제로 맞는지 실험을 통해 확인하는 학습 도구이다. 즉, 검증 보드는 아이디어를 고정된 계획이 아니라 반복적으로 검증하고 수정하는 살아 있는 가설로 다루도록 돕는다.

검증 보드는 다음과 같은 순서로 구성된다.

첫 번째 단계는 가설 설정이다. 이 단계에서는 사업 아이디어가 성립하기 위해 반드시 참이어야 하는 믿음을 명확한 문장으로 표현한다. 여기에는 고객이 실제로 겪고 있는 문제에 대한 가설, 그 문제를 해결하는 방법에 대한 가설, 그리고 고객이 비용을 지급할 의사가 있다는 가설 등이 포함된다. 중요한 점은 이러한 가설들이 옳고 그름을 명확히 판단할 수 있는 형태로 제시되어야 한다는 것이다.

둘째, 가장 위험한 가정을 식별하는 것이다. 여러 가설 중 일부는 틀려도 수정할 수 있지만, 어떤 가설은 한 번 틀리면 사업 전체가 무너질 수 있다. 검증 보드는 이러한 치명적인 가정을 먼저 선택해 검증하도록 설계되어 있다. 이는 시간과 자원을 효율적으로 활용하기 위한 전략적 결정이다.

셋째, 검증 방법의 선택이다. 고객 인터뷰, 설문조사, 랜딩 페이지 테스트, MVP 실험, 수동 서비스 제공 등 다양한 방법이 있지만, 핵심 원칙은 같다. 최소한의 자원으로 가장 신속하게 가설의 진위를 확인할 방법을 선택하는 것이 중요하다. 검증 보드는 '완벽한 실험'보다 '빠른 학습'을 우선시한다.

넷째, 최소 성공 기준을 설정하는 것이다. 실험 결과를 해석하기 전에, 어느 정도의 반응이 나타나면 가설이 유효하다고 판단할지 미리 정해두어야 한다. 이 기준은 정량적인 수치일 수도 있고, 반복적으로 나타나는 질적인 반응일 수도 있다. 사전에 명확한 기준을 세워야 결과 해석이 일관성을 유지할 수 있다.

다섯째, 결과 기록과 학습 정리이다. 실험이 끝난 후에는 가설이 검증되었는지 명확히 표시하고, 그 과정에서 얻은 교훈을 체계적으로 정리해야 한다. 검증 보드에서 가장 중요한 산출물은 '성공'이 아니라 '통찰'임을 잊지 말아야 한다.

마지막으로, 피벗과 지속 여부를 결정해야 한다. 가설이 검증되지 않았다면 고객, 문제, 해결책 중 어느 부분을 수정할지 판단해야 한다. 반면, 가설이 검증되었다면 다음으로 위험도가 높은 가설을 선택해 검증을 계속 진행한다. 이러한 반복 과정은 린 스타트업의 핵심 루프인 만들기-측정하기-학습하기(Build-Measure-Learn)을 실제 실행 흐름으로 구현하는 것이다.

검증 보드의 장점은 매우 분명하다. 추측에 의존하지 않고 가설 중심의 검증을 가능하게 하며, 가장 위험한 전제를 우선하여 다룸으로써 자원의 낭비를 줄인다. 또한 데이터와 관찰 결과를 기반으로 한 의사결정을 촉진하고, 팀 전체가 현재 검증 상황과 다음 행동 계획을 공유할 수 있는 공통의 언어를 제공한다. 무엇보다도 실험을 '성공과 실패'가 아닌 '학습의 축적'으로 인식하게 함으로써 교육적 가치가 크다.

물론 한계도 존재한다. 복잡한 시장과 인간의 행동을 단일 실험만으로 완벽히 설명하기는 어렵고, 초기에는 실험 설계와 기준 설정 자체가 쉽지 않다. 반복적인 검증 과정에서는 인내심이 필요하며, 제한된 데이터로 성급한 결론을 내릴 위험도 있다. 따라서 검증 보드는 절대적인 판단 도구가 아니라, 판단의 정확성과 신뢰성을 높이기 위한 보조 수단으로 활용되어야 한다.

정리하자면, 검증 보드는 아이디어의 정답을 제시하는 도구가 아니다. 대신, 아이디어가 성공할 수 있는 방향을 더 신속하게 찾아가도록 안내하는 나침반과 같다. 감에 의존하지 않고 실험을 통해, 확신이 아닌 학습을 바탕으로 움직일 때, 아이디어는 비로소 실행 가능한 기회로 발전한다.

　한 스타트업이 '재택근무자를 위한 맞춤형 건강 관리 앱'이라는 사업 아이디어를 구상했다고 가정해 보자. 이 팀은 아이디어를 바로 제품으로 개발하기보다는 검증 보드를 활용해 핵심 가설을 체계적으로 점검하는 방식을 선택했다.

프로젝트명 : 재택 근무자를 위한 맞춤형 건강 관리 애플리케이션

1. 고객에 대한 가설

- **가설** : 30~40대 재택근무 직장인들은 운동 부족과 불규칙한 식습관으로 인해 만성 피로와 허리 통증 등 다양한 건강 문제를 경험하고 있으며, 이를 개선하려는 강한 의지가 있을 것이다.
- **가장 위험한 가정** : 30~40대 재택근무 직장인들이 자신의 건강 문제의 심각성을 인지하고 있음에도 불구하고, 이를 적극적으로 개선하려는 의지가 부족하다는 사실이다.
- **검증 방법** : 온라인 재택근무 커뮤니티에서 설문조사를 실시하거나, 재택근무자 20명을 대상으로 1:1 심층 인터뷰를 진행한다.
- **최소 성공 기준** : 설문 응답자의 60% 이상이 '현재 건강 문제로 인해 업무 효율이나 삶의 질에 부정적인 영향을 받고 있다'라고 답변하며, 인터뷰 대상자의 70% 이상이 현재 건강 문제 해결과 관련된 구체적인 불편함과 요구를 표현하는 경우.
- **결과 및 학습 내용**
  - **실험 결과** : 설문 응답자의 40%만이 건강 문제의 심각성을 인지하고 있었으며, 인터뷰 대상자 중 약 50%가 관련 니즈를 표현했다. 예상보다 건강 관리에 대한 즉각적인 의지가 낮게 나타났다.
  - **학습 내용** : 재택근무자들이 건강 문제로 불편함을 느끼고 있음은 분명하지만, 이를 적극적으로 해결하려는 동기는 부족한 것으로 보인다. 또한 현

재 제공되는 건강 관리 서비스가 매력적이지 않거나 비용 부담이 크다고
인식할 가능성도 있다.

2. 피벗(Pivot)

앞서 진행한 고객 가설 검증 결과, 초기 가정인 '강한 니즈'가 예상보다 약하
게 나타나 피벗을 검토하게 되었다.

- **피벗 내용** : 고객 세그먼트를 '능동적으로 건강 관리를 원하며 투자 의사가
  있는 20대에서 30대 초반의 IT 재택근무자'로 재정의하고, 이들이 선호하는
  '짧고 효과적인 홈트레이닝 루틴'과 '간편한 영양 식단 관리'에 중점을 둔 해결
  책을 제시하는 방향으로 전략을 수정한다.

3. 새로운 해결책에 대한 가설 제시

- **가설** : IT 재택근무자들은 짧은 시간 안에 효과적으로 건강을 관리할 수 있
  는 맞춤형 운동 및 식단 관리 솔루션에 기꺼이 비용을 지급할 의향이 있을
  것이다.
- **가장 위험한 가정** : IT 재택근무자들이 바쁜 업무 일정 때문에 앱을 활용한
  꾸준한 건강 관리를 할 시간이 부족하다는 것이다.
- **검증 방법** : 타겟 고객층을 대상으로 랜딩 페이지를 제작하여 핵심 기능을
  소개하고 '얼리버드 신청'을 받는다. 또는 간단한 운동 루틴과 식단 예시를
  포함한 MVP를 소수의 사용자에게 배포한 뒤 피드백을 수집한다.
- **최소 성공 기준** : 랜딩 페이지 방문자 중 15% 이상이 얼리버드 신청을 완료하
  거나, MVP 사용자 중 30% 이상이 2주 이상 꾸준히 앱을 사용하며 긍정적인
  피드백을 제공하는 것이다.

이 검증 보드가 단순한 평가 도구를 넘어, 가설 수립부터 실험, 학습, 조정에 이르는 반복 과정을 통해 아이디어를 점진적으로 기회로 발전시키는 전략적 수단임을 잘 보여준다. 스타트업은 이러한 과정을 통해 실패 가능성을 조기에 줄이고, 실제 시장의 요구에 맞춘 것보다 집중된 의사결정을 할 수 있게 된다.

요약: 반복적인 과정을 수용하여 유연하고 동적인 프레임워크를 구축하라

창업은 단 한 번의 선택으로 완성되는 과정이 아니라, 끊임없는 발견과 수정이 반복되는 여정이다. 아이디어 평가 점수 또한 고정된 결과물이 아니라, 비즈니스 개념과 함께 진화하는 동적인 프레임워크로 이해해야 한다. 중요한 것은 처음 점수가 아니라, 반복적인 검증을 통해 아이디어가 시장 현실에 지속적으로 부합하도록 조정하는 과정이다.

이러한 반복 과정의 출발점은 시장 피드백에 있다. 잠재 고객, 업계 전문가, 멘토와의 지속적인 소통은 시장에 대한 이해를 한층 깊게 하며, 가치 제안과 실행 전략의 약점을 드러내는 가장 효과적인 학습 수단이 된다. 실제 대화와 관찰을 통해 초기 가정의 수정이 필요한 부분이나 새롭게 떠오르는 기회를 발견하는 예도 적지 않다.

아이디어를 재검토하고 평가 점수를 다시 매기는 과정은 실패의 신호가 아니라 전략적 적응의 증거이다. 환경과 정보가 변화함에 따라 각 평가 항목을 주기적으로 점검하면 현재 비즈니스 모델이 현실에 얼마나 부합하는지 더욱 정확하게 파악할 수 있다. 이러한 반복적인 재평가는 아이디어의 잠재력을 항상 최신 상태로 유지하는 데 핵심적인 역할을 한다.

궁극적으로 아이디어 평가 프레임워크는 창업가가 불확실한 환경 속에서도 올바른 방향을 잃지 않도록 안내하는 나침반과 같다. 이 프레임워크의 진정한 가치는 단순한 점수에 있지 않고, 정보에 기반한 의사결정을 가능하게 하며 개선해야 할 부분을 명확히 파악할 수 있는 사고의 틀에 있다. 다만, 어떤 도구보다 더 중요한 것은 변화에 유연하게 대응하려는 태도와 끈기, 그리고 배우려는 열린 마음임을 잊지 말아야 한다.

창업 여정에서 반복은 단순한 절차가 아니라 하나의 사고방식이다. 이를 받아들일 때, 아이디어는 일회성 발상에 그치지 않고 지속적으로 성장하는 사업 기회로 발전할 수 있다.

점검표

- 당신의 아이디어가 속한 시장의 규모와 성장 가능성을 객관적으로 평가해 보았는가?
- 당신(또는 팀)의 전문성과 열정이 아이디어와 시장의 요구에 얼마나 잘 어우러지는지 고민했는가?
- 당신의 아이디어가 기존 경쟁자들과 어떻게 차별화되며, 어떤 독창적인 가치를 제공하는지 명확하게 설명할 수 있는가?
- 아이디어를 실현하기 위해, 필요한 자원인 자금, 인력, 기술을 확보할 구체적인 계획이 있나?
- 아이디어가 발전함에 따라 주기적으로 이 공식을 재적용하여 평가하고 개선할 의향이 있나?

맺음말

이 장에서 살펴본 것처럼, 사업 아이디어는 단순한 번뜩임이 아니라 문제를 관찰하고 구조화하며 반복적으로 검증하는 과정을 통해 탄생한다. 아이디어와 기회를 명확히 구분하고, 문제 중심의 사고와 틈새시장 탐색, 변화의 신호를 포착하는 시각, 그리고 체계적인 검증 도구를 활용할 때 창업가는 막연한 확신이 아닌 근거 있는 판단에 이를 수 있다. 이는 실패를 단순히 피하기 위한 방책이 아니라, 실패 비용을 줄이고 학습 속도를 높이기 위한 전략적 접근법이다.

결국 창업가의 핵심 역량은 '좋은 아이디어를 떠올리는 능력'에 있는 것이 아니라, 그 아이디어를 기회로 전환할 수 있는 사고의 틀을 갖추는 데 있다. 이 장에서 소개한 프레임워크와 사례, 점검표는 정답을 제시하기보다는 스스로 질문하고 검증하며 방향을 조정할 수 있도록 돕는 나침반과 같다.

PART 3

가치 제안과
비즈니스 모델 설계

고객이 선택할 수밖에 없는 구조 만들기

· · ·

　시장에서 성공하는 사업은 단순한 기능이 아니라 구조로 고객을 설득한
다. 이 파트에서는 고객의 문제와 기대를 정확히 연결하는 가치 제안을 통
해, 왜 해당 선택이 고객에게 의미 있는지 논리적으로 설명한다. 나아가 비
즈니스 모델과 수익 구조를 하나의 시스템으로 설계하여, 가치가 지속 가
능한 수익으로 전환되는 과정을 제시한다. PART 3는 아이디어와 시장을
잇는 설계 단계로서, 고객이 자연스럽게 선택할 수밖에 없는 사업 구조를
완성하는 출발점이다.

· 5장 ·

가치 제안: 고객의 선택을 이끄는 핵심 메시지

"오늘날의 현명한 판매 전문가는 단순히 제품을 판매하는 데 그치지 않고,

고객에게 실질적인 혜택이 담긴 패키지를 함께 제안합니다.

즉, 구매 가치를 전달하는 것을 넘어 사용 가치를 함께 제공하는 것입니다."

– 필립 코틀러(Philip Kotler)

창업은 아이디어에서 출발하지만, 시장에서의 선택은 항상 고객의 인식에 의해 좌우된다. 고객은 단순히 제품의 기능을 구매하는 것이 아니라, 자신이 직면한 문제를 해결해 줄 것이라는 약속과 그 선택이 가장 합리적이라는 설득력 있는 이유를 구매하는 것이다. 이러한 이유를 체계적으로 정리한 것이 바로 가치 제안(Value Proposition)이며, 이는 "왜 이 고객이 지금, 이 제품을 선택해야 하는가?"에 대한 가장 간결하고 전략적인 답변이다. 이 장에서는 바로 그 논리의 구조, 즉 가치 제안을 전략적으로 설계하는 방법을 자세히 살펴본다.

1. 가치 제안의 본질과 전략적 포지셔닝 이해하기

가치 제안이란 무엇인가?

가치 제안(Value Proposition)이란 고객이 수많은 경쟁 제품과 서비스 중에서 왜 우리를 선택해야 하는지를 명확하게 설명하는 핵심 진술이다. 이는 단순히 장점을 나열하거나 마케팅 구호에 그치는 것이 아니라, 고객의 선택을 합리적으로 뒷받침하는 전략적 논리의 집약체이다. 고객 처지에서는 구매를 정당화하는 이유가 되며, 기업 처지에서는 시장에서 자신의 존재 가치를 정의하는 선언이라 할 수 있다.

가치 제안에는 반드시 두 가지 요소가 동시에 포함되어야 한다.

첫째, 문제 해결의 논리이다. 고객이 실제로 겪고 있는 구체적인 문제나 불편함, 혹은 충족되지 않은 욕구가 무엇인지 명확히 파악하고, 이를 우리 제품이나 서비스가 어떻게 해결하는지 분명하게 제시해야 한다.

둘째, 선택의 정당성이다. 동일한 문제를 해결하는 여러 대안이 존재하는 상황에서, 왜 우리의 해법이 더 적합하고 우수한 선택인지 설득력 있게 설명해야 한다.

이 두 요소가 결합할 때 비로소 가치 제안은 강력한 힘을 발휘한다. 문제를 설명하기만 하고 선택의 이유를 제시하지 못하거나, 차별성을 강조하면서도 고객의 실제 문제와 연결되지 않는다면, 가치 제안은 고객의 기억에 남지 않는다. 따라서 가치 제안은 제품의 속성이나 기능에 초점을 맞추기보다는 고객의 관점에서 재구성된 의미의 구조여야 한다. 필립 코틀러가 지적했듯이, 오늘날 기업은 더이상 단순히 제품 자체를 판매하는 것이 아니라, 제품을 통해 고객이 얻는 사용 가치와 경험 가치를 함께 제공한다.

가치 제안은 바로 이러한 가치를 언어로 체계화한 결과물이다.

기능 중심 사고의 한계점

많은 창업가가 가치 제안을 설명할 때 가장 먼저 제품의 기능을 나열하는 경향이 있다. '빠르다', '편리하다', '자동화되었다', '품질이 좋다'와 같은 표현은 겉으로 보기에는 명확해 보이지만, 실제로 고객의 구매 결정에 영향을 미치기에는 한계가 있다. 기능은 경쟁사가 쉽게 모방할 수 있고, 시간이 지나면 표준이 되기 때문이다. 무엇보다도 기능 중심의 설명은 고객이 실제로 사용하는 언어와는 거리가 있다.

고객은 '이 제품이 무엇을 할 수 있는가?'보다는 '이 선택이 내 상황을 어떻게 변화시키는가?'에 더 큰 반응을 보인다. 동일한 기능이라도 고객의 맥락에 따라 전혀 다르게 해석되며, 구매 결정은 기능 자체보다는 그 기능이 가져오는 변화에 기반해 이루어진다. 따라서 기능 중심의 가치 제안은 설명은 가능하지만, 실제 선택을 끌어내는 설득력은 다소 부족할 수 있다.

이 지점에서 전략적 가치 제안은 사고의 전환이 있어야 한다.

첫 번째 전환은 '기능'에서 '혜택'으로의 이동이다. 즉, 제품이 제공하는 기능 자체보다는 그 기능이 고객에게 어떤 이점을 가져다주는지를 중점적으로 해석해야 한다.

두 번째 전환은 '혜택'에서 '결과'로의 확장이다. 고객이 그 혜택을 통해 실제로 어떤 상태에 도달하고, 어떤 변화와 성과를 경험하게 되는지를 명확하게 제시해야 한다.

이러한 전환이 이루어지지 않으면 가치 제안은 단순한 정보 전달에 그치고 만다. 반면, 기능에서 혜택을 거쳐 결과로 이어지는 구조가 완성될 때, 가치 제안은 고객의 언어로 전달되는 전략적 메시지로 거듭난다. 즉, 가치 제안의 핵심은 '무엇을 만들었는가?'에 있는 것이 아니라, 그 선택이 고객의 삶과 업무에 어떤 의미 있는 변화를 불러오는지를 설계하고 설명하는 데 있다.

가치 제안과 전략적 포지셔닝의 상관관계

가치 제안은 단순히 제품의 장점을 나열하는 문장이 아니라, 시장 내에서 기업이 어떤 의미로 인식될지를 규정하는 전략적 선언이다. 이러한 점에서 가치 제안은 곧 포지셔닝과 동일한 개념이라 할 수 있다.

포지셔닝이란 '경쟁 환경 속에서 우리가 어떤 위치에 있는가?'가 아니라, 고객의 마음속에 우리가 어떤 존재로 기억되는가에 대한 답이기 때문이다. 그리고 그 답을 가장 간결하고 명확하게 표현한 언어가 바로 가치 제안이다.

고객은 모든 대안을 꼼꼼히 비교하지 않고, 단순화된 기준을 바탕으로 선택을 내린다. 이때 작용하는 기준이 바로 포지셔닝이며, 가치 제안은 이러한 기준을 만드는 출발점이 된다. 고객은 무의식적으로 "이 브랜드는 어떤 상황에서 떠올려야 할까?", "이 선택은 어떤 사람에게, 어떤 경우에 가장 적합할까?"라는 질문을 던진다. 가치 제안이 명확할수록 고객의 선택 과정은 더 짧아지고, 선택에 대한 확신은 더욱 커진다.

전략적 포지셔닝은 결국 선택의 문제이다. 모든 가치를 한꺼번에 담으려 하면 오히려 메시지가 흐려질 수밖에 없다. 기업은 스스로에게 명확한 질문을 던져야 한다. 우리는 비용 효율성을 내세워 '합리적인 선택'으로 기억되고 싶은가, 아니면 품질과 경험을 강조해 '가치를 인정받는 프리미엄'으로 인식되고 싶은가. 혹은 복잡한 과정을 단순화해 '가장 편리한 대안'으로 자리매김하고 싶은가. 이 질문에 대한 답이 명확하지 않으면, 가치 제안은 단순히 기능과 장점을 나열하는 설명에 그치고 말 것이다.

중요한 것은 포지셔닝이 단순한 추상적 슬로건이 아니라, 가치 제안을 통해 지속적으로 강화되는 인식이라는 점이다. 가격 정책, 사용자 경험, 의사소통 방식, 심지어 고객과의 작은 접점 하나하나까지 모두 포지셔닝을 입증하거나 훼손할 수 있다. 가치 제안이 명확한 기업은 모든 의사결정이 일관된 방향을 가리키지만, 포지셔닝이 불분명한 기업은 상황에 따라 메시지가 흔들리기 쉽다.

결국, 전략적 포지셔닝이 결여된 가치 제안은 고객의 기억 속에 자리 잡기 어렵다. 이는 설명은 가능하지만, 고객이 떠올릴 만한 이유가 없는 메시지에 불과하다. 반면, 명확한 포지셔닝을 담은 가치 제안은 고객이 선택의 순간에 자연스럽게 떠오른다. 시장에서 성공하는 브랜드는 더 많은 말을 하는 기업이 아니라, 분명한 의미로 기억되는 기업이며, 그 의미를 형성하는 출발점이 바로 가치 제안이다.

2. 가치 제안 캔버스(Value Proposition Canvas)의 실전 활용법

고객 중심 설계의 중요성

창업 과정에서 자주 인용되는 말 중 하나는 "제품을 위한 고객을 찾지 말고, 고객을 위한 제품을 찾아라"이다. 이 문장은 단순한 조언을 넘어, 수많은 스타트업 실패 사례를 통해 입증된 전략적 원칙을 담고 있다. 실제로 많은 신생 기업들이 기술력이나 실행력의 부족이 아니라, 고객이 원하지 않는 제품을 만들어 시장에서 사라진다. 이는 시장을 제대로 읽지 못한 것이라기보다, 고객을 충분히 이해하지 못한 데서 비롯된 결과다.

통계적으로도 이러한 현실은 명확하게 드러난다. 많은 스타트업이 창업 초기 몇 년 이내에 문을 닫는 데, 그 가장 큰 원인으로 '시장 수요 부족'이 꼽힌다. 즉, 문제는 기술이나 자본이 아니라 고객의 실제 문제와 욕구를 출발점으로 삼지 않은 제품 중심의 접근 방식에 있다. 지속 가능한 사업을 만들기 위해서는 아이디어를 먼저 세우고 고객을 억지로 맞추는 것이 아니라, 고객의 문제를 중심에 두고 가치를 설계하는 구조적 도구가 필요하다.

이러한 한계를 극복하기 위해 고안된 대표적인 도구가 바로 가치 제안 캔버스(Value Proposition Canvas)이다. 알렉산더 오스터왈더(Alexander Osterwalder)가 개발한 이 프레임워크는 기업이 제공하는 가치와 고객의 요구를 한눈에 연결하여, '우리가 제시하는 가치가 실제로 고객에게 의미가 있는지'를 체계적으로 검토할 수 있도록 돕는다. 가치 제안 캔버스는 더 포괄적인 비즈니스 모델 캔버스 내 '고객 세그먼트'와 '제품·서비스' 간의 관계를 심화시킨 도구로, 고객에 대한 이해를 단순한 공감에서 벗어나 구조적이고 분석적인 차원으로 끌어올린다.

이 캔버스의 목적은 단순히 훌륭한 설명을 만드는 데 있지 않다. 오히려 기업이 고객이 진정으로 중요하게 생각하는 문제를 해결하고 있는지, 그리고 그 해결 방식이 시장의 기대에 부합하는지를 검증하는 데 있다. 이를 통해 완전히 새로운 제품이나 서비스의 제품-시장 적합성(Product-Market Fit)을 탐색할 수 있을 뿐만 아니라, 이미 출시된 기존 제품의 가치 제안을 재점검하고 재정비하는 데에도 활용할 수 있다.

가치 제안 캔버스는 크게 두 가지 영역으로 나뉜다.

하나는 고객을 이해하기 위한 '고객 프로필(Customer Profile)'이고, 다른 하나는 기업이 제공하는 해결책을 정리하는 '가치 제안(Value Map)'이다. 이 두 요소는 궁극적으로 "무엇을, 누구에게, 왜 제공하는가?"라는 비즈니스의 핵심 질문을 구체적으로 다루며, 가치 제안을 감각이나 직관에 의존하지 않고 논리적이고 체계적인 접근으로 풀어가도록 돕는다.

이 도구가 던지는 질문은 단순하지만 매우 강력하다. "우리는 정말로 고객이 중요하게 생각하는 문제를 해결하고 있는가?" 가치 제안 캔버스는 이 질문에 대해 직관이 아닌 명확한 근거를 바탕으로 답할 수 있도록 도와주는, 고객 중심 전략 설계의 출발점이다.

고객 프로필 설계하기

가치 제안 캔버스의 모든 분석은 고객에 대한 깊은 이해에서 시작된다. 이 도구가 강조하는 핵심 원칙은 명확하다. 가치 제안은 기업이 전달하고자 하는 메시지가 아니라, 고객이 진정으로 중요하게 여기는 가치를 중심으로 설계되어야 한다는 것이다. 이를 위해 가장 먼저 해야 할 일은 바로 고객 프로필(Customer Profile)을 정교하게 구성하는 것이다. 고객 프로필은 단순한 페르소나 묘사가 아니라, 고객의 행동과 선택을 이끄는 구조를 체계적으로 분석하고 정리하는 틀이다.

고객 프로필은 세 가지 핵심 요소로 구성된다.

첫째, 고객의 과업(Customer Jobs)은 일상생활이나 업무에서 달성하고자 하는 목표와 해결해야 할 과제를 의미한다. 여기에는 단순한 기능적 과업뿐만 아니라, 타인에게 어떻게 보이고 싶은지와 같은 사회적 과업, 그리고 불안 해소나 만족감 추구와 같은 감정적 과업도 포함된다. 고객은 제품이나 서비스를 단순히 구매하는 것이 아니라, 이러한 과업을 효과적으로 수행하기 위한 수단으로 선택하는 것이다.

둘째, 고객의 고통(Pains)은 과업을 수행하는 과정에서 겪는 불편함, 비효율, 위험, 스트레스 등의 요인을 의미한다. 시간 낭비, 비용 부담, 실패에 대한 두려움, 복잡한 절차로 인한 피로감 등이 모두 고객의 고통에 해당한다. 고객이 실제로 비용을 지급하는 시점은 이러한 고통이 매우 크고 반복적으로 인식될 때이다.

셋째, 고객의 이익(Gains)은 고객이 기대하거나 바라는 긍정적인 결과를 의미한다. 이는 단순히 성능 향상이나 비용 절감에 그치지 않고, 성취감, 편리함, 심리적 안정, 자신감과 같은 정서적 보상까지 포함한다. 고객은 고통이 줄어드는 것뿐만 아니라, 자신에게 의미 있는 이익이 명확하게 드러날 때 선택을 확정하게 된다.

고객 프로필을 설계할 때 가장 중요한 원칙은 단순히 세 가지 요소를 나열하는 데 그치지 않고, 고객의 관점에서 각 요소의 중요도를 구분하는 것이다. 모든 과업, 고통, 이익이 동일한 비중을 가지는 것은 아니기 때문이다. 전략적 가치 제안은 고객에게 가장 중요한 과업과 가장 시급히 해결해야 할 고통, 그리고 가장 매력적인 이익에 집중할 때 비로소 효과를 발휘한다. 따라서 고객 프로필은 이러한 우선순위를 명확히 드러내는 출발점이 된다.

가치 지도(Value Map) 설계하기

고객 프로필이 고객의 세계를 이해하는 작업이라면, 가치 지도(Value Map)는 그 이해를 바탕으로 기업이 제시하는 해결책의 구조를 설계하는 단계이다. 가치 지도는 단순히 기업이 제공하는 내용을 나열하는 도표가 아니라, 고객의 문제와 기대에 어떻게 대응하는지를 명확하게 보여주는 전략적 설계도라 할 수 있다. 즉, 가치 지도는 가치 제안을 실행할 수 있는 형태로 구체화하는 역할을 한다.

가치 지도는 세 가지 요소로 구성되어 있다.

첫 번째 요소인 제품·서비스(Products & Services)는 기업이 고객에게 제공하는 구체적인 제안을 의미한다. 이는 물리적인 제품일 수도 있고, 디지털 서비스나 플랫폼, 또는 이들을 결합한 형태일 수도 있다. 중요한 점은 제품이나 서비스 자체가 목적이 아니라, 고객이 자신의 과업을 수행할 수 있도록 돕는 수단이라는 점이다.

둘째, 고통 완화자(Pain Relievers)는 제품이나 서비스가 고객이 겪는 불편함, 위험, 비효율을 어떻게 줄여주는지를 설명한다. 이는 비용 절감이나 시간 단축과 같은 기능일 수도 있고, 실패 가능성을 낮추거나 복잡한 과정을 간소화하는 방법일 수도 있다. 고객이 지급 의사를 갖는 핵심 이유는 바로 이러한 고통이 실제로 완화된다고 느낄 때이다.

셋째, 이익 창출자(Gain Creators)는 단순히 문제를 해결하는 데 그치지 않고, 고객이 기대하는 결과를 충족하거나 그 이상을 달성하는 방식을 보여준다. 더 나은 성과, 편리한 경험, 긍정적인 감정과 만족감, 그리고 예상치 못한 추가 혜택 등이 이에 포함된다. 이익 창출자는 가치 제안을 경쟁 제품과 차별화하는 핵심 요소가 된다.

가치 지도 설계에서 가장 중요한 원칙은 모든 문제를 한꺼번에 해결하려는 욕심을 버리는 것이다. 고객이 겪는 모든 고통과 원하는 모든 이익을 모두 담으려 하면 오히려 메시지가 흐려질 수 있다. 전략적 가치 제안은 고객에게 가장 중요하고 시급한 문제에 집중하고, 이에 대한 명확한 해결책을 제시할 때 진정한 힘을 발휘한다. 가치 제안의 경쟁력은 넓은 범위가 아니라, 정확한 초점에서 비롯된다.

가치 적합성 확보

고객 프로필과 가치 지도가 완성되었다고 해서 바로 강력한 가치 제안이 만들어지는 것은 아니다. 두 요소가 실제 시장에서 의미를 가지려면, 고객이 가장 중요하게 여기는 고통과 이익이 기업이 제시한 고통 완화자와 이익 창출자와 정확히 일치해야 한다. 이러한 상태를 가치 적합성(Value Fit)이라고 하며, 이는 가치 제안이 고객의 선택 기준으로 작용하기 시작하는 시점을 의미한다.

가치 적합성은 단순히 문서나 캔버스 위에서 판단할 수 있는 개념이 아니다. 분석 단계에서 그럴듯해 보이는 연결 구조도 실제 고객의 반응 앞에서는 쉽게 무너질 수 있기 때문이다. 따라서 가치 적합성은 가설이 아니라 검증을 통해 입증되어야 한다. 고객 인터뷰, 사용성 테스트, 초기 구매 반응, 전환율 변화 등 실제 데이터를 바탕으로 고객이 진정으로 문제 해결을 체감하는지, 그리고 기대했던 이익을 실감하는지를 확인해야 한다.

이 과정에서 중요한 것은 단순한 일회성 확인이 아니라 지속적인 반복 조정이다. 고객의 우선순위는 시간이 흐르면서 변하고, 시장 환경 또한 고정되어 있지 않다. 따라서 가치 제안은 한 번 완성되는 정적인 결과물이 아니라, 고객의 반응을 바탕으로 끊임없이 다듬어지는 동적인 구조이다. 가치 적합성을 갖춘 기업은 더이상 고객을 설득하려 애쓰지 않고, 오히려 고객이 스스로 선택의 이유를 발견하도록 만든다. 이것이 바로 가치 제안 캔버스가 추구하는 궁극적인 목표이다.

3. 시장 혁신과 고객 가치를 창출한 가치 제안 사례

아무리 정교하게 설계된 가치 제안이라 해도, 고객이 이해하지 못하거나 기억하지 못한다면 시장에서는 존재하지 않는 것과 다름없다. 따라서 가치 제안 설계의 마지막 단계는 복잡한 전략과 분석을 고객이 직관적으로 받아들일 수 있는 메시지로 간결하게 압축하는 작업이다. 이 과정에서 가치 제안은 단순한 설명을 넘어, 고객의 선택을 끌어내는 인식의 기준으로 자리를 잡게 된다.

지금까지 가치 제안의 개념과 설계 도구들을 살펴보았다면, 이제는 실제 기업 사례를 통해 강력한 가치 제안이 어떻게 시장을 재편하고 고객의 행동을 변화시키며 기업의 전략적 방향을 결정하는지 살펴볼 차례이다. 다음 사례들은 모두 기능의 우수성보다 고객이 체감하는 가치를 재정의함으로써 시장을 혁신한 대표적인 예들이다.

[사례 1] 에어비앤비: '숙박'의 의미를 새롭게 정의하다

에어비앤비(Airbnb)는 전통적인 호텔 산업에 정면으로 도전한 기업이 아니다. 대신, '숙박'이라는 개념 자체를 새롭게 재정의했다. 에어비앤비의 가치 제안은 단일 고객이 아닌, 여행자와 호스트라는 두 고객 집단을 동시에 고려한 구조 위에 세워졌다.

여행자에게 에어비앤비는 단순히 저렴한 숙소를 제공하는 것을 넘어, 현지의 삶을 직접 체험하고 공동체와의 유대감을 느낄 수 있는 특별한 대안이 되었다. 반면, 호스트에게는 사용하지 않던 유휴 공간을 수익으로 전환할 새로운 기회를 제공했다. 이처럼 서로 다른 고객 세그먼트의 필요와 이익을 정확히 연결한 가치 제안이 플랫폼의 성장을 견인한 것이다.

에어비앤비의 전략적 진화 역시 주목할 만하다. 초기에는 가격 경쟁력을 중심으로 시장을 확장했으나, 이후에는 경험의 질과 신뢰를 강조하는 방향으로 가치 제안을 넓혀 나갔다. '에어비앤비 플러스'와 같은 프리미엄 옵션은 이러한 변화의 대표적인 결과물이다. 이 사례는 가치 제안이 고정된 문장이 아니라, 시장의 변화와 고객의 기대에 맞춰 끊임없이 진화해야 하는 전략적 자산임을 잘 보여준다.

[사례 2] 애플 아이폰: 기능을 넘어선 감성적 경험

애플(Apple Inc.) 아이폰은 이미 포화된 전자제품 시장에서 오랜 기간 경쟁 우위를 지켜온 대표적인 사례다. 애플의 가치 제안은 단순한 기술 사양이나 기능 목록에 있지 않다. 오히려 애플은 아이폰을 단순한 기기가 아닌, 사용자가 감정적으로 연결되고 애착을 느낄 수 있는 경험의 매개체로 정의하고 있다.

"사랑받기 위해 디자인되었습니다"라는 문구는 아이폰의 가치 제안을 상징적으로 잘 나타낸다. 이 문장은 성능이나 속도를 직접 설명하지는 않지만, 사용자에게 이 제품이 어떤 경험을 선사할지 직관적으로 전달한다. 애플은 디자인, 사용자 인터페이스, 그리고 생태계 전반을 하나로 통합하여, 단순한 기능을 넘어선 감성적 차별화를 완성했다.

이 사례가 주는 교훈은 명확하다. 강력한 가치 제안은 단순히 기술적 우위를 설명하는 데 그치지 않고, 사용자의 삶과 감정에 깊이 공감하는 경험으로 확장될 때 비로소 장기적인 경쟁력을 갖출 수 있다.

[사례 3] 우버: 복잡한 이동을 '한 번의 탭'으로 간편하게 해결하다

우버(Uber)는 기존 교통수단의 성능을 단순히 향상시킨 기업이 아니라, 이동 과정에서 고객이 겪던 불편을 근본적으로 해소한 기업이다. 전화로 택시를 부르고, 목적지를 설명하며, 현금으로 결제해야 했던 복잡한 절차는 고객에게 반복되는 고통이었다.

우버의 가치 제안은 '앱을 열고 한 번만 탭 하면 된다'라는 간단한 메시지로 요약할 수 있다. 원터치 호출, 자동 목적지 공유, 비현금 결제 시스템 등 기술적으로는 복잡한 기능들이지만, 고객이 느끼는 가치는 단순함과 편리함에 있다. 우버는 이동을 단순한 교통 서비스가 아닌, 기술을 바탕으로 한 스마트한 라이프스타일 경험으로 새롭게 정의했다.

이 사례는 가치 제안이 반드시 새로운 기능을 추가하는 데만 국한되지 않고, 기존 경험의 불편을 해소하는 데 집중할 때도 충분히 강력해질 수 있음을 보여준다. 단순함과 편리함은 기술 혁신만큼이나 중요한 차별화 요소이다.

요약: 가치 제안은 완성된 결과물이 아니라 끊임없이 발전하는 과정이다

세 가지 사례가 공통적으로 보여주는 점은 분명하다. 강력한 가치 제안은 단순히 제품의 특징을 나열하는 데서 비롯되지 않는다. 오히려 고객의 불편과 욕구를 새롭게 해석하고, 그 해석을 명확한 메시지로 전달하는 과정에서 탄생한다.

그러나 매력적인 가치 제안을 만드는 것은 시작에 불과하다. 시장과 고객은 끊임없이 변화하기 때문에, 가치 제안도 지속적으로 점검하고 조정해야 한다. 설문조사, 고객 인터뷰, 소셜 미디어 반응, 실제 사용 데이터 등 다양한 피드백 채널을 활용해 기업은 자신의 가치 제안이 여전히 유효한지

확인해야 한다.

가치 제안은 한 번 정해지는 문장이 아니라, 고객과의 대화를 통해 끊임없이 진화하는 전략적 언어이다. 이를 인식하고 지속적으로 개선해 나가는 기업만이 변화하는 시장 환경 속에서 고객의 선택을 끌어내며 경쟁 우위를 지킬 수 있다.

점검표

- 타깃 고객 세그먼트가 명확하게 정의되어 있는가?
- 고객이 겪는 어려움과 기대하는 바를 충분히 이해하고 있는가?
- 제품이 고통을 완화하고 이익을 창출하는 구조로 설계되었는가?
- 가치 제안이 구체적이며 차별화되어 있는가?
- 시장 구조를 근본적으로 변화시킬 만큼 파괴적이거나 혁신적인 요소가 존재하는가?
- 가치 제안이 피드백과 데이터 등 검증할 수 있는 근거를 바탕으로 잘 구성되었는가?

연습 문제

1. 다음 제품에 대한 가치 제안 문장을 작성해 보세요.

    제품 : 원격 협업 솔루션

    기능 : 실시간 채팅, 파일 공유, AI 기반 회의 요약 제공

2. 가치 제안 작성 과정을 7단계로 나누어 설명하고, 각 단계에서 반드시 고려
   해야 할 핵심 질문을 제시해 보시오.

맺음말

이 장에서 다룬 가치 제안은 단순한 마케팅 문구나 제품 설명에 그치지 않고, 고객의 선택을 체계적으로 설명하는 전략적 언어이다. 고객은 단순히 기능을 구매하는 것이 아니라, 문제를 해결할 가능성과 그 선택의 정당성을 구매한다. 따라서 강력한 가치 제안이란 '무엇을 만들었는가?'가 아니라 '왜 이 선택이 고객에게 의미 있는가?'를 명확히 설명하는 논리의 집약체라 할 수 있다. 고객의 과업, 고통, 기대를 정확히 이해하고 이에 부합하는 해결책을 설계할 때, 가치 제안은 비로소 시장에서 설득력이 있게 됩니다.

가치 제안은 한 번 완성되는 고정된 결과물이 아니라, 시장과 고객의 변화에 맞춰 끊임없이 조정되어야 하는 살아 있는 전략 자산이다. 가치 제안 캔버스와 실제 사례들이 보여주듯, 성공한 기업들은 단순한 기능 경쟁을 넘어서 고객 경험과 인식의 기준을 새롭게 정의함으로써 시장에서 독보적인 위치를 차지해 왔다. 결국 시장에서 선택받는 기업은 더 많은 기능을 내세우는 곳이 아니라, 고객이 가장 중요하게 생각하는 가치를 가장 명확하게 전달하는 기업이다. 이 장에서 다룬 가치 제안에 대한 사고방식은 이후 모든 전략—포지셔닝, 마케팅, 비즈니스 모델, 성장 전략—의 출발점이 된다.

· 6장 ·

비즈니스 모델과 수익 구조 전략

"비즈니스 모델은 기업이 가치를 창출하고 전달하며 포획하는 논리 체계이다."

- 조안 마그레타, Harvard Business Review 전략 부문 에디터

수익을 내지 못하는 전략은 전략이라 할 수 없다.

창업의 목적은 단순히 아이디어를 실현하는 데 그치지 않는다. 궁극적인 목표는 지속적으로 가치를 제공하면서 반복적으로 수익을 창출할 수 있는 구조를 구축하는 것이다. 아무리 뛰어난 기술과 사회적 가치를 지닌 사업이라도, 수익 구조가 탄탄하지 않으면 시장에서 살아남기 어렵다. 이 장에서는 창업가가 반드시 이해해야 할 비즈니스 모델의 구성, 수익 모델의 전략적 선택 기준, 그리고 반복할 수 있는 수익 구조와 피벗 전략을 통해 예측 가능한 성장을 설계하는 방법을 다룬다.

1. 비즈니스 모델 캔버스 이해하기

비즈니스 모델의 본질

비즈니스 모델은 단순히 수익을 창출하는 방식을 뜻하지 않는다. 이는 고객에게 어떤 가치를 제공하고, 그 가치가 어떤 경로와 구조를 통해 수익으로 전환되는지를 체계적으로 설계한 전략적 청사진이다. 다시 말해, 비즈니스 모델은 고객, 제품과 서비스, 운영 방식, 수익 구조, 비용 구조가 유기적으로 연결된 하나의 통합된 시스템이라 할 수 있다.

이처럼 복잡한 구조를 명확히 이해하고 점검하기 위해 널리 사용되는 도구가 바로 비즈니스 모델 캔버스(Business Model Canvas, BMC)이다. 비즈니스 모델 캔버스는 스위스 경영학자 알렉산더 오스터왈더(Alexander Oster-walder)가 개발한 프레임워크로, 비즈니스의 핵심 요소들을 한 장의 도식으로 시각화할 수 있도록 고안되었다.

비즈니스 모델 캔버스는 복잡한 사업 아이디어를 단순히 시각화하는 데 그치지 않고, 비즈니스의 논리적 연결성과 실행 가능성을 전략적으로 검토할 수 있도록 돕는다. 이를 통해 창업가는 자신의 사업이 어떤 가치를 창출하며, 그 가치가 어떻게 전달되고 궁극적으로 지속 가능한 수익으로 이어지는지를 한눈에 파악할 수 있다. 따라서 비즈니스 모델 캔버스는 사업 아이디어를 구체적인 사업 구조로 전환하는 데 가장 핵심적인 출발점이라 할 수 있다.

비즈니스 모델 캔버스

| 설계 대상: | | 날짜: | | 버전: |

대상 고객	문제(들)	대안	주요 활동	가치 제안	주요 리소스
누구에게 서비스를 제공하나요?	고객이 겪고 있는 문제는 무엇인가요?	• 고객은 현재 문제를 어떻게 해결하고 있나요? • 이 문제에 대한 대안은 무엇인가요? • 경쟁 상대는 무엇인가요?	• 주요 비즈니스 활동은 무엇인가요? • 비즈니스가 경쟁 우위를 확보할 수 있는 방법을 나열하세요.	• 고객에게 어떤 가치를 제공하나요? • 고객의 문제 중 어떤 문제를 해결하도록 돕고 있나요?	비즈니스에 필요한 핵심 리소스는 무엇인가요?

	솔루션	장점/혜택		배포	주요 파트너
	• 고객에게 무엇을 제공하나요? • 고객은 무엇을 얻나요?	• 다른 대안보다 우위를 점할 수 있는 이유는 무엇인가요? • 고객이 귀사의 제품이나 서비스를 원하는 이유는 무엇인가요?		제품이나 서비스가 고객에게 어떻게 전달되나요?	• 주요 파트너는 누구인가요? • 주요 공급업체는 누구인가요?

비용 구조	수익원	스타트업 요구 사항
비즈니스 모델에 내재된 가장 중요한 비용은 무엇인가요?	회사가 실제로 어떻게 수익을 창출하는지 설명하세요.	사업을 시작하기 위해 필요한 것(돈, 사람, 기술, 활동)은 무엇인가요?

비즈니스 모델 캔버스

비즈니스 모델 캔버스의 9가지 구성 요소

비즈니스 모델 캔버스는 사업의 핵심 구조를 아홉 가지 구성 요소로 나누어 한눈에 파악할 수 있도록 만든 전략적 프레임워크이다. 이 구성 요소들은 단순히 나열된 것이 아니라 명확한 논리에 따라 체계적으로 배치되어 있다. 캔버스의 오른쪽 영역은 고객과 시장 등 외부 요소를 중심으로 구성되어 있으며, 왼쪽 영역은 내부 운영과 실행 역량을 다룬다. 그리고 중앙에는 사업의 핵심인 가치 제안이 자리 잡고 있다.

- **고객 세그먼트** 이 사업은 누구를 대상으로 하나요?
- **가치 제안** 왜 우리를 선택해야 하는가?
- **채널** 어떻게 전달되는가?
- **고객 관계** 어떤 방식으로 관계를 유지하는가?

- **수익원** 수익 창출 방법
- **핵심 활동** 반드시 수행해야 할 일은 무엇인가?
- **핵심 자원** 무엇이 필요한가요?
- **핵심 파트너** 누구와 협력하고 있는가?
- **비용 구조** 어떤 비용들이 발생하는가?

먼저, 고객 세그먼트는 이 사업이 누구를 대상으로 하는지 명확히 정의한다. 모든 비즈니스는 특정 고객을 중심으로 이루어지며, 고객이 불분명한 사업은 전략적 방향성을 잃기 쉽다. 가치 제안은 해당 고객이 왜 이 제품이나 서비스를 선택해야 하는지를 설명하는 핵심적인 논리로, 문제 해결, 편익 제공, 그리고 차별화 요소를 포함한다.

가치가 시장에 전달되는 과정은 채널을 통해 설명할 수 있다. 채널은 고객이 가치를 인식하고 구매하며 사용하는 전 과정을 포함한다. 고객 관계는 기업이 고객과 어떤 방식으로 관계를 형성하고 유지할지를 규정하며, 이는 고객 충성도와 반복 구매에 직접적인 영향을 미친다. 이러한 활동의 결과로 수익원이 형성되며, 이는 사업이 어떻게 경제적 가치를 회수하는지를 보여준다.

캔버스의 왼쪽 영역은 사업을 실제로 운영하는 내부 구조를 다룬다. 핵심 활동은 가치 제안을 실현하기 위해 반드시 수행해야 하는 주요 업무를 뜻하며, 핵심 자원은 이러한 활동을 가능하게 하는 인적, 물적, 지적 자산을 포함한다. 또한 핵심 파트너는 기업이 혼자 수행하기 어려운 부분을 보완하거나 효율성을 높이기 위해 협력하는 외부 주체를 의미한다. 마지막으로 비용 구조는 이러한 모든 활동과 자원을 유지하는 데 발생하는 주요 비용 항목을 정리한다.

이 아홉 가지 요소는 각각 독립적으로 존재하는 것이 아니라, 하나의 논리적 흐름과 스토리로 연결될 때 비로소 실행력을 갖게 된다. 비즈니스 모델 캔버스는 이러한 연결 관계를 시각적으로 보여줌으로써, 창업가가 자신의 아이디어를 구체화하고 사업의 타당성을 검토하며, 나아가 투자자와 이해관계자에게 효과적으로 전달할 수 있도록 돕는 실무 중심의 도구라 할 수 있다.

비즈니스 모델 캔버스의 전략적 활용 가치

비즈니스 모델 캔버스의 핵심 가치는 단순히 정보를 정리하는 데 그치지 않는다. 진정한 목적은 사업 구조를 검증하고 이를 효과적으로 소통하는 데 있다. 복잡한 사업 개념을 한 장의 도식으로 명확하게 설명할 수 있을 때, 창업가는 자신의 비즈니스가 논리적으로 설계되었는지 스스로 점검할 수 있으며, 팀 내에서도 전략적 이해와 실행 방향을 일관되게 맞출 수 있다.

비즈니스 모델 캔버스는 외부 이해관계자와의 소통 도구로서도 매우 효과적이다. 투자자나 파트너는 제한된 시간 내에 사업의 핵심 구조와 경쟁 전략을 빠르게 이해해야 하는데, BMC는 이러한 요구에 가장 적합한 형식이다. 가치 제안부터 수익 구조, 운영 체계에 이르기까지 모든 요소가 시각적으로 연결되어 제시되므로, 사업의 설득력과 신뢰도를 동시에 높일 수 있다.

이러한 이유로 BMC는 단순한 아이디어 정리 도구에 그치지 않고, 사업계획서 전반을 아우르는 요약 프레임이자 전략 실행의 기준점으로 활용되어야 한다. 시장 반응과 실행 결과에 따라 지속적으로 수정·보완되며, 전략적 의사결정의 출발점이 되는 살아 있는 도구일 때 비즈니스 모델 캔버스의 가치는 최대한 발휘된다.

2. 주요 수익 모델 유형과 선택 기준

수익 모델의 전략적 중요성

수익 모델은 흔히 '무엇을 얼마나 팔 것인가'라는 단순한 판매 문제로 오해되기 쉽다. 하지만 전략적 관점에서 수익 모델은 훨씬 더 근본적인 질문을 다룬다. 즉, 어떤 고객에게 어떤 가치를 제공할지, 그리고 그 가치를 어떤 방식으로 얼마나 지속적이고 반복적으로, 수익으로 전환할지를 결정하는 선택인 것이다. 다시 말해, 수익 모델은 단순한 수익 창출 방식을 넘어서 사업의 구조와 방향성을 결정하는 핵심 전략 요소라 할 수 있다.

동일한 제품이나 서비스라도 어떤 수익 모델을 선택하느냐에 따라 사업의 성격이 크게 달라진다. 일회성 판매 중심의 수익 구조는 초기 현금 흐름을 빠르게 창출할 수 있지만, 매출의 지속성과 예측 가능성에는 한계가 있을 수 있다. 반면, 구독, 라이선스, 반복 거래 기반의 수익 모델은 단기 매출은 낮을 수 있으나 장기적인 안정성과 성장 가능성을 확보하는 데 유리하다. 이처럼 수익 모델은 사업의 현금 흐름 구조, 성장 궤적, 그리고 위험 수준을 근본적으로 결정짓는다.

또한, 수익 모델은 투자자가 사업의 매력을 평가하는 데 있어 중요한 기준이 된다. 같은 시장과 기술을 가진 기업이라도, 반복적인 수익 창출이 가능한 구조인지, 고객 생애 가치(LTV)를 꾸준히 높일 수 있는지에 따라 기업 가치는 크게 달라진다. 결국 수익 모델은 단순한 가격 정책이나 매출 방식이 아니라, 사업의 지속가능성과 전략적 확장 가능성을 판단하는 핵심 지표라 할 수 있다.

따라서 창업가는 제품이나 서비스 개발과 함께 수익 모델을 전략적으로 설계해야 한다. 수익 모델은 사업이 성장함에 따라 변화할 수 있지만, 초기 선택은 시장 진입 방식, 조직의 실행 구조, 그리고 향후 전략적 선택의 범위를 결정짓는다. 올바른 수익 모델을 선택하는 것은 곧 사업 전반을 뒷받침하는 전략적 기반을 마련하는 것이라 할 수 있다.

하지만, 이 질문에 대한 답은 단순한 계산식으로 설명할 수 없다. 수익 모델은 단순히 제품이나 서비스를 판매해 수익을 창출하는 행위를 넘어서는 개념이다. 이는 고객과의 상호작용 방식, 가치가 교환되는 구조, 조직 내부의 역량, 그리고 시장 내에서의 위치를 종합적으로 보여주는 비즈니스의 핵심 설계도라 할 수 있다. 다시 말해, 수익 모델은 "어떤 고객에게 어떤 가치를 제공하고, 이를 어떻게 수익으로 전환할 것인가"라는 근본적인 질문에 대한 전략적 해답인 셈이다.

따라서 수익 모델은 단순히 재무상의 현금 유입 경로를 의미하는 것이 아니라, 제품, 가격, 시장, 운영 방식을 유기적으로 연결한 현금 흐름의 청사진이라 할 수 있다. 동일한 제품이라도 수익 모델의 설계 방식에 따라 사업의 성패가 크게 달라진다. 예를 들어, 소프트웨어 하나를 두고 어떤 기업은 일회성 판매(라이선스 모델)를 선택하는 반면, 다른 기업은 월 구독료(구독 모델)를 택한다. 결과적으로 전자는 빠른 매출 확보에 유리하지만, 후자는 장기적이고 안정적인 수익 기반을 마련할 수 있다. 이처럼 수익 모델의 선택은 사업의 지속가능성, 확장성, 수익성을 결정하는 가장 중요한 전략적 선택이 된다. 수익 모델과 밀접한 관련이 있는 매출 예측에 대해서는 10장 '재무 계획'에서 자세히 다룰 예정이다.

성공적인 수익 모델을 위한 세 가지 핵심 조건

모든 수익 모델이 반드시 성공을 보장하는 것은 아니다. 창업자가 선택한 수익 구조가 실제 가치를 창출하려면 세 가지 전략적 기준을 반드시 충족해야 한다.

① 명확성: 수익 흐름을 명확하게 설명할 수 있는가?

성공적인 수익 모델은 자금이 어디서 어떻게 유입되는지를 명확하게 파악할 수 있는 체계를 갖추고 있다.

- 비용 부담 주체는 누구인가?(고객 신원 확인)
- 무엇에 대해 비용을 지급하는가?(가치의 본질)
- 결제 방법과 주기는 어떻게 되나요?(결제 수단 및 반복 결제 여부)

이 세 가지는 반드시 명확하게 정의되어야 한다. 예를 들어, B2B(기업 고객) 비즈니스는 주로 연 단위 계약을 통해 장기적이고 안정적인 매출을 창출하는 반면, B2C(일반 소비자) 모델은 월 구독료, 인앱 결제, 단건 구매 등 비교적 짧은 주기의 수익 흐름을 갖는다.

창업자가 이 흐름을 명확하게 설명하지 못하면, 자금 조달 계획이나 마케팅 전략 역시 자연스럽게 불투명해질 수밖에 없다. 결국, 명확한 수익 모델은 사업의 신뢰성과 실행력을 뒷받침하는 가장 기본적인 토대가 된다.

② 재현 가능성: 수익이 지속적으로 반복될 수 있는 구조인가?

일회성 판매만으로는 사업을 지속하기 어렵다. 성공적인 수익 모델을 구축하려면 반복할 수 있는 구조를 갖추는 것이 필수적이다. 이를 위해 정기 구독 서비스, 자동 결제 시스템, 고객 충성도 프로그램, 그리고 재방문을 유도하는 보상 체계 등이 함께 마련되어야 한다.

예를 들어, 콘텐츠 스트리밍 플랫폼을 생각해 보자. 매달 새로운 고객을 유치하는 것보다 기존 가입자가 꾸준히 서비스를 이용하며 구독료를 납부하는 구조가 훨씬 안정적이다. 이처럼 반복할 수 있는 수익 구조는 매출 예측을 쉽게 할 뿐만 아니라, 장기적인 성장의 기반을 마련해 준다.

③ 지속가능성: 변화하는 외부 환경 속에서도 꾸준히 생존할 수 있는가?

마지막으로, 수익 모델은 환경 변화에 유연하게 대응할 수 있어야 한다. 기술은 빠르게 발전하고, 규제는 언제든지 바뀔 수 있으며, 새로운 경쟁자의 등장은 피할 수 없는 현실이기 때문이다.

따라서 특정 트렌드나 기술에 지나치게 의존하는 모델은 위험할 수밖에 없다. 예를 들어, 광고 수익에만 의존하는 플랫폼은 광고 시장의 경기 변동에 크게 영향을 받을 수 있다. 반면, 구독료, 프리미엄 서비스, 제휴 모델 등 다양한 수익 구조를 병행한다면 외부 환경 변화 속에서도 안정적으로 운영할 수 있다. 결국 지속가능성은 다양성과 유연성에서 비롯된다고 할 수 있다.

요약하자면, 수익 모델은 단순히 '돈을 버는 방법'이 아니라 사업의 핵심 구조를 나타내는 전략적 프레임워크이다. 창업자는 제품 설계, 고객과의 관계 구축, 채널 활용 방안을 고민하는 동시에, 이 모든 요소가 어떻게 수익으로 연결되는지 명확하게 이해해야 한다.

수익 모델 설계의 핵심 전략 포인트

창업자가 수익 모델을 설계할 때는 단순한 직관에 의존해서는 안 되며, 반드시 시장과 고객의 현실을 정확히 반영해야 한다. 효과적인 수익 모델은 고객의 지급 의사를 명확히 파악하고, 가격 정책을 유연하게 조정할 수 있어야 하며, 데이터를 기반으로, 지속적으로 확장할 수 있어야 한다. 이를 위해 반드시 고려해야 할 세 가지 핵심 전략 요소를 함께 살펴본다.

① 고객이 기꺼이 지급할 만한 가치가 있는지 판단하라

사업에서 흔히 저지르는 오해 중 하나는 '좋은 제품이면 저절로 돈을 벌 수 있다'라는 단순한 생각이다. 하지만 아무리 기술력이 뛰어나고 품질이 우수한 제품이라 해도, 고객이 실제로 비용을 내지 않는다면 그것은 수익 모델로서 성립할 수 없다.

따라서 창업자는 자신이 제공하는 가치가 고객의 절박한 문제를 실제로 해결하는지 반드시 점검해야 한다. 고객은 단순히 '좋다'고 평가하는 것과 실제로 지갑을 열어 비용을 내는 것 사이에 큰 차이를 둔다. 예를 들어, 학습 앱을 개발했다고 가정해 보자. 기능이 뛰어나고 인터페이스가 세련되었더라도, 고객이 굳이 비용을 내지 않아도 충분히 대체할 수 있는 무료 콘텐츠가 많다면 수익 창출은 쉽지 않을 것이다. 반면, 자격증 시험을 앞둔 수험생에게는 단기 합격을 위한 맞춤형 학습 자료가 절실한 가치가 될 수 있다. 즉, 수익 모델을 설계할 때 가장 먼저 고민해야 할 질문은 "이 가치가 고객에게 반드시 비용을 지급해야만 얻을 수 있는 것인가?"이다.

② 결제 수단과 가격 정책을 다양하게 운용하라

고객이 비용을 지급하더라도 결제 방식에 대한 전략적 고민은 필요하다. 소비자는 단순히 금액의 크기뿐만 아니라 결제 구조와 가격에 대한 심리적 반응에 따라 구매를 결정하기 때문이다. 창업자는 가격 정책을 단순히 '얼마에 판매할 것인가'에만 집중하지 말고, 심리적 마지노선, 결제 방법, 그리고 가격 패키지까지 종합적으로 고려해야 한다.

결제 방식에는 선지급, 후지급, 정기 구독, 사용량 기반 과금(pay-per-use) 등 다양한 형태가 있다. 예를 들어, 클라우드 서비스는 사용량에 따라 과금하는 방식을 도입해 진입 장벽을 낮추고, 사용량이 늘어날수록 매출도 자연스럽게 증가하는 구조를 갖추고 있다.

- **가격 패키지** 번들 상품(묶음 판매), 무료 체험 후 유료 전환, 프리미엄 기능 추가 등 다양한 방식을 활용해 고객층을 넓힐 수 있다. 예를 들어, 넷플릭스는 첫 달 무료 체험을 제공하여 고객이 서비스의 가치를 직접 경험하게 한 후, 자연스럽게 유료 구독으로 전환되도록 유도한다.
- **지급 심리** 소비자는 일정 가격을 초과하면 부담을 크게 느끼게 된다. 예를 들어, 월 999원과 1,099원의 차이는 단순히 100원의 차이가 아니라, '세 자릿수'와 '네 자릿수'라는 심리적 경계로 작용한다.

따라서 결제 방식과 가격 정책을 다양화하는 것은 단순히 매출을 늘리기 위한 수단이 아니라, 고객의 심리와 행동을 세심하게 고려한 전략이라 할 수 있다.

③ 고객 행동 데이터를 분석하여 수익 다변화 가능성을 검토하라

현대의 수익 모델은 단순한 판매 구조에 머무르지 않는다. 핵심은 고객의 사용 패턴과 행동 데이터를 분석하여 새로운 수익원을 발굴하는 데 있다. 예를 들어, 온라인 교육 플랫폼을 운영한다고 가정해 보자. 처음에는 강의 콘텐츠 판매만으로 시작할 수 있지만, 고객 데이터를 분석하면 일부 고객은 전문적인 멘토링을 원하고, 또 다른 고객은 시험 응시권이나 기업 맞춤형 교육 패키지가 필요하다는 사실을 알 수 있다. 이러한 인사이트를 바탕으로 프리미엄 상담권, 자격시험 응시 패키지, 기업용 교육 상품 등 다양한 수익 모델을 추가할 수 있다.

이처럼 데이터 기반 확장은 단순히 매출 다변화에 그치지 않고, 고객 생애 가치(LTV)를 극대화하는 전략이다. 새로운 상품과 서비스를 통해 고객이 우리와의 관계를 지속하며 더 많은 지급을 하도록 유도하는 구조가 마련되면, 사업은 안정성과 확장성을 동시에 확보할 수 있다.

주요 수익 모델의 유형 및 전략

수익 모델은 사업의 본질과 고객의 행동 양식을 가장 직접적으로 반영하는 구조이다. 어떤 수익 모델을 선택하느냐에 따라 매출의 안정성, 성장 속도, 그리고 장기적인 지속가능성이 크게 달라질 수 있다. 따라서 창업자는 다양한 수익 모델의 특성을 충분히 이해한 뒤, 자신의 사업과 고객 특성에 가장 적합한 방식을 전략적으로 선택해야 한다.

가장 전통적인 비즈니스 모델은 제품 판매 방식이다. 고객이 제품을 구매하면 소유권이 이전되며, 기업은 일회성 이익을 얻는다. 이 모델은 구조가 단순하고 이해하기 쉬운 장점이 있지만, 재고 관리와 원가, 마진 구조에 따라 수익성이 크게 달라질 수 있다. 지속적인 성장을 위해서는 재구매를 유도하는 마케팅 전략과 브랜드 관리가 매우 중요하다.

광고 기반 모델은 사용자에게 서비스나 콘텐츠를 무료로 제공하는 대신, 축적된 트래픽을 활용해 광고 수익을 창출하는 방식이다. 이 모델에서는 사용자 수와 체류 시간이 수익성에 직접적인 영향을 미치며, 정교한 타겟팅과 사용자 경험을 해치지 않는 광고 설계가 핵심 경쟁력으로 작용한다.

보다 예측 가능한 수익 구조를 원하는 기업들은 구독 모델을 적극 활용한다. 고객이 정기적으로 비용을 지급하며 서비스를 이용하는 이 방식은 반복적인 수익 창출을 통해 안정적인 현금 흐름을 확보할 수 있게 해준다. 이러한 모델의 성공 여부는 고객 이탈률을 효과적으로 관리하고, 고객 생애 가치를 최대한 높이는 데 달려 있다.

무형 자산을 보유한 기업에는 라이선스 모델이 적합하다. 기술, 콘텐츠, 브랜드 등의 사용 권한을 제삼자에게 제공하고 로열티를 받는 구조로, 추가적인 생산 비용 없이 수익을 확대할 수 있다는 장점이 있다. 다만, 지식 재산권 보호와 계약 조건의 명확성이 반드시 선행되어야 한다.

디지털 서비스 분야에서 널리 사용되는 프리미엄(Freemium) 모델은 기본 기능을 무료로 제공하는 동시에, 고급 기능이나 추가 혜택은 유료로 전환하는 방식이다. 이 모델의 핵심은 무료 사용자에게 충분한 가치를 제공하면서도 자연스럽게 유료 전환을 유도하는 설계에 있다.

플랫폼 비즈니스에서는 주로 거래 수수료 모델과 브로커리지 모델이 활용된다. 거래 수수료 모델은 사용자 간 거래가 이루어질 때마다 일정 비율의 수수료를 부과하는 구조로, 거래량과 신뢰성이 수익의 핵심 요소로 작용한다. 반면, 브로커리지 모델은 판매자와 구매자를 연결해 양측 또는 한쪽에서 수수료를 받는 방식이며, 매칭의 정확도와 거래 성사율이 사업 성과를 결정짓는 중요한 요인이다.

이처럼 각 수익 모델은 뚜렷한 장단점을 가지고 있으며, 고객의 지급 의사와 사용 패턴에 따라 적합성이 달라진다. 전략적으로 설계된 수익 모델은 단순한 매출 창출 수단을 넘어서, 사업의 성장 방향과 지속가능성을 결정하는 핵심 동력이 된다.

콘텐츠 스타트업 '스토리위버'(StoryWeaver)는 단일 수익 모델에 의존하지 않고, 다양한 수익 구조를 결합해 안정성과 성장성을 동시에 확보한 사례다. 이 기업의 핵심 전략은 콘텐츠라는 하나의 자산을 여러 방식으로 수익화하는 데 있다.

우선 광고 모델을 활용해 무료 이용자를 확보한다. 스토리위버는 블로그와 콘텐츠 플랫폼에 네이티브 광고를 자연스럽게 삽입하여 사용자 경험을 해치지 않으면서도 안정적인 운영 수익을 창출한다. 이 구조는 트래픽이 증가할수록 수익도 함께 늘어나는 방식이다.

다음으로, 구독 모델을 도입하여 지속적인 수익을 창출한다. 월 3,900원의 유료 구독자에게 차별화된 프리미엄 콘텐츠를 제공함으로써 충성도 높은 독자층을 확보하고, 안정적이고 예측할 수 있는 매출 구조를 구축하였다.

또한 프리미엄(Freemium) 모델을 도입하여 신규 사용자의 진입 장벽을 낮췄다. 기본 웹툰은 무료로 제공하되, 일부 핵심 에피소드나 특별 콘텐츠는 유료 결제로 전환되도록 설계하여 자연스럽게 수익을 창출할 수 있도록 했다.

마지막으로, 라이선스 모델을 활용하여 콘텐츠의 가치를 한층 더 확장하고자 한다. 자체 제작한 캐릭터 IP를 국내외 출판사에 라이선스함으로써, 플랫폼 외부에서도 추가 수익을 창출하고 사업 확장의 가능성을 크게 높였다.

이 사례가 전달하는 핵심 메시지는 분명하다. 스토리위버는 하나의 콘텐츠 자산을 바탕으로 광고, 구독, 유료 전환, 라이선스 등 다양한 수익 모델을 전략적으로 결합하여 단기적인 수익 창출과 장기적인 성장이라는 두 마리 토끼를 모두 잡고 있다. 이는 콘텐츠 기반 비즈니스가 수익 구조를 어떻게 다각화할 수 있는지를 잘 보여주는 대표적인 사례라 할 수 있다.

점검표

- 우리 제품이나 서비스는 어떤 수익 모델과 가장 자연스럽게 연결되는가?
- 우리 회사의 고객은 어떤 결제 방식을 선호하는가? (일회성 결제, 정기 결제, 성과 기반 결제 등)
- 경쟁사의 수익 모델과 비교했을 때, 당사만의 차별화된 요소는 무엇인가?
- 다양한 수익 모델을 결합하면 오히려 수익성이 더욱 향상될 가능성이 있을까?
- 각 수익 모델에 내재된 위험과 고객 이탈 요인은 무엇이며, 이를 효과적으로 완화하는 방안은 무엇일까?

3. 반복 가능한 수익 구조와 피벗 전략

반복 수익 구조의 중요성

성장하는 기업이 반드시 갖추어야 할 재무적 기반 중 하나는 반복할 수 있는 수익 구조이다. 단발성 판매에 의존하는 비즈니스 모델은 초기 현금 유입에는 효과적일 수 있으나, 고객 이탈에 취약하고 장기적인 매출 흐름을 예측하기 어렵다는 구조적 한계를 가지고 있다. 이러한 불확실성은 사업이 성장할수록 더욱 큰 악재로 작용하게 된다.

반복할 수 있는 수익 구조란 고객이 일정한 주기로 제품이나 서비스를 지속적으로 이용하며 비용을 지급하는 방식을 말한다. 이 구조의 가장 큰 장점은 매출 예측이 가능하다는 점이다. 안정적인 현금 흐름이 확보되면 조직 운영의 안정성이 높아지고, 인력, 마케팅, 시스템 등에 대한 중장기적 투자가 가능해진다. 또한, 고객과의 관계도 단순한 일회성 거래를 넘어 장기적인 파트너십으로 발전하게 된다.

또한 반복 수익 구조는 고객 생애 가치(LTV)를 극대화하는 데 매우 중요한 역할을 한다. 신규 고객을 계속해서 확보하는 것보다 기존 고객과의 관계를 유지하고 확장하는 것이 비용 효율성과 수익성 면에서 훨씬 유리하기 때문이다. 이는 단순히 재구매를 유도하는 것을 넘어, 고객 경험을 지속적으로 개선하고 신뢰를 쌓아가는 과정을 전제로 한다.

구독, 멤버십, 정기 배송, SaaS 라이선스와 같은 모델은 반복 수익 구조의 대표적인 사례이다. 이러한 모델은 기업에 안정적인 성장 기반을 제공할 뿐만 아니라, 변화하는 시장 환경 속에서도 유연하게 전략을 전환하고 확장할 수 있는 중요한 출발점이 된다.

반복 수익 창출을 위한 핵심 전략

반복할 수 있는 수익 구조는 단순히 결제 방식을 변경하는 문제가 아니라, 고객과의 관계를 어떻게 설계하고 관리할지에 대한 전략적 결정이다. 고객이 한 번의 구매로 끝나는 것이 아니라 지속적으로 가치를 경험하며 관계를 유지하도록 만드는 것이 반복 수익의 핵심이다.

이를 위해 가장 먼저 고려해야 할 요소는 온보딩 최적화이다. 고객이 제품이나 서비스를 처음 접할 때 명확한 가치를 느끼지 못하면, 반복 사용으로 이어질 가능성이 크게 줄어든다. 초기 사용 경험에서 핵심 가치를 신속하게 체감하게 하는 것이 장기적인 관계 형성의 출발점이다.

다음으로 중요한 전략은 리텐션 관리이다. 반복 수익 구조에서는 신규 고객을 확보하는 것보다 기존 고객을 유지하는 것이 훨씬 더 큰 경제적 가치를 지닌다. 고객이 이탈하지 않도록 사용 편의성, 서비스 품질, 그리고 의사소통 전반에 걸쳐 지속적인 만족을 제공해야 하며, 이는 안정적인 매출 흐름을 창출하는 핵심 동력이 된다.

마지막으로, 업셀링과 크로스셀링 전략은 고객 한 명당 매출을 증대시키는 데 매우 중요한 역할을 한다. 기존 고객에게 상위 버전의 상품이나 보완 제품을 제안함으로써 추가 수익을 창출할 수 있다. 이러한 전략은 고객에게 더 큰 가치를 제공하는 동시에 기업의 수익성 향상에도 이바지한다.

이 세 가지 전략은 각각 독립적으로도 효과적이지만, 서로 유기적으로 결합할 때 가장 큰 시너지를 발휘한다. 온보딩을 통해 초기 만족도를 높이고, 리텐션 전략으로 고객과의 관계를 지속하며, 업셀링과 크로스셀링을 통해 관계의 깊이를 확장할 때, 기업은 안정성과 성장성을 동시에 갖춘 반복 수익 구조를 구축할 수 있다.

피벗(Pivot): 전략적 진화를 위한 핵심 도구

비즈니스 모델은 한 번 설계한다고 해서 완성되는 고정된 설계도가 아니다. 시장 환경은 끊임없이 변화하고, 고객의 요구는 계속 진화하며, 기술과 경쟁 구도 또한 지속적으로 재편된다. 이러한 현실 속에서 성공적인 창업가에게 필요한 역량은 처음부터 완벽한 모델을 만드는 능력이 아니라, 시장의 신호를 민첩하게 파악하고 전략을 유연하게 조정하는 능력이다. 이때 핵심적인 전략 도구가 바로 피벗(Pivot)이다.

피벗은 단순히 사업 방향을 바꾸는 선택이 아니다. 이는 데이터와 시장 반응을 바탕으로 제품, 고객, 수익 구조, 유통 채널, 기술 기반 등 비즈니스의 핵심 요소를 재정의하고 재배치하는 전략적 진화 과정이다. 마치 스포츠 경기에서 상황에 따라 전술을 조정하듯, 기업도 생존과 성장을 위해 전략을 재설계해야 하며, 피벗은 그 과정에서 핵심적인 역할을 한다.

대표적인 피벗 유형은 몇 가지로 나눌 수 있다.

첫째, 고객 세그먼트 피벗은 제품이나 서비스는 그대로 유지하면서, 이를 제공하는 대상 고객을 새롭게 정의하는 방식이다. 예를 들어, 기존에 기업 고객을 중심으로 한 서비스를 개인 사용자 시장으로 확장하는 경우가 이에 해당하며, 이 과정에서 마케팅 전략과 사용자 경험이 전면적으로 재설계된다.

둘째, 고객 니즈 피벗은 기존 고객층을 유지하되, 고객이 실제로 해결하고자 하는 문제를 새롭게 정의하는 접근법이다. 이는 기능 중심의 서비스가 더욱 본질적인 가치, 예를 들어 생산성 향상이나 효율성 개선에 초점을 맞춘 플랫폼으로 진화하는 형태로 나타난다.

채널 피벗이란 고객과 소통하는 방식을 전환하는 것을 의미한다. 예를 들어, 오프라인 중심의 유통에서 디지털 플랫폼으로 이동하거나, 직접 판매에서 제휴 및 플랫폼 기반 판매로 확장하는 전략이 이에 해당한다. 이러한 변화는 고객 접점을 확대하고 운영 효율성을 높이기 위한 중요한 선택이다.

수익 모델 피벗은 수익 창출 방식을 근본적으로 변화시키는 전략적 전환을 의미한다. 예를 들어, 무료 서비스에서 유료 프리미엄 모델로 전환하거나, 광고 중심 구조에서 구독 기반 구조로 바꾸는 것이 대표적이다. 이러한 변화는 재무적 안정성과 지속가능성을 확보하기 위한 핵심 전략으로 자리 잡고 있다.

마지막으로, 기술·플랫폼 피벗은 기존의 기술 구조를 보다 확장 가능하고 유연한 형태로 재설계하는 접근법이다. 클라우드 전환이나 API 기반 플랫폼화는 파트너십 강화와 생태계 확장을 가능하게 만든다.

많은 성공 기업은 적절한 시점에 피벗을 통해 새로운 성장 곡선을 그려 왔다. 에어비앤비는 처음에 소규모 행사 참가자를 위한 임시 숙소 서비스로 시작했지만, 고객 반응을 분석하여 일반 여행자 시장으로 확장하며 글로벌 숙박 공유 플랫폼으로 성장했다. Slack 또한 게임 개발 과정에서 내부 협업 도구로 사용하던 것을 외부 기업용 SaaS 서비스로 전환해 글로벌 협업 시장의 표준이 되었다. 국내 사례로는 리디북스가 전자책 유통 플랫폼에서 출발해 구독형 서비스인 '리디셀렉트'를 도입함으로써 반복 수익 구조와 높은 고객 충성도를 확보한 점이 있다.

이러한 사례들이 공통적으로 전하는 교훈은 분명하다. 피벗은 실패를 인정하는 것이 아니라, 학습의 산물이자 전략적 진화의 증거다. 변화에 유연하게 대응하고, 데이터를 바탕으로 과감하게 구조를 재설계할 때 비즈니스는 위기를 기회로 바꾸며 지속 가능한 성장을 이룰 수 있다.

연습 문제

비즈니스 모델을 유연하게 전환하기 위해, 다음의 질문과 실습으로 전략적 사고의 폭을 넓혀보자.

1. 당신의 사업에서 가장 취약하거나 정체된 부분은 어디인가요? 그리고 그 부분이 현재 시장과 고객에게 얼마나 중요한지 평가해 보셨습니까?

2. 국내외에서 피벗에 성공한 사례를 조사하고, 그들이 선택한 전환 전략이 어떤 요소에서 효과를 발휘했는지 분석해 보시오.

3. 향후 12개월간의 수익 구조를 토대로 가장 유망한 전환 전략을 구상하고, 실행 시나리오를 단계별로 작성해 보시오.

4. 핵심 지표(KPI, 전환율, LTV 등)를 지속적으로 모니터링하고, 이상 징후가 발견될 때 피벗 여부를 검토할 수 있는 내부 프로토콜을 마련하십시오.

5. 조직 내에서 피벗을 실행할 때 필요한 의사결정 구조, 의사소통 방식, 팀 재배치 등에 대해 시뮬레이션을 진행해 보십시오.

맺음말: 비즈니스 모델은 끊임없이 진화하는 살아 있는 전략이다

비즈니스 모델은 한 번 완성해 보관하는 문서가 아니라, 사업 전 과정에서 지속적으로 점검하고 발전시켜야 하는 살아 있는 전략이다. 시장은 고정되어 있지 않고, 고객의 기대와 행동은 끊임없이 변화하고, 기술 환경과 경쟁 구도 또한 빠르게 재편된다. 이러한 변화 속에서 비즈니스 모델이 정체된다면, 사업 역시 성장을 멈출 수밖에 없다.

이 장에서 다룬 비즈니스 모델 캔버스는 사업의 핵심 구조를 한눈에 파악하고 전략적 연계성을 점검할 수 있는 출발점이다. 또한, 다양한 수익 모델 유형에 대한 이해는 사업의 수익 구조와 성장 가능성을 설계하는 데 필수적인 기준을 제공한다. 나아가 반복할 수 있는 수익 구조는 예측할 수 있는 현금 흐름과 고객 생애 가치를 확보하여 기업이 안정적으로 성장할 수 있는 재무적 기반을 마련해준다. 마지막으로, 피벗 전략은 시장의 신호와 실행 결과를 바탕으로 비즈니스 모델을 유연하게 재설계함으로써 불확실성을 기회로 전환하는 전략적 진화의 도구이다.

이 네 가지 요소는 각각 독립적인 개념이 아니라 상호 연결되어 하나의 전략적 시스템으로 작동한다. 창업가는 비즈니스 모델을 끊임없이 실험하고 학습하며 조정해 나감으로써 불확실한 환경 속에서도 더욱 예측할 수 있는 성장 경로를 설계할 수 있다. 결국 비즈니스 모델은 정답을 찾는 과정이 아니라, 변화에 유연하게 대응하며 지속적으로 발전해 나가는 전략적 사고의 결과라 할 수 있다.

PART 4

제품·시장·실행을 연결하라

전략이 실제 행동으로 작동하는 방식

전략은 문서에 머무르지 않고 행동으로 입증되어야 한다. 이 부분에서는 고객 여정과 문제 해결 설계를 출발점으로 삼아, MVP 기반의 반복 개발 과정을 통해 전략을 검증 가능한 실행으로 전환하는 방법을 다룬다. 나아가 포지셔닝, 가격 책정, 시장 세분화, 경쟁 분석, 브랜드 및 고객 경험 설계를 통해 실행이 실제 시장 성과로 연결되는 구조를 제시한다. PART 4는 이렇게 설계된 전략이 제품과 시장에서 실제로 작동하며, 실행이 곧 경쟁력으로 자리 잡는 과정을 완성한다.

· 7장 ·
제품과 서비스 개발 및 가격 정책

"새로운 제품과 새로운 유형의 서비스는 소비자에게 묻는 것이 아니라,

생산자의 지식과 상상력, 혁신, 위험 감수, 그리고 시행착오를 통해 탄생한다."

– W. 에드워드 데밍

지속 가능한 비즈니스의 출발점은 '무엇을 만들 것인가'가 아니라 '왜 이 제품이 고객의 삶에 의미 있는 변화를 불러오는가?'를 이해하는 데 있다. 제품과 서비스는 단순한 기능의 집합이 아니라, 고객의 문제 인식에서 출발해 사용 경험을 거쳐 신뢰와 관계로 확장되는 하나의 전략적 흐름이다.

이 장에서는 고객의 실제 문제를 출발점으로 삼아 제품을 설계하고, 최소 기능 제품을 통해 시장에서 검증하는 과정, 그리고 포지셔닝과 가격 전략을 통해 수익과 브랜드 가치를 연결하는 전 과정을 다룬다.

1. 고객 여정 및 문제 해결 설계

고객 중심 사고의 시작점

제품 전략의 출발점은 기능이나 기술이 아니라 고객이다. 시장에서 성공하는 제품은 아이디어의 독창성보다 고객의 일상 속 불편과 문제를 얼마나 정확하게 이해하느냐에 달려 있다. 따라서 제품 개발은 '무엇을 만들 것인가'를 고민하기에 앞서 '고객이 어떤 상황에서 어떤 문제를 겪고 있는지'를 먼저 파악하는 과정에서 시작되어야 한다.

이를 위해 창업가는 고객이 문제를 인식하고 해결책을 탐색하며, 선택과 사용을 거쳐 재구매 또는 이탈에 이르는 전 과정을 이해해야 한다. 이러한 일련의 과정을 고객 여정(Customer Journey)이라 하며, 이는 고객 경험을 체계적으로 분석하는 데 핵심적인 개념이다. 고객 여정을 단계별로 살펴보면, 고객이 어느 지점에서 망설임이나 불편을 느끼는지, 그리고 어떤 순간에 만족하거나 실망하는지를 구체적으로 파악할 수 있다.

고객 여정 지도를 활용한 전략적 인사이트 도출

고객 여정 지도란 고객 경험의 흐름을 시각적으로 표현한 전략적 도구이다. 단순히 단계를 나열하는 데 그치지 않고, 각 단계에서 고객이 느끼는 감정, 제기하는 의문, 그리고 마주하는 장애 요인까지 함께 보여준다. 이를 통해 고객이 언제 신뢰를 쌓고, 어느 지점에서 이탈할 가능성이 높은지 명확하게 파악할 수 있다.

구매 퍼널이 주로 전환율에 집중하는 반면, 고객 여정 지도는 고객의 감정 변화와 의사결정 배경까지 포괄하여 보다 입체적인 이해를 돕는다. 이를 통해 창업가는 제품이 고객의 일상에서 어떤 역할을 하는지 깊이 있게 파악하고, 제품 전략의 우선순위를 더욱 명확하게 설정할 수 있다.

고통 포인트(Pain Point)의 네 가지 유형 소개

고객 여정 분석에서 가장 중요한 과제는 고객의 고충 지점을 정확히 파악하는 것이다. 고객이 겪는 불편과 불만은 대체로 네 가지 유형으로 반복해서 나타난다. 기능적 고통은 사용상의 문제나 성능 저하에서 비롯되며, 감정적 고통은 불안, 불신, 좌절 등 부정적인 감정에서 발생한다. 시간적 고통은 복잡한 절차나 지연으로 인한 비효율에서 나타나고, 경제적 고통은 불투명한 가격 정책이나 예상치 못한 추가 비용으로 인해 발생한다.

고충 유형 4가지와 전략적 대응 방안

이러한 고통 포인트는 단순한 불만 사항의 나열이 아니라, 제품 차별화와 혁신의 출발점이다. 성공적인 제품은 모든 문제를 한꺼번에 해결하려 하기보다는, 고객 여정에서 가장 치명적인 지점을 정확히 공략한다. 고객이 가장 큰 불편을 느끼는 순간을 해결할 때, 제품은 자연스럽게 선택받게 된다.

문제 해결 설계의 핵심 원칙들

고객 여정 기반 설계의 핵심은 단순히 기능을 추가하는 것이 아니라, 불필요한 마찰을 없애는 데 있다. 고객이 겪는 혼란, 번거로움, 불안을 하나씩 줄여나갈수록 제품은 더욱더 직관적이고 신뢰할 수 있는 해결책으로 자리 잡게 된다. 문제를 명확히 정의한 제품만이 '좋은 기능'을 넘어 '필요한 솔루션'이 될 수 있다.

결국 문제 해결 설계란 단순히 고객의 불편함을 나열하는 것이 아니라, 고객 경험의 흐름 속에서 반드시 해결해야 할 핵심 문제를 전략적으로 선별하는 과정이다. 고객의 삶을 깊이 관찰하고 이해하는 통찰에서 출발한 해결책만이 시장의 신뢰를 얻을 수 있으며, 치열한 경쟁 환경 속에서도 차별화된 위치를 확고히 할 수 있다.

사례 1

한 스타트업은 온라인 쇼핑몰 앱의 '결제' 과정에서 반복적인 오류로 인해 이탈률이 40%에 달하는 문제를 겪고 있었다. 이를 인지한 후 UX 전문가를 투입해 단일 클릭 결제 시스템을 도입했고, 그 결과 오류 발생률을 90% 이상 줄일 수 있었다. 덕분에 고객 만족도가 크게 향상되었으며, 재구매율도 이전보다 1.5배 증가하는 성과를 거두었다.

사례 2

한 은행 앱은 서버 장애가 발생했을 때 'Error Code: 502'라는 딱딱한 메시지만을 표시했다. 이에 따라 고객들은 불안감을 느끼며 대규모 이탈이 발생했다. 이후 안내 문구를 "현재 일시적인 장애가 발생했다. 불편을 드려 죄송하며, 10분 이내에 정상화될 예정입니다."라는 친절한 표현으로 변경하자, 고객 불만이 크게 줄어들었다.

실전 점검표 | 고객 여정 진단

단계	체크 질문
문제 인식	고객은 어떤 상황에서 문제를 인지하게 될까?
정보 탐색	어떤 경로로 해결책을 찾는가?
선택 / 결정	선택이나 구매를 촉진하거나 방해하는 요인은 무엇일까?
사용 경험	사용 중에 반복적으로 겪는 불편한 점이 있나?
후속 행동	재구매 여부와 이탈의 원인은 무엇인가?

2. MVP 기반 반복 개발: 완성보다 검증이 우선이다

많은 창업가가 초기 단계에서 흔히 저지르는 실수는 '완벽한 제품'을 만든 후에야 시장에 출시하려는 것이다. 하지만 현실의 시장은 제품의 완성도보다는 그 제품이 실제로 고객의 문제를 해결하는지에 더 큰 관심을 둔다. 성공한 제품들 대부분은 처음부터 정교하게 설계된 결과물이 아니라, 불완전한 시작과 빠른 개선을 반복하며 점차 발전해 온 결과물이다.

이러한 관점에서 등장한 개념이 바로 MVP(Minimum Viable Product)이다. MVP는 최종 완성품이 아니라, 고객이 핵심 가치를 직접 체험할 수 있도록 최소한의 기능만을 갖춘 실험적 제품이다. 즉, MVP의 목적은 '완성'이나 '판매'가 아니라, 학습과 검증에 있다.

MVP 개발의 전략적 목적: 판매가 아닌 학습에 중점을 두다

MVP의 본질적인 목적은 단 하나의 질문에 답하는 것이다. "이 제품(또는 이 기능)이 고객의 실제 문제를 해결하는가?"

린 스타트업(Lean Startup) 접근법에서 MVP는 창업가가 세운 가설을 시장에 신속하게 검증하기 위한 핵심 도구이다. 이 과정에서 중요한 것은 개발자의 직관이나 확신이 아니라, 고객의 실제 반응이다. 고객이 제품을 어떻게 사용하고, 어디에서 멈추며, 어떤 부분에서 가치를 느끼는지를 자세히 관찰함으로써 창업가는 자신의 가설이 타당한지, 아니면 수정이 필요한지를 판단할 수 있다.

따라서 MVP 개발의 핵심은 '기능의 양'이 아니라 '검증 가능성'에 있다. 제품 개발은 고정된 결과물을 완성하는 작업이 아니라, 시장과의 상호작용을 통해 끊임없이 학습하고 발전하는 과정임을 인식하는 것이 중요하다.

반복 개발의 네 단계: 학습을 촉진하는 구조

MVP 기반 개발은 단순한 일회성 이벤트가 아니라, 명확한 구조를 갖춘 반복적인 과정이다. 이 과정은 다음 네 단계로 요약할 수 있다.

첫째, 가설을 설정하는 단계이다. 창업가는 제품이 해결하고자 하는 고객의 문제와 예상되는 행동 변화를 명확하게 정의해야 한다. 이때 가설은 단순한 추측이나 믿음이 아니라, 관찰과 데이터를 바탕으로 검증할 수 있는 명확한 진술이어야 한다. 예를 들어, "이 기능이 편리할 것이다"라는 표현보다는 "이 기능을 도입하면 구매 완료율이 20% 이상 증가할 것이다"와 같은 구체적인 형태가 바람직하다.

둘째, MVP 구현에 관해 이야기해 보자. 설정한 가설을 검증할 수 있는 최소한의 기능만을 갖춘 제품을 설계하는 것이다. 여기서 '최소한'이라는 의미는 '조잡함'을 뜻하지 않는다. 핵심 가치를 왜곡 없이 전달할 수 있을 정도로 충분히 완성되어야 한다. 불필요한 부가 기능을 과감히 제거함으로써 개발 속도와 학습 속도를 동시에 높이는 것이 목표다.

셋째, 실제 사용자를 대상으로 한 테스트다. MVP를 실제 고객에게 제공하여 사용 과정에서 발생하는 정량적 데이터와 정성적 데이터를 동시에 수집한다. 클릭률, 체류 시간, 이탈 지점과 같은 수치 데이터뿐만 아니라, 인터뷰와 관찰을 통해 얻은 감정과 맥락 정보가 함께 수집될 때 인사이트의 깊이가 더욱 풍부해진다.

넷째, 개선과 확장이다. 수집된 학습 결과를 바탕으로 기능의 개선, 제거, 확장에 대한 우선순위를 신속하게 결정한다. 이 과정이 짧고 유연할수록 제품은 시장 적합성(Product-Market Fit)에 더 빠르게 도달할 수 있다.

반복 개발이 키우는 조직 역량: 제품을 넘어 조직 전체의 진화를 이끈다.

MVP 기반 반복 개발의 진정한 가치는 제품 그 자체보다, 그 과정을 통해 쌓이는 조직의 역량에 있다. 반복 개발을 꾸준히 실행하는 조직은 점차 특정한 사고방식과 행동 양식을 내재화하게 된다.

첫째, 실패에 대한 인식이 근본적으로 변화한다. 반복적인 개발 환경에서는 실패가 비용이 아니라 학습의 한 과정으로 여겨진다. 작은 실패를 신속하게 경험하고 수정하는 과정이 조직 전반에 쌓이면서, 구성원들은 실패를 두려워하기보다 오히려 실험을 설계하고 실행하는 데 익숙해진다. 이러한 태도는 불확실성이 큰 창업 환경에서 매우 중요한 생존 역량으로 작용한다.

둘째, 의사결정 방식이 데이터 중심으로 전환된다. MVP 테스트를 통해 축적된 데이터는 감각이나 직관을 보완하는 근거가 된다. '느낌이 좋다'가 아니라 '고객 행동이 이렇게 변화했다'라는 사실이 조직 내 의사결정의 기준이 된다. 이는 감정적인 논쟁을 줄이고 실행 속도를 높이는 효과를 가져온다.

셋째, 조직의 학습 속도가 곧 경쟁력이 된다. 반복적인 개발 과정을 체계화한 조직은 경쟁사보다 더 신속하게 가설을 검증하고, 적은 비용으로도 방향 전환을 효과적으로 수행할 수 있다. 이러한 능력은 자원이 제한된 스타트업에게 규모나 자본을 뛰어넘는 강력한 경쟁 우위로 작용한다.

마지막으로, 조직 문화 자체가 더욱 유연해진다. 제품을 고정된 결과물이 아닌 '진화하는 시스템'으로 인식하는 조직은 전략 또한 고정하지 않는다. 시장 변화에 맞춰 전략을 수정하고, 팀 구조와 역할을 조정하는 데 심리적 저항이 적다. 이러한 문화는 단기 성과뿐만 아니라 장기적인 지속 성장의 기반이 된다.

점검표

- 제품이 해결하려는 문제와 고객의 고충이 명확하게 정의되어 있는가?
- MVP가 '핵심 가치'를 효과적으로 전달할 수 있는 최소한의 기능을 갖추고 있는가?
- 고객 피드백을 수집할 수 있는 체계(데이터 추적, 인터뷰 등)가 구축되어 있는가?
- 반복 주기를 짧고 유연하게 설정했는가?
- 개선 사항의 우선순위를 정할 수 있는 명확한 기준이 마련되어 있는가?

[사례] 드롭박스(Dropbox)의 MVP 전략 분석

드롭박스는 초기 단계에서 복잡한 파일 동기화 기술을 완벽하게 구현하지 않았다. 대신 짧은 동영상을 통해 '파일이 자동으로 여러 기기에 동기화되는 과정'을 시뮬레이션하며 고객들의 반응을 살폈다. 고객들의 긍정적인 반응과 이메일 등록 급증은 이 아이디어가 시장에서 유효하다는 것을 입증했고, 이후 실제 제품 개발로 이어졌다. 이처럼 드롭박스는 최소 기능 제품(MVP)이 아닌 '아이디어 체험형 MVP'를 통해 빠르게 시장 적합성을 검증할 수 있었다.

연습 문제

1. 완성도가 50%에 불과하더라도 고객이 핵심 가치를 명확히 체감할 수 있는 MVP 시나리오를 설계해 보십시오.

2. MVP 테스트 후 수집할 수 있는 정량적 데이터와 정성적 피드백 항목을 각각 세 가지씩 제시하시오.

3. MVP 검증 이후 다음 반복 개발 단계에서 우선하여 개선해야 할 기능과 그 기준에 관해 설명하시오.

3. 제품 포지셔닝 및 가격 전략 수립

포지셔닝 전략의 핵심: 고객의 마음에 확실히 자리 잡는 기술

제품이 시장에서 선택받는 이유는 단순히 기능의 우수성 때문이 아니라, 고객의 마음속에 형성된 인식에 있다. 아무리 뛰어난 제품이라도 고객이 "이 제품은 나를 위한 것이다"라고 느끼지 못하면 선택받기 어렵다. 이러한 인식을 설계하는 전략이 바로 포지셔닝이며, 그 인식된 가치를 수치로 나타낸 것이 가격이다. 이 두 전략은 별개의 의사결정이 아니라 하나의 연속적인 논리 구조로 이해해야 한다.

포지셔닝은 단순히 광고 문구나 구호를 만드는 작업이 아니다. 이는 고객의 인식 속에서 제품이 어떤 '의미'로 자리 잡을지를 전략적으로 설계하는 과정이다. 고객은 수많은 선택지 중에서 단 하나의 제품을 고를 때 무의식적으로 세 가지 질문을 던진다. "이 제품은 누구를 위한 것인가?", "어떤 문제를 해결해 주는가?", 그리고 "왜 하필 이 제품이어야 하는가?"

이 질문에 명확히 답할 수 있을 때, 제품은 단순한 기능의 집합이 아니라 하나의 '해결책'으로 인식된다. 따라서 포지셔닝 전략은 기술이나 성능을 나열하는 데서 출발하지 않는다. 오히려 고객의 삶의 맥락, 불편한 순간, 그리고 감정적 기대를 깊이 이해하는 데서 시작된다.

잘 설계된 포지셔닝은 내부적으로 제품 개발과 마케팅 전략의 기준이 되며, 외부적으로는 고객이 제품을 기억하고 설명하는 데 사용하는 언어가 된다. 이때 가장 중요한 도구가 바로 '포지셔닝 문장'이다. 이 문장은 모든 의사소통과 의사결정의 기준점으로 작용하며, 전략이 현장에서 일관되게 실행될 수 있도록 돕는다.

차별화는 '우수함'이 아니라 '인지되는 차이'이다

포지셔닝이 확고히 자리 잡기 위해서는 차별화가 필수적이다. 다만 여기서 말하는 차별화는 객관적인 우수성에 국한되지 않는다. 고객이 실제로 인지하고 체감하는 차이가 중요하다. 설령 경쟁 제품보다 기술적으로 우수하더라도, 고객이 그 차이를 느끼지 못한다면 시장에서는 차별점이 없는 것과 다름없다.

차별화는 여러 측면에서 설계될 수 있다. 핵심 기능에서의 명확한 우위, 사용 과정의 편리함과 직관성, 브랜드가 전달하는 정서적 안정감, 서비스와 지원의 품질, 더 나아가 사회적·윤리적 가치까지 모두 차별화 요소가 될 수 있다. 중요한 것은 어떤 요소를 선택하든, 그 차별점이 제품 경험 전반에 걸쳐 일관되게 나타나야 한다는 점이다.

결국 차별화란 '우리가 얼마나 뛰어난가'를 설명하는 것이 아니라, '고객이 왜 이 제품을 선택해야 하는가?'를 명확히 제시하는 인식의 설계이다.

가격 전략의 네 가지 주요 접근 방식

가격은 단순히 원가를 계산한 결과가 아니다. 가격은 포지셔닝 전략의 연장선으로, 고객이 인지한 가치에 대해 지급할 의사가 있는 금액을 수치로 나타낸 것이다. 동일한 기능을 가진 제품이라도 어떻게 인식되느냐에 따라 가격 수용 범위는 크게 달라질 수 있다. 특히 자원이 제한된 스타트업에게 가격 결정은 '얼마를 받을 것인가'의 문제가 아니라, 어떤 방식으로 시장에 진입하고 성장할 것인지를 선택하는 중요한 과정이다. 실무에서 널리 활용되는 가격 결정 방법은 크게 네 가지로 나눌 수 있다.

① 비용 기반 가격 책정(Cost-based Pricing): 최소 수익성을 확보하기 위한 출발점

비용 기반 가격 책정은 제품이나 서비스의 단위당 총비용(생산, 유통, 마케팅 등)을 산출한 후, 일정한 이윤을 더해 가격을 결정하는 방식이다. 이 방법은 계산이 간단하며, 원가를 회수하면서 기본적인 수익성을 확보할 수 있어 초기 기업이 가격의 '최소 기준선'을 설정할 때 매우 유용하다.

다만, 이 방식은 내부 비용에만 초점을 맞추기 때문에 시장 수요, 경쟁 가격, 고객의 가치 인식을 충분히 반영하지 못하는 한계가 있다. 그 결과 가격이 지나치게 높아져 구매를 저해하거나, 반대로 너무 낮아져 가치 대비 수익성을 잃을 위험이 있다. 따라서 원가 기반 가격 책정은 단독으로 사용하기보다는 시장 조사와 경쟁 분석을 함께 활용하여 마크업을 유연하게 조정하는 하이브리드 방식으로 운영할 때 더욱더 효과적이다.

② 손익분기점 가격: '시장 진입'을 위한 단기 전략

손익분기점 가격 설정은 총수익과 총비용이 일치하는 지점을 기준으로 가격을 결정하는 방법이다. 이 전략은 이익 극대화보다는 빠른 시장 진입, 초기 고객 확보, 경쟁 억제와 같은 단기 목표 달성에 적합하다. 특히 가격에 민감한 시장에서 신속하게 점유율을 확대하고 브랜드 인지도를 높이는 데 효과적으로 활용될 수 있다.

그러나 손익분기점 수준의 가격을 장기간 유지하면 재투자 여력이 부족해져 성장 동력이 약화될 수 있다. 또한, 낮은 가격이 지속되면 제품의 가치가 저평가되어 브랜드 이미지에도 부정적인 영향을 미칠 수 있다. 따라서 이 전략을 실행할 때는 처음부터 언제, 어떤 조건에서 수익성 중심의 가격 정책으로 전환할지에 대한 명확한 로드맵을 함께 수립하는 것이 중요하다.

③ 실세 가격(시장 평균): "안정적이지만 위험을 내포한" 경쟁 적합형

실세 가격은 동일하거나 유사한 제품의 시장 평균 가격을 기준으로 책정하는 방식이다. 가격 벤치마크가 명확한 산업에서는 신속하게 경쟁력 있는 가격을 설정할 수 있으며, 고객이 '과도하게 비싸다'라고 느끼는 거부감을 줄이는 데에도 효과적이다.

하지만 시장 평균 가격에만 의존할 경우, 제품 고유의 가치 제안이 약화되어 결국 차별화 없는 가격 경쟁으로 이어질 위험이 있다. 경쟁이 치열한 시장에서는 평균 가격 자체가 하락하며 가격 전쟁이 발생할 수 있고, 특히 규모의 경제가 약한 신생 기업은 수익성 유지가 더욱 어려워진다. 따라서 실세 가격은 편리한 참고 지표가 될 수 있지만, 차별화 전략과 함께 사용하지 않으면 장기적인 경쟁력 확보에 한계가 있을 수 있다.

④ 가치 기반 가격(Value-based Pricing): 고객이 인식하는 "가치"를 가격에 반영하는 프리미엄 전략

가치 기반 가격은 비용이나 경쟁사 가격이 아닌 고객이 인식하는 가치를 기준으로 가격을 책정하는 방식이다. 이는 차별화가 뚜렷하거나 브랜드, 품질, 독점성이 중요한 시장에서 특히 효과적이며, 주로 두 가지 방법으로 적용된다.

프리미엄 가격은 독점성, 뛰어난 품질, 그리고 강력한 브랜드 이미지를 기반으로 책정된다. 성공을 위해서는 '비싼 가격이 정당한 이유'가 될 수 있도록 품질, 경험, 그리고 브랜드 신뢰가 반드시 뒷받침되어야 한다.

가치 기반 가격 책정은 고객이 얻는 구체적인 혜택(문제 해결, 비용 절감, 시간 단축 등)과 지급 의사를 토대로 가격을 결정하는 방식이다. 이를 위해서는 고객 세그먼트별 기대 가치와 가격 민감도에 대한 세밀한 분석이 필수적이다.

이 접근법이 성공하면 높은 마진과 강력한 브랜드 자산을 동시에 확보할 수 있다. 반면, 가치 전달이 미흡하거나 의사소통이 부적절하면 가격이 '비싸다'라는 인식으로 바뀌어 수요가 급격히 감소할 수 있다. 따라서 가치 기반 가격 책정의 성패는 명확한 가치 제안과 설득력 있는 메시지 설계에 달려 있다.

어떤 가격 전략을 선택하든, 가격의 일관성, 투명성, 그리고 설명 가능성은 항상 중요한 원칙이다. 고객이 가격을 명확히 이해할 수 있을 때, 가격은 저항이 아닌 신뢰의 표시가 된다.

포지셔닝과 가격의 상호작용 효과

포지셔닝이 고객이 제품을 선택하는 이유를 만든다면, 가격은 그 선택을 실제 구매로 이어지게 하는 마지막 관문이다. 아무리 매력적인 포지셔닝을 갖추었더라도 가격이 그 인식과 맞지 않으면 고객은 망설이거나 떠나기 쉽다. 반대로 가격이 포지셔닝과 일치할 때, 고객은 '합리적인 선택을 했다'라는 확신을 가지게 된다.

이러한 결합이 효과적으로 이루어진 제품은 단기적인 매출에 그치지 않는다. 가격은 브랜드 신뢰도를 높여주고, 포지셔닝은 장기적인 고객 충성도를 구축한다. 그 결과, 제품은 단순한 판매를 넘어 지속 가능한 수익 구조와 브랜드 자산으로 성장하게 된다.

포지셔닝과 가격은 각각 별도로 최적화해야 할 대상이 아니라, 하나의 전략적 언어로 통합되어야 한다. 고객 경험, 메시지, 유통, 프로모션, 수익 모델이 이 두 축을 중심으로 일관되게 정렬될 때 비로소 전략이 강력한 힘을 발휘한다. 제품의 포지셔닝과 가격을 효과적으로 결합하는 방법의 하나로 가격·품질 매트릭스가 있다.

가격 · 품질 매트릭스 활용하기

가격·품질 매트릭스는 한 번 작성하고 끝내는 도표가 아니다. 시장은 끊임없이 변화하며, 고객의 기대와 경쟁 구도도 계속해서 재편된다. 따라서 이 매트릭스는 현재의 위치를 진단하고 향후 조정 방향을 결정하는 동적인 도구로 활용해야 한다. 기업은 판매 데이터, 고객 반응, 경쟁사 동향, 핵심 성과지표(KPI)를 주기적으로 점검하며 가격 정책을 지속적으로 업데이트해야 한다. 매트릭스에서 얻은 인사이트는 단순히 '비싸게 팔 것인가, 싸게 팔 것인가'의 문제가 아니라, 우리가 제공하는 품질과 가치가 시장에서 어떤 의미로 받아들여지는지를 확인하는 과정이 된다.

매트릭스는 일반적으로 네 가지 가격 전략을 제시한다.

① 프리미엄 가격: 고품질이 정당화하는 합리적인 가치

프리미엄 가격의 목적은 단순히 높은 가격을 책정하는 데 있지 않다. 진정한 핵심은 고객이 "이 제품은 가격이 비싸지만 그만한 가치가 있다"라고 느낄 수 있도록 차별화된 가치와 경험을 제공하는 데 있다. 이를 위해 제품의 성능, 소재, 디자인, 기술력과 같은 눈에 보이는 요소뿐만 아니라, 브랜드가 주는 신뢰, 서비스 경험, 상징성과 같은 무형의 가치까지 함께 고려하여 설계해야 한다.

다만, 프리미엄 전략은 관리가 까다롭다는 점을 염두에 두어야 한다. 품질의 일관성이 무너지면 신뢰가 급격히 손상되고, 높은 가격을 정당화할 만한 설명과 근거가 부족할 경우 고객은 빠르게 이탈할 수 있다. 스타트업에게 프리미엄 전략은 가격 경쟁을 피하면서 수익성을 확보할 좋은 기회가 될 수 있지만, 진정한 품질, 명확한 타깃 설정, 그리고 초기부터 일관된 브랜드 이미지 구축이 반드시 선행되어야 한다.

② 침투 가격 전략: 빠른 진입으로 시장을 선점하라

침투 가격 전략은 시장 진입 초기 단계에서 낮은 가격을 책정하여 고객의 경험을 빠르게 확산시키는 방법이다. 특히 대체재가 많고 가격에 민감한 시장에서 효과가 뛰어나다. 이 전략은 단기간 내에 고객을 확보하고 브랜드 인지도를 높이는 데 유리하며, 초기 이용 경험이 만족스러울 경우 재구매와 긍정적인 입소문으로 이어질 수 있다.

그러나 낮은 가격은 곧 수익성에 대한 압박으로 이어질 수 있다. 또한 '저가 브랜드'라는 인식이 굳어지면 이후 가격 인상 시 소비자들의 저항이 커질 가능성이 높다. 따라서 침투 전략을 적용할 때는 기간과 목적을 명확히 설정하고, 이후 단계에서는 점진적인 가격 조정과 함께 브랜드 가치 강화를 위한 의사소통 전략을 함께 마련하는 것이 중요하다.

③ 이코노미 가격: "필수만 남기고 저렴하게"라는 선택

이코노미 전략은 불필요한 요소를 과감히 제거하고 필수 품질을 유지하면서도 저렴한 가격을 제공하는 방식을 말한다. 이 전략은 가격에 민감한 고객의 구매 장벽을 낮추고 판매를 촉진하는 데 강점을 지니며, 운영 효율성을 확보할 때 '가성비 브랜드'로서 신뢰를 쌓을 수 있다.

반면, 가격 중심의 고객은 충성도가 낮아 이탈 가능성이 높으며, 지나치게 저렴한 이미지가 향후 사업 확장에 제약을 줄 수 있다. 특히 스타트업은 대기업에 비해 비용 경쟁력이 떨어지기 때문에 단순한 저가 경쟁에 뛰어들 때 소모전으로 이어질 위험이 크다. 따라서 이 전략의 성공 여부는 비용 리더십(공정, 공급망, 규모의 경제) 확보와 최소 품질 기준의 철저한 준수에 달려 있다.

④ 스키밍 가격 전략: 초기에는 높은 가격으로 수익을 회수하고, 이후 점진적으로 가격을 낮추며 시장을 확장하라

스키밍 전략은 제품 출시 초기에는 혁신성, 희소성, 상징 가치를 중시하는 얼리어답터를 대상으로 높은 가격을 책정해 수익을 극대화하고, 이후 점차 가격을 인하하여 시장을 확대하는 방식이다. 이 전략은 특히 혁신적인 제품이나 프리미엄 이미지를 강조하는 산업에서 널리 활용된다.

핵심 리스크는 두 가지로 요약할 수 있다. 첫째, 가격 인하가 예상보다 빠르게 이루어질 때 초기 구매자들의 불만이 커져 브랜드 신뢰도가 하락할 수 있다. 둘째, 가격 조정이 늦어지면 시장 확대가 지연되어 경쟁사에 기회가 주어질 위험이 있다. 따라서 스키밍 전략을 수립할 때는 가격 인하 시점과 폭, 그리고 의사소통 방침을 미리 명확히 정하고, 고객의 감정과 브랜드 신뢰를 동시에 관리하는 것이 중요하다.

성공과 실패 사례

□ 프리미엄 가격 전략: 가치가 가격을 정당화할 때

- **성공 사례 – 애플(Apple)** 아이폰은 높은 가격에도 불구하고 뛰어난 품질과 세련된 디자인, 탄탄한 생태계, 그리고 '혁신'이라는 이미지를 통해 차별화된 가치를 제공하며 충성도 높은 고객층을 확보했다. 가격은 단순한 기능의 척도가 아니라, 사용자들의 지위와 특별한 경험을 상징하는 요소로 인식되었다.

- **실패 사례 - 루이뷔통의 중국 진출 초기** 지나치게 높은 가격 정책과 희소성 마케팅은 단기적으로 관심을 모았으나, 모조품 확산과 과시적 소비 이미지로 인해 브랜드 신뢰도가 약화하였다.

□ **침투 가격 전략: 빠른 속도로 시장을 장악하라**

- **성공 사례 - 넷플릭스** 저렴한 초기 구독료로 빠르게 이용자를 확보한 후, 점진적인 가격 인상과 콘텐츠 강화로 충성도를 유지하며 시장 지배력을 확장했다.
- **실패 사례 - 지오폰(JioPhone)** 초저가 전략을 통해 빠르게 가입자를 확보하는 데는 성공했지만, '저품질'이라는 인식을 불러일으켜 가격 인상 시 대규모 이탈로 이어졌다.

□ **이코노미 가격 전략: 가성비가 신뢰를 얻을 때**

- **성공 - 알디(Aldi)** 불필요한 비용을 과감히 줄이고 필수 품질에 집중함으로써 '가성비 브랜드'로 자리매김하며 탄탄한 충성 고객층을 확보했다.
- **실패 - K마트(Kmart)** 비용 효율성과 품질 관리에 실패하면서 '저렴하지만 신뢰하기 어려운 브랜드'라는 인식이 자리 잡아 경쟁력을 잃었다.

□ **스키밍 가격 전략: 초기 가치에서 대중 시장으로의 전환**

- **성공 - 애플** 아이폰 초기 출시 고가 정책으로 얼리어답터를 공략해 개발비를 회수한 후, 점차 가격을 인하하며 시장을 확대하고 프리미엄 이미지를 유지했다.
- **실패 - 소니** 베타맥스 기술적으로 우수했음에도 불구하고 초기의 높

은 가격 정책으로 인해 대중화에 실패하였고, 결국 경쟁 표준에 밀려 시장에서 퇴출당하고 말았다.

핵심 시사점: 가격 전략의 성공 여부는 단순히 '얼마나 저렴하거나 비싼 가?'에 달린 것이 아니라, 가격이 전달하는 가치와 시장의 인식이 얼마나 일치하는지에 달려 있다. 각 전략은 명확한 목적과 적절한 전환 시점을 갖출 때 비로소 경쟁력을 갖출 수 있다.

실전 점검표

포지셔닝 & 가격 전략 점검표

항목	질문
타깃 대상 설정	우리는 누구를 대상으로 하는가?
차별성	경쟁사와 확실히 구별되는 점은 무엇인가?
핵심 메시지	한 문장으로 설명해 줄 수 있는가?
가치 전달	고객은 이 제품을 통해 어떤 '가치'를 경험하게 될까?
가격 전략	우리의 가격 전략은 어떤 기준을 바탕으로 수립되었는가?
가격 인식	우리의 가격은 고객에게 어떻게 인식되고 있을까?

연습 문제

나만의 포지셔닝과 가격 전략 수립하기

1. 내 제품의 목표 고객을 한 문장으로 정의하시오.

2. 경쟁 제품 2종과의 차별점을 표로 정리해 보시오.

3. 우리 제품의 가치를 반영한 가격 전략은 무엇이며, 그에 대한 근거는 무엇인
   가요?

맺음말

이 장에서 다룬 제품 및 서비스 전략의 핵심은 '무엇을 만들 것인가'에 있지 않고, '어떤 문제를 어떻게 해결하며 그 가치를 어떻게 전달할 것인가'에 있다. 고객 여정과 고충 지점을 이해하는 것에서 출발해, MVP 기반의 반복 검증 과정을 거치고, 포지셔닝과 가격 전략으로 이어지는 일련의 흐름은 제품 개발을 단순한 일회성 출시가 아닌 지속적인 학습과 조정의 과정으로 재정의한다. 성공적인 제품은 처음부터 완벽했기 때문이 아니라, 가장 빠르게 배우고 가장 정확하게 개선해 왔기 때문에 탄생한다.

포지셔닝과 가격은 별개의 의사결정이 아니라 하나의 전략적 언어로서 함께 작용한다. 고객의 인식 속에 자리 잡은 의미와 가격이 일치할 때, 제품은 단순한 기능을 넘어 신뢰와 브랜드 자산으로 확장된다. 결국 이 장이 전하는 메시지는 명확하다. 제품 전략은 출시 순간에 끝나는 작업이 아니라, 시장과 끊임없는 소통을 통해 지속적으로 진화하는 살아 있는 시스템이며, 이러한 일관된 학습 구조를 갖춘 창업가만이 불확실한 경쟁 환경 속에서도 지속 가능한 성장을 이룰 수 있다.

· 8장 ·
시장 진입 및 마케팅 전략

"시장 진입은 인식의 싸움이다. 브랜드는 고객의 머릿속에 자리를 선점해야 한다."

- 알 리스, 마케팅 전략가

피터 드러커는 "마케팅의 목적은 판매를 필요 없게 만드는 것"이라고 말했다. 이는 마케팅이 단순한 홍보 기법을 넘어서, 고객이 스스로 제품을 선택하도록 만드는 전략적 구조를 설계하는 과정임을 뜻한다. 성공적인 마케팅은 감각이나 우연에 의존하지 않으며, 철저한 시장 분석과 고객에 대한 깊은 이해라는 분석적 토대 위에서 비로소 효과를 발휘한다.

이 장에서는 제품을 만든 후 '어떻게 판매할 것인가'에 대한 사후적 접근을 넘어서, 처음부터 누구를 위해 어떤 가치를 제공할지 설계하는 마케팅의 본질을 다룬다. 시장을 세분화하고 타깃 고객을 명확히 정의하며, 경쟁 환경을 분석하여 차별화된 포지셔닝과 브랜드 전략을 수립하는 과정을 하나의 전략적 흐름으로, 체계적으로 정리한다.

이를 통해 독자들은 시장과 고객을 마케팅 관점에서 체계적으로 이해하고, 단기적인 성과에 머무르지 않는 지속 가능한 경쟁 우위를 창출할 수 있는 실질적인 마케팅 전략의 틀을 갖추게 될 것이다.

1. 시장 세분화와 타깃팅:
'모두'를 지양하고 '특정 고객'을 선택하라

시장 세분화의 전략적 중요성

시장 세분화는 광범위하고 다양한 시장을 전략적으로 분석하여 한정된 자원을 가장 효과적으로 집중할 수 있는 핵심 출발점이다. 이는 전체 시장을 여러 특성에 따라 나누어 동질적인 고객 집단으로 구분하는 과정으로, 기업이 고객의 요구와 선호를 더욱 정확하게 파악하고 차별화된 가치를 제공할 수 있도록 돕는다.

중요한 점은 시장 세분화가 단순한 분류 작업에 그치지 않는다는 사실이다. 이는 기업의 마케팅 전략 전반을 결정하는 전략적 출발점으로, '모든 고객을 대상으로 하는 접근'에서 벗어나 '선택과 집중'을 가능하게 하는 사고의 전환을 의미한다. 특히 고객의 다양성과 요구가 복잡해진 현대 시장에서는 획일적인 대량 시장 접근 방식이 점차 효과를 잃고 있으며, 특정 특성을 공유하는 고객 집단에 맞춘 정교한 전략이 필수적이다.

시장 세분화의 주요 목적은 네 가지로 정리할 수 있다.

첫째, 한정된 자원을 반응 가능성이 높은 고객에게 집중하여 효율성을 극대화하는 것이다.

둘째, 고객의 문제를 더욱 구체적으로 파악하고, 이에 맞는 맞춤형 해결책을 설계하기 위함이다.

셋째, 대기업과의 직접적인 경쟁을 피하면서 특정 틈새시장에서 경쟁 우위를 확보하는 데 있다.

넷째, 향후 제품 및 브랜드 확장을 위한 전략적 기반을 마련하는 것이다.

이와 같은 목적을 바탕으로 시장 세분화는 기업에 다양한 실질적 이점을 제공한다. 우선, 마케팅 예산과 인력, 시간 등 제한된 자원을 가장 효과적인 고객층에 집중함으로써 자원의 효율성을 극대화할 수 있다. 또한, 세분된 고객의 구체적인 문제와 상황을 반영한 제품과 서비스를 설계하여 고객 만족도를 높이고, 장기적인 브랜드 충성도를 구축할 수 있다.

더 나아가, 고객의 언어와 행동에 맞춘 메시지 전달은 참여도와 전환율을 높여 실질적인 매출 성과로 이어진다. 특정 세그먼트에 집중하는 전략은 해당 분야에서 전문성과 신뢰를 쌓게 하여, 경쟁사보다 앞서 고객과의 관계를 구축할 수 있는 기반이 된다. 또한, 세분화 과정은 새로운 고객층이나 미개척 수요를 발견하게 하여 기존 제품의 새로운 적용 가능성과 혁신의 기회를 제공한다.

결국 시장 세분화는 고객 중심의 사고를 바탕으로 전략적 우선순위를 재정립하고, 기업이 지속적으로 성장할 수 있는 구조를 설계하는 핵심 도구라 할 수 있다. 이는 단기적인 마케팅 기법을 넘어, 기업의 장기적인 경쟁력과 방향성을 결정하는 전략적 기반이 된다.

주요 시장 세분화 기준 사항

시장 세분화를 실행할 때, 고객을 어떤 기준으로 나누느냐가 전략의 성과를 좌우하는 핵심 요소이다. 세분화 기준은 크게 네 가지 범주로 나눌 수 있다.

첫째, 인구통계학적 세분화는 나이, 성별, 소득, 직업, 학력 등 객관적인 통계 자료를 기반으로 하며, 가장 널리 활용되는 기준이다. 예를 들어, 고령자를 위한 건강 보조식품이나 대학생을 대상으로 한 저가 패션 브랜드가 이에 해당한다.

행동	인구통계적	심리학적	지리적
행동 특성에 따라 고객을 세분화	공유된 특성을 기반으로 고객을 세분화	가치와 라이프스타일을 기반으로 고객을 세분화	지리적 위치를 기준으로 고객을 세분화
기업이 고객이 어떻게, 언제, 왜, 얼마나 자주 구매하는지 이해하는 데 도움이 된다	연령, 성별, 민족, 연봉 등의 정보를 활용 한다	핵심 성격 요인을 사용한다	계절성 또는 지역 제한에 대한 광범위한 세분화를 한다
통찰력은 고객이 구매할 가능성이 가장 높을 때 고객에게 접근하는 데 사용	정보 수집 비용이 저렴하고 구현이 쉽다	정확하고, 상세하며, 훨씬 더 예측 가능하고 효과적이다	다른 세분화 방법과 함께 사용하면 가장 효과적이다
수집하는 데 비용이 많이 들 수 있으며 지금까지 구매한 모든 사람이 같은 이유로 구매하는 것은 아니다	나이, 성별이 같은 사람들은 모두 같은 생각, 감정을 가지고 있다고 가정한다	데이터 수집하는데 비용이 많이 들고 수집 및 해석이 어렵다	같은 지역에 사는 모든 사람이 같은 필요를 가지고 있는 것은 아니다

네 가지 유형의 시장 세분화

둘째, 지리적 세분화는 국가, 지역, 기후, 도시 규모 등 다양한 지리적 요소를 기준으로 이루어진다. 기후에 따라 동일한 제품이라도 지역별로 차별화된 전략이 필요하며, 지방과 수도권 간의 소비 패턴도 크게 다를 수 있다.

셋째, 심리적 세분화는 고객의 성격, 가치관, 라이프스타일, 관심사 등을 기반으로 이루어지며, 소비자의 감정과 태도에 중점을 둔 브랜드 전략에 매우 효과적이다. 예를 들어, '욜로(YOLO)' 세대나 '소소하지만 확실한 행복'을 중요하게 여기는 소비자들이 이러한 기준에 따라 세분될 수 있다.

넷째, 행동적 세분화는 고객의 구매 빈도, 충성도, 브랜드에 대한 반응, 혜택 민감도 등을 기준으로 이루어진다. 예를 들어, 특정 제품을 반복적으로 구매하는 충성 고객과 할인 쿠폰에만 반응하는 가격 민감 고객은 각각 다른 마케팅 전략이 필요하다.

다양한 세분화 기준을 복합적으로 적용하면 기업은 더 정밀하고 현실적인 고객 세그먼트를 도출할 수 있다. 중요한 것은 기준의 수가 아니라, 각 세그먼트를 구체적이고 측정할 수 있게 정의하여 실제 실행 가능한 전략으로 연결하는 것이다. 이러한 체계적인 시장 세분화는 마케팅에만 국한되지 않고, 제품 개발, 고객 관리, 브랜드 포지셔닝, 비즈니스 모델 설계 등 전반적인 전략 수립에 중요한 역할을 한다. 고객에 대한 깊은 이해를 바탕으로 한 세분화 전략은 단기적인 성과를 넘어, 기업이 시장을 선도하는 경쟁력으로 성장할 수 있는 기반이 된다.

전략 목표에 부합하는 통합적 시장 세분화 접근법

효과적인 시장 세분화는 단순히 고객을 나누는 기술이 아니라, 기업의 전략적 목표와 실행 여건에 가장 적합한 기준을 선택하고 이를 통합적으로 활용하는 전략적 판단의 결과이다. 어떤 세분화 방법도 보편적으로 우월하지 않으며, 그 유효성은 기업이 처한 시장 상황, 제품 특성, 성장 단계, 자원 수준에 따라 달라진다. 성공적인 세분화란 하나의 정답을 찾는 것이 아니라, 목적에 부합하는 기준을 선별하여 다차원적인 고객 이해 체계를 구축하는 과정이다.

세분화 기준의 선택은 기업의 전략적 방향과 밀접하게 연관되어 있다. 신규 시장 진입을 목표로 한다면, 지역별 특성과 진입 장벽을 고려한 지리적 세분화가 효과적이다. 반면, 기존 고객의 재구매와 충성도 강화를 중시할 때 구매 빈도와 사용 패턴을 중심으로 한 행동적 세분화가 유용하다. 또한, 브랜드 정체성 강화를 원한다면 고객의 가치관과 라이프스타일을 반영한 심리적 세분화가 중요한 역할을 한다. 대중 소비재 시장에서는 인구통계학적 세분화가 여전히 실용적인 기준으로 활용된다.

제품의 특성과 구매 의사결정 구조는 세분화 기준에 큰 영향을 미친다. 고가이거나 맞춤형, 또는 전문성이 요구되는 제품일수록 고객의 동기, 감정, 가치 인식을 이해하는 심리적·행동적 세분화가 적합하다. 반면, 일상 소비재나 가격에 민감한 제품은 인구통계학적·지리적 기준만으로도 충분히 타깃팅할 수 있다.

실행 가능성 역시 중요한 고려 사항이다. 세분화가 정교해질수록 더 많은 데이터와 분석 역량이 필요하므로, 자원이 제한된 스타트업이나 중소기업은 기본적인 세분화부터 시작해 점진적으로 고도화하는 접근이 현실적이다. 이러한 방법은 초기 자원 부담을 줄이면서도 중장기적으로 전략의 정밀도를 높일 수 있는 효과적인 방안이다.

오늘날 가장 효과적인 시장 세분화 전략은 단일 기준에 의존하지 않고, 인구통계학적, 지리적, 심리적, 행동적 요소를 통합적으로 활용하는 방식이다. 이러한 통합 세분화는 고객을 여러모로 이해할 수 있게 하여, 마케팅 메시지 설계, 콘텐츠 기획, 제품 제안, 채널 선택 등 실행 단계에서 높은 정밀도와 효율성을 제공한다. 그 결과, 기업은 마케팅 자원을 반응 가능성이 가장 높은 고객군에 집중할 수 있으며, 시장 변화에도 유연하게 대응할 수 있는 전략적 민첩성을 갖추게 된다.

결국 시장 세분화는 단순한 고객 분류를 넘어, 전략적 통찰과 실행 역량을 연결하는 핵심 경영 도구이다. 기업의 목표와 자원, 제품 특성을 종합적으로 고려한 통합적인 세분화 전략은 정교한 마케팅 실행, 강력한 브랜드 관계 구축, 그리고 지속 가능한 성장으로 이어진다. 변화하는 시장 환경 속에서 성공하는 기업은 '누구에게 팔 것인가'를 넘어서 '왜 이들이 우리의 고객이어야 하는가?'에 대한 명확한 답을 제시할 수 있어야 하며, 시장 세분화는 그 해답을 찾는 가장 강력한 출발점이 된다.

타깃팅 전략의 선정

시장 세분화가 고객 집단을 구분하고 이해하는 과정이라면, 타깃팅은 그중 어느 고객층에 집중할지를 결정하는 전략적 선택이다. 이는 기업의 자원 규모, 제품 특성, 경쟁 환경에 따라 달라지며, 명확한 선택이 마케팅 효율성과 시장 성과를 좌우한다. 일반적으로 타깃팅 전략은 세 가지 유형으로 나뉜다.

첫째, 집중 타깃팅은 하나의 세그먼트에 자원과 역량을 집중하는 전략이다. 자원이 제한적인 스타트업이나 틈새시장을 공략하는 기업에 적합하며, 특정 고객군에 대한 깊은 이해와 전문성을 바탕으로 강력한 포지셔닝을 구축할 수 있다. 초기 시장 진입 시 위험을 줄이고 브랜드 정체성을 빠르게 확립하는 데 효과적이다.

둘째, 차별적 타깃팅은 두 개 이상의 세그먼트를 동시에 공략하면서 각 세그먼트에 맞게 제품과 메시지를 차별화하는 전략이다. 이 방법은 더 많은 자원을 필요로 하지만, 수익원을 다변화하고 시장 내 경쟁 우위를 강화할 수 있다. 또한, 다양한 고객의 요구를 세밀하게 충족시키는 데에도 효과적이다.

셋째, 비차별적 타깃팅은 전체 시장을 하나의 집단으로 간주하여 단일 제품과 통합된 메시지를 사용하는 전략이다. 이 방식은 대량 생산과 유통을 통해 규모의 경제를 실현하며, 가격 경쟁력과 효율성을 중시한다. 다만, 차별화보다는 보편적인 소비자 요구 충족에 초점을 맞추는 점이 특징이다.

어떤 타깃팅 전략을 선택하든 중요한 것은 단순히 무엇을 선택했는지가 아니라, 그 전략이 현재의 목표와 자원에 왜 적합한지에 대한 명확한 근거를 제시하는 것이다. 특히 스타트업의 경우, 집중 타깃팅을 통해 명확한 포지셔닝을 확보한 후 단계적으로 시장을 확장하는 접근법이 현실적이다. 이러한 방법은 초기 위험을 줄이고 마케팅 효율을 극대화하는 데 매우 효과적이다.

천연 유기농 피부관리 브랜드 퓨어젠은 대기업이 주도하는 화장품 시장에서 경쟁력을 강화하기 위해 다차원적 시장 세분화 전략을 도입했다. 우선, 수도권에 거주하는 20대 후반에서 40대 초반 사이의 중상위 소득층 여성 중 민감성 피부를 가진 집단을 1차 타깃으로 설정했다. 여기에 친환경 화장품, 환경 보호, 윤리적 소비를 중시하는 라이프스타일과 최소주의 성향을 반영한 심리적 세분화를 적용했으며, 성분 분석 앱 사용, 유기농 편집숍 선호, 얼리어답터 성향 등 행동적 특성도 함께 분석했다.

이와 같은 통합 세분화 전략을 바탕으로 퓨어젠은 최소 성분 설계, 친환경 패키징, 전문가 협업 콘텐츠, 친환경 화장품 인플루언서 마케팅, 공병 수거 캠페인 등 차별화된 실행 방안을 펼쳤다. 그 결과, 퓨어젠은 단순한 화장품 브랜드를 넘어 윤리적 가치와 자기 정체성을 중시하는 고객들과 깊은 공감대를 형성하며 시장에서 성공적으로 자리매김할 수 있었다.

주요 시사점 퓨어젠 사례는 세분화가 단순히 인구통계학적 구분에 머무르지 않고, 고객의 가치관과 행동을 깊이 이해하는 전략적 도구로 활용될 때 브랜드의 방향성과 포지셔닝을 더욱 강화할 수 있음을 보여준다. 즉, 고객이 '누구인가'에 집중하기보다 '왜 선택하는가?'에 초점을 맞춘 세분화가 차별화의 핵심임을 시사한다.

[사례 2] 타깃팅 전략의 실제 적용 사례

한 지역의 한 베이커리는 대중 시장을 겨냥한 확산 전략 대신, 비건이면서 글루텐에 민감한 소비자라는 명확한 틈새시장에 집중했다. 이들은 건강과 윤리적 소비 성향을 고려해 비건 원료만을 사용하고 무글루텐 레시피를 개발했으며, 브랜드 메시지도 '맛과 건강을 동시에 만족시키는 신뢰할 수 있는 베이커리'라는 방향으로 일관되게 유지했다. 마케팅은 대규모 광고 대신 SNS와 고객 추천에 집중했고, 만족한 고객들이 자발적으로 브랜드 홍보자가 되어 입소문이 자연스럽게 퍼졌다. 그 결과, 지역 기반 사업임에도 불구하고 전국 단위의 온라인 주문이 증가하며 독보적인 입지를 다질 수 있었다. ─ 베이커리 공동 창업자 D

주요 시사점 이 사례는 집중 타깃팅 전략의 효과를 잘 보여준다. 모든 고객을 만족시키려 하기보다는 특정 고객의 가치와 요구에 깊이 집중할 때, 브랜드는 강력한 정체성과 높은 충성도를 동시에 얻을 수 있다. 특히 틈새 시장에서의 명확한 전문성은 광고비보다 더 강력한 마케팅 자산이 되며, 고객을 단순한 구매자가 아닌 자발적인 홍보자로 전환할 수 있음을 시사한다.

전략 수립을 위한 필수 점검표

□ 실제 세분화 전략을 수립하기 전에 반드시 다음 사항들을 점검해야 한다.

- 우리의 제품이나 서비스가 가장 큰 가치를 제공할 수 있는 고객은 누구일까?
- 설정한 세그먼트의 규모가 적절하며, 측정할 수 있는 특성을 갖추고 있는가?
- 해당 세그먼트에 도달할 수 있는 미디어 채널이나 소통 수단이 확보되어 있는까?
- 세그먼트가 우리 브랜드의 비전, 자원, 역량 및 전략과 잘 조화를 이루고 있는가?
- 여러 세분화 기준 중 어떤 조합이 가장 깊이 있고 실용적인 통찰을 제공할 수 있을까?

□ 타깃팅 전략을 구체화하기 위해 다음의 질문들을 통해 점검해 보자.

- 내 제품이나 서비스를 통해 가장 큰 혜택을 누릴 수 있는 고객은 누구일까?
- 설정한 타깃 세그먼트가 충분한 규모를 갖추고 있고, 측정할 수 있는 특성이 있는가?
- 해당 세그먼트에 도달할 수 있는 미디어 채널이나 소통 수단을 보유하고 있는가?
- 이 세그먼트가 브랜드 철학, 비전, 그리고 자원 역량과 잘 부합하는가?
- 타깃팅 전략을 변경할 때 예상되는 기회와 위험은 무엇인가?

<h1 align="center"><u>연습 문제</u></h1>

1. 새로운 비건 레스토랑을 창업한다고 가정할 때, 인구통계학적, 지리적, 심리적, 행동적 기준에 따라 각각 두 가지 세그먼트를 정의하고, 각 기준을 선택한 이유를 설명하시오.

2. 세분화의 핵심 조건 중 하나라도 빠지면 발생할 수 있는 문제점을 가상의 사례를 통해 구체적으로 설명하시오.

3. 구독 경제 서비스(예: 넷플릭스, 정기 배송 플랫폼)에서 효과적으로 활용되는 세분화 방법을 분석하고, 이러한 방법이 해당 서비스의 특성과 어떻게 연관되는지 설명하시오.

4. 현재 귀하의 비즈니스에 가장 적합한 타깃팅 전략이 무엇인지 설명해 주십시오. 집중 전략, 차별화 전략, 비차별화 전략 중 어떤 방식을 선택하는 것이 효과적인지, 그 이유와 함께 서술해 보시오.

5. 현재 설정된 마케팅 대상이 진정한 이상 고객인지 평가해 보십시오. 만약 그렇지 않다면, 어떤 세그먼트가 더 적합한지 분석해 보시오.

6. 타깃팅 전략을 전환할 때 발생할 수 있는 위험과 기회 요소를 구체적인 사례와 함께 설명해 보시오.

2. 경쟁 분석 방법: 시장을 통찰하는 구조적 시선

경쟁 분석의 핵심 내용

아무리 뛰어난 제품과 혁신적인 아이디어를 갖추고 있더라도, 고객이 그 가치를 인지하고 선택하지 않는다면 시장에서 성공하기 어렵다. 반면, 기능이나 외형이 비슷한 제품이라도 명확한 차별화와 포지셔닝이 이루어진다면 고객의 선택을 끌어낼 수 있다. 이처럼 경쟁 분석은 단순히 경쟁사를 파악하는 것을 넘어, 우리 기업이 시장에서 어떤 위치를 차지할지 결정하는 전략적 과정이다.

경쟁 분석의 핵심 목적은 세 가지 질문에 답하는 데 있다. 첫째, 고객의 관점에서 우리 제품과 경쟁하는 실질적인 대안이 무엇인지 파악하는 것이다. 여기에는 직접적인 경쟁사뿐만 아니라, 동일한 문제를 해결하는 모든 선택지가 포함된다. 둘째, 경쟁사들이 어떤 고객을 대상으로 어떤 가치 제안과 메시지로 시장을 공략하는지 이해하는 것이다. 이를 통해 경쟁사의 전략적 의도와 시장 내 역할을 명확히 알 수 있다. 셋째, 우리 제품이 경쟁 대안과 어떤 차별점을 가지고 있으며, 그 차별점이 고객에게 어떤 의미를 전달하는지 분명히 정의하는 것이다.

이러한 분석은 단순한 기능 비교를 넘어서, 고객 가치를 중심으로 한 포지셔닝 전략과 연결되어야 한다. 경쟁 분석의 목적은 '누가 더 우수한가?'를 판단하는 데 있지 않다. 오히려 우리가 경쟁에서 승리할 수 있는 전장을 명확히 정의하고, 그 전장에서 독보적인 가치를 창출하는 데 있다. 이 과정에서 기업의 내부 역량과 외부 환경을 함께 살펴볼 수 있는 SWOT 분석은 경쟁 환경을 체계적으로 이해하는 데 가장 널리 활용되는 핵심 도구라 할 수 있다.

SWOT 분석의 구성과 전략적 활용 방안

앞 절에서 살펴본 바와 같이, 경쟁 분석의 목적은 단순히 경쟁사를 나열하는 데 있지 않다. 핵심은 우리 기업이 경쟁에서 우위를 점할 수 있는 전장을 명확히 정의하고, 그 전장에서 어떤 전략적 선택을 할 것인지 분명히 하는 데 있다. 이를 위해 가장 널리 활용되는 분석 도구가 바로 SWOT 분석이다. SWOT 분석은 기업의 내부 역량과 외부 환경을 동시에 조망하여, 현재 위치와 향후 전략 방향을 체계적으로 파악할 수 있도록 돕는다.

SWOT 분석은 네 가지 요소로 이루어져 있다. 첫째, 강점(Strengths)은 경쟁사에 비해 우리가 상대적으로 우위를 가진 내부 역량을 뜻한다. 여기에는 기술력, 브랜드 신뢰도, 고객 데이터, 운영 효율성, 조직 문화 등 경쟁자가 쉽게 모방하기 어려운 요소들이 포함되며, 이러한 요소일수록 전략적 가치가 더욱 크다.

둘째, 약점(Weaknesses)은 성과를 제한하거나 경쟁에서 불리하게 작용할 수 있는 내부 요인을 의미한다. 예를 들어, 자금 부족, 낮은 인지도, 미성숙한 프로세스, 인력 역량의 한계 등이 이에 해당한다. 중요한 것은 약점을 숨기거나 회피하는 것이 아니라, 전략 수립의 기초로서 냉철하게 인식하는 것이다.

셋째, 기회(Opportunities)란 시장 환경, 기술 변화, 규제 완화, 소비자 행동 변화 등 외부 환경이 제공하는 긍정적인 가능성을 의미한다. 또한, 새로운 고객 니즈의 등장이나 기존 시장의 공백도 중요한 기회 요소로 작용한다.

넷째, 위협(Threats)은 경쟁 심화, 가격 하락 압력, 대체 기술의 등장, 규제 강화 등 기업의 성장을 저해할 수 있는 외부 요인이다.

그러나 SWOT 분석의 진정한 가치는 단순히 네 가지 요소를 나열하는 데 있지 않다. 핵심은 이 요소들을 전략적으로 연계하여 실행 가능한 방안으로 전환하는 데 있다. 이를 위해 SWOT 분석은 네 가지 전략적 조합으로 활용된다.

먼저 SO 전략은 기업의 강점을 적극 활용하여 시장의 기회를 선점하는 접근 방식이다. 이는 내부 역량과 외부 환경이 조화를 이룰 때 가장 이상적인 성장 전략으로, 뛰어난 성과를 창출한다.

다음으로 WO 전략은 약점을 보완하거나 개선할 수 있는 부분에 집중하여 기회를 적극적으로 활용하는 전략이다. 대표적인 방법으로는 파트너십 구축, 외부 자원 활용, 그리고 단계적인 역량 강화 등이 있다.

ST 전략은 기업의 강점을 활용하여 외부 위협에 효과적으로 대응하는 전략이다. 차별화된 기술력이나 브랜드 신뢰를 기반으로 가격 경쟁이나 신규 진입자의 위협에 맞서는 방식을 의미한다.

마지막으로, WT 전략은 약점과 위협이 동시에 존재하는 상황에서 위험을 최소화하기 위한 방어적 전략이다. 이 전략에는 사업 축소, 시장 철수, 구조 조정과 같은 보수적인 선택이 포함될 수 있다.

이처럼 SWOT 분석은 단순한 진단 도구를 넘어, 경쟁 분석을 전략적 행동으로 연결하는 의사결정의 핵심 프레임워크이다. 다음 절에서는 이러한 분석 결과를 바탕으로 실제 시장에서 경쟁 우위를 확보하기 위한 포지셔닝 전략과 브랜드 설계가 어떻게 전개되는지 살펴본다.

스타트업 관점에서 바라본 SWOT 분석: 차별화된 게임으로 경쟁하라

앞서 살펴본 SWOT 분석은 기업의 내부 역량과 외부 환경을 체계적으로 진단하는 도구이다. 하지만, 이 분석을 어떤 관점에서 해석하느냐에 따라 전략적 결론은 크게 달라질 수 있다. 특히 스타트업의 경우, SWOT 분석은 대기업과 동일한 기준으로 비교하는 잣대가 아니라, 대기업과 차별화된 방식으로 경쟁할 기회를 찾아내는 도구로 활용되어야 한다.

스타트업은 자본, 인력, 브랜드 인지도 측면에서 대기업에 비해 열세에 있다고 흔히 평가받는다. 하지만 이는 '약점이 많다'라는 의미라기보다는, 오히려 대기업이 쉽게 접근하기 어려운 분야에 집중할 수 있는 구조적 자유를 가진 조직임을 뜻한다. 빠른 의사결정, 실험과 실패에 대한 유연성, 고객과의 긴밀한 소통, 특정 문제에 대한 깊은 몰입 등은 스타트업만이 갖출 수 있는 중요한 강점이다. 따라서 스타트업의 SWOT 분석은 이러한 특성들을 강점으로 재해석하는 데서 출발해야 한다. 이 관점에서 가장 중요한 질문은 다음과 같다.

"대기업이 규모와 조직 구조로 인해 신속하게 대응하기 어려운 분야는 어디일까요?"

"그 분야에서 고객이 여전히 겪고 있는 불편함과 충족되지 않은 욕구는 무엇인가?"

SWOT 분석은 바로 이 두 질문이 만나는 지점을 찾아내는 데 활용되어야 한다. 예를 들어, 대기업이 수익성이 낮다는 이유로 간과한 소규모 고객층, 지나치게 표준화된 제품으로 인해 세밀한 요구가 무시된 시장, 또는 빠르게 변화하는 기술에 기존 조직이 민첩하게 대응하지 못하는 분야는 스타트업에게 중요한 기회가 된다. 이러한 기회는 대기업 입장에서는 비효율이나 악재로 여겨질 수 있지만, 스타트업에게는 차별화된 성장의 발판이 될 수 있다.

또한, 스타트업의 약점으로 여겨지는 요소들도 새롭게 해석할 필요가 있다. 제한된 자원은 무분별한 확장을 방지하고, 전략적 집중을 가능하게 만든다. 낮은 인지도는 기존 이미지에 얽매이지 않고 새로운 브랜드 스토리를 창조할 수 있는 자유를 제공한다. 이러한 관점에서 약점은 단순히 보완해야 할 결함이 아니라, 선택과 집중을 촉진하는 전략적 제약으로 작용한다.

결국 스타트업의 관점에서 SWOT 분석은 '대기업과 어떻게 같아질 것인가'를 묻지 않는다. 대신 '우리는 어떤 새로운 규칙의 게임을 펼칠 것인가'를 정의한다. 다음 절에서는 이러한 분석을 바탕으로 스타트업이 시장에서 경쟁 우위를 확보하기 위해 어떤 포지셔닝 전략과 브랜드 선택을 해야 하는지 구체적으로 살펴본다.

3. 경쟁 우위 확보와 브랜드 전략 구축

오늘날 시장에서는 제품의 수가 아니라 선택의 과잉이 문제로 대두되고 있다. 비슷한 기능과 유사한 가격대의 제품들이 넘쳐나는 상황에서, 기업이 생존하고 성장하기 위해서는 단순히 '괜찮은 제품'을 만드는 것을 넘어, 고객이 분명히 선택할 수밖에 없는 브랜드가 되어야 한다. 이러한 선택의 이유를 체계적으로 설계하는 것이 바로 경쟁 우위 전략이다.

경쟁 우위의 본질: 차별화는 고객의 인식에서 비롯된다

경쟁 우위란 단순히 경쟁사보다 앞서는 것을 넘어, 고객의 인식 속에서 대체 불가능한 위치를 확보하는 능력을 뜻한다. 이는 일시적인 가격 할인이나 기능 경쟁만으로는 유지될 수 없으며, 고객에게 지속적으로 의미 있는 가치를 제공할 때 비로소 실현된다.

경쟁 우위에 관해 이야기할 때 가장 흔히 저지르는 오해는 '더 저렴하게' 또는 '더 많이' 제공하면 승리할 수 있다는 생각이다. 하지만 고객은 항상 합리적으로 비교하지 않으며, 모든 기능을 똑같이 중요하게 여기지도 않는다. 결국 고객의 선택은 자신의 문제를 가장 잘 이해하고 해결해 주는 브랜드에 집중된다.

따라서 경쟁 우위를 구축하기 위해 기업은 다음 세 가지 질문에 명확하게 답해야 한다. 첫째, 우리는 누구를 위한 브랜드인가? 둘째, 그 고객의 어떤 핵심 문제를 해결하는가? 셋째, 수많은 대안 중에서 왜 우리가 선택되어야 하는가?

이 질문에 대한 답변은 제품 설명서가 아니라 고객의 언어로 전달되어야 한다. 기술적 우수성이나 내부 성과지표는 경쟁 우위의 출발점이 될 수 있지만, 고객이 이를 인지하고 공감하지 못한다면 시장에서 차별화로 이어지기 어렵다. 경쟁 우위는 기업 내부가 아니라 고객의 인식, 기대, 감정, 판단 기준이 형성되는 심리적 공간에서 완성된다.

경쟁 우위를 이루는 네 가지 핵심 요소

지속 가능한 경쟁 우위는 단일 요소에 의존하는 것이 아니라, 여러 전략적 축이 유기적으로 결합할 때 비로소 형성된다. 일반적으로 다음 네 가지 요소가 경쟁 우위 구축의 핵심 기반으로 작용한다.

첫째, 제품과 서비스의 차별화가 중요하다. 기술 혁신, 독창적인 디자인, 그리고 명확한 기능적 개선을 통해 고객이 직접 체감할 수 있는 고유한 가치를 창출해야 한다. 테슬라는 전기차를 단순한 친환경 대안이 아닌, 기술 중심의 미래 이동 수단으로 재정의하며 기존 자동차 브랜드와는 다른 경쟁의 판도를 만들어냈다.

둘째, 운영 효율성과 비용 경쟁력이다. 이는 단순히 저가 전략을 의미하는 것이 아니라, 동일한 가치 수준을 더욱 효율적으로 제공할 수 있는 구조를 뜻한다. 공정 자동화, 유통 구조의 단순화, 그리고 데이터 기반의 운영 최적화는 가격 경쟁력을 높이는 동시에 장기적인 수익성 확보의 토대가 된다.

셋째는 고객 경험과 서비스의 우수성이다. 제품 구매 전후 모든 접점에서 일관된 경험을 제공하는 기업은 쉽게 대체되기 어렵다. 아마존이 구축한 경쟁 우위는 단순히 가격이나 배송 속도에 있지 않고, '고객 중심'이라는 명확한 운영 원칙이 반복적으로 체감되는 경험에서 비롯되었다.

넷째, 강력한 브랜드 자산이다. 브랜드란 단순한 로고가 아니라, 고객이 기업을 떠올릴 때 느끼는 총체적인 인식을 의미한다. 나이키는 기능적인 스포츠웨어를 넘어 도전과 자기 극복이라는 가치를 일관되게 전달함으로써 경쟁자가 쉽게 모방할 수 없는 감성적 우위를 구축했다. 이러한 브랜드 자산은 시간이 지날수록 쌓여 기업의 가장 강력한 방어막이 된다.

이 네 가지 요소는 각각 독립적으로 작동하는 것이 아니라 서로 긴밀히 연결되어 상호 보완적인 역할을 수행한다. 기업의 전략적 선택에 따라 특정 요소가 핵심 경쟁 축으로 드러나지만, 그 효과는 다른 요소들과의 조합을 통해 더욱 강화된다. 따라서 모든 요소를 동시에 추구하기보다는, 자사가 속한 시장과 타깃 고객에게 가장 의미 있는 축을 중심으로 전략적 일관성을 구축하는 것이 중요하다.

이러한 경쟁 우위는 단순히 문서나 선언에 그칠 때는 그 힘을 발휘하지 못한다. 고객이 실제로 접하고 반복적으로 경험하는 과정 속에서야 비로소 실질적인 가치로 작용한다. 결국 경쟁 우위 전략은 이론에 머무르지 않고, 고객 관계와 경험 설계 전반에 깊이 스며들 때 지속적인 영향력을 발휘하게 된다.

포터의 경쟁 우위 프레임워크

마이클 포터(Michael Porter)는 기업이 경쟁에서 우위를 확보할 수 있는 기본 전략을 세 가지로 제시하였다. 이 프레임워크의 핵심은 "모든 것을 다 잘하려 하지 말고, 명확한 방식으로 경쟁하라"는 전략적 선택의 원칙에 있다. 경쟁 우위는 우연히 얻어지는 결과가 아니라, 의도적으로 선택한 전략을 일관되게 실행한 결과라는 점에서 포터의 이론은 오늘날에도 여전히 유효한 통찰을 제공한다.

첫째, 비용 우위 전략(Cost Leadership)은 경쟁사보다 낮은 비용으로 동일한 가치를 제공하는 방식을 말한다. 규모의 경제, 효율적인 운영 시스템, 공급망 최적화 등을 통해 원가 구조를 지속적으로 낮추는 것이 핵심이다. 이 전략은 가격에 민감한 대중 시장에서 강력한 효과를 발휘하지만, 막대한 초기 투자와 높은 운영 효율성이 요구되기 때문에 자원이 제한된 스타트업에게는 현실적인 선택이 되기 어렵다.

둘째, 차별화 전략(Differentiation)은 고객이 명확하게 인식할 수 있는 독특한 가치를 제공하여 선택받는 방법이다. 기술, 디자인, 브랜드 스토리, 사용자 경험, 서비스 품질 등 고객이 중요하게 생각하는 요소에서 경쟁사와 뚜렷한 차별점을 만들어낸다. 이 전략의 핵심은 '더 많이 제공하는 것'이 아니라 '고객에게 의미 있는 차이를 창출하는 것'에 있다. 성공적인 차별화는 가격 경쟁에서 벗어나 프리미엄을 정당화하며, 장기적인 고객 충성도를 구축하는 기반이 된다.

셋째, 집중 전략(Focus)은 광범위한 시장이 아닌 특정 세그먼트에 전략을 집중하는 접근 방식이다. 이 전략은 다시 비용 집중과 차별화 집중으로 구분되지만, 두 가지 모두 공통된 목표를 지닌다. 즉, 전체 시장을 대상으로 하지 않고 명확하게 정의된 고객 집단의 문제를 가장 효과적으로 해결하는 기업이 되는 것이다. 집중 전략은 제한된 자원을 효율적으로 활용할 수 있다는 점에서 특히 스타트업에게 매우 중요한 의미가 있다.

세 가지 전략 중 스타트업에 가장 현실적인 선택은 '집중된 차별화 전략'이다. 초기 단계의 스타트업은 자본, 인지도, 유통력 면에서 대기업과 동등한 조건에서 경쟁하기 어렵다. 따라서 넓은 시장에서 평균적인 선택지가 되기보다는, 좁은 시장에서 '대체 불가능한 선택지'가 되는 것이 훨씬 더 전략적이다. 특정 고객군이 겪는 명확한 문제를 깊이 이해하고, 그 문제를 가장 효과적으로 해결하는 솔루션을 제공할 때 자연스럽게 경쟁 우위가 형성된다.

예를 들어, 고기능성 스포츠 의류 스타트업이 대중적인 러닝 시장 대신 '산악 마라톤 애호가'라는 세분된 고객층에 집중한다면, 극한 환경에서 요구되는 내구성, 통기성, 경량성 등 명확한 기준을 바탕으로 차별화된 제품을 설계할 수 있다. 이러한 전략은 대형 스포츠 브랜드와의 직접적인 경쟁을 피하는 동시에, 해당 고객층에게 강력한 구매 동기를 제공할 수 있다.

집중적 차별화 전략이 성공하려면 세 가지 질문에 명확히 답할 수 있어야 한다. 첫째, 우리는 누구를 위한 브랜드인가? 둘째, 그들이 가장 중요하게 생각하는 가치는 무엇인가? 셋째, 왜 우리의 해결책이 그들의 기대를 가장 잘 충족시킬 수 있는가? 이 세 가지 질문에 대한 답을 일관된 논리로 정리한 것이 바로 고객 중심의 가치 제안(Value Proposition)이다.

경쟁 우위 전략은 단순히 포터의 프레임워크를 이해하는 데 그치지 않는다. 이는 선택의 문제이자 동시에 포기의 문제이기도 하다. 무엇을 하지 않을지를 명확히 정할 때, 비로소 무엇에 집중해야 할지가 분명해진다.

브랜드 전략과 감성적 차별화 방안

브랜드는 단순한 기능의 집합이 아니라, 고객의 인식 속에 형성되는 의미의 구조이다. 제품이 무엇을 할 수 있는지보다 더 중요한 것은, 고객이 그 브랜드를 통해 어떤 감정을 느끼고 어떻게 기억하는가이다. 경쟁 우위가 전략적 선택의 결과라면, 브랜드는 그 선택이 고객의 마음속에 자리 잡은 모습이라고 할 수 있다.

성공적인 브랜드는 단순히 일시적인 관심을 끄는 데 그치지 않는다. 명확한 철학과 일관된 메시지, 그리고 반복적인 경험을 통해 고객과 감정적으로 깊이 연결된다. 이 과정에서 브랜드가 전달해야 할 것은 단순한 기능적 설명이 아니라, 고객이 공감하고 자연스럽게 이야기하고 싶어지는 의미와 스토리이다. 이러한 감성적 차별화는 경쟁자가 쉽게 모방할 수 없는 가장 강력한 진입 장벽이 된다.

오늘날 소비자들은 단순히 제품 자체보다는 브랜드가 제공하는 경험과 가치를 중시한다. 같은 품질과 가격대의 제품이 있더라도, 어떤 브랜드는 더 높은 신뢰와 애정을 얻어 꾸준히 선택받는다. 이는 브랜딩이 단순히 인지도를 높이는 수단을 넘어, 고객의 신념과 정체성, 그리고 라이프스타일과 깊이 연결되는 전략적 과정임을 의미한다. 결국 브랜드란 단순히 기억에 남는 것이 아니라, 경험을 통해 고객과의 관계를 구축하는 체계인 셈이다.

브랜드 전략을 수립할 때는 몇 가지 핵심 요소를 일관성 있게 설계하는 것이 중요하다. 우선, 브랜드의 존재 이유와 철학이 명확해야 하며, 이는 모든 의사소통과 의사결정의 기준이 된다. 다음으로, 시장 내에서 브랜드가 차지할 위치를 분명히 정의해야 한다. 고객이 경쟁 브랜드와 비교했을 때 '왜 이 브랜드를 선택해야 하는지'를 직관적으로 이해할 수 있어야 한다. 마지막으로, 고객이 브랜드와 만나는 모든 접점에서 동일한 감정과 메시지가 전달되도록 경험을 체계적으로 설계해야 한다. 브랜드는 단순한 선언이 아니라, 반복되는 접점을 통해 체감될 때 비로소 신뢰로 이어진다.

이러한 브랜드 경험은 고객 여정 전반에 걸쳐 체계적으로 관리되어야 한다. 인지 단계에서 시작해 관심, 선호, 충성, 그리고 자발적인 추천에 이르기까지, 브랜드는 단계마다 약속을 성실히 지키는 모습을 보여야 한다. 이러한 과정이 쌓일수록 브랜드는 가격 경쟁에 덜 흔들리게 되고, 고객과의 관계는 더욱 견고해져 쉽게 이탈하지 않게 된다.

브랜딩은 단순한 비용이 아니라, 가격 방어력과 장기적인 고객 충성도를 창출하는 중요한 투자이다. 강력한 브랜드는 높은 가격을 정당화할 뿐만 아니라, 반복 구매와 자발적인 추천이라는 긍정적인 선순환을 끌어낸다. 또한 이러한 감성적 자산은 재무제표에 즉시 나타나지 않지만, 기업의 가치와 성장 가능성을 결정하는 핵심 무형 자산으로 작용한다.

특히 스타트업과 중소기업에 브랜딩은 선택이 아닌 생존 전략이다. 한정된 자원 속에서 브랜드가 명확하지 않으면 시장에서 쉽게 대체할 수 있는 존재로 인식되기 쉽다. 반면, 작은 기업일수록 일관된 철학과 진정성 있는 경험을 통해 깊은 신뢰를 쌓을 수 있다. 중요한 것은 화려한 디자인이 아니라, 고객과 만나는 모든 순간마다 '이 브랜드답다'라는 느낌을 전달하는 것이다.

결국 훌륭한 브랜드란 고객의 언어로 소통하고, 고객의 가치와 감정을 존중하며, 그들의 삶에 자연스럽게 스며드는 브랜드이다. 이러한 브랜드는 일시적인 유행을 넘어 시장 변화 속에서도 흔들리지 않는 경쟁 우위를 쌓아간다. 브랜딩은 곧 고객과 함께 만들어가는 신뢰의 역사이자, 지속 가능한 성장의 가장 강력한 기반이다.

점검표

- 우리 서비스의 가장 큰 차별점은 무엇인가?
- 고객의 핵심 니즈와 당사의 가치가 일치하는가?
- 브랜드 아이덴티티 문장이 명확하고 일관되게 전달되고 있는가?
- 브랜드의 메시지, 디자인, 경험이 동일한 철학을 바탕으로 일관되게 운영되고 있는가?

<u>연습문제</u>

1. 자신의 제품 또는 서비스가 갖고 있는 경쟁 우위를 설명하시오.

2. 경쟁사와 자사의 강점을 비교한 표를 작성해 보십시오.

3. 브랜드가 고객에게 전달하는 감정과 이미지를 설명해 보시오.

4. 경쟁 브랜드와 차별화되는 포지셔닝 문구를 직접 작성해 보시오.

4. 고객 관계 및 경험 설계

경쟁 우위를 확보하고 시장에서 확고한 입지를 다진 후, 지속 가능한 성장을 위해 반드시 고려해야 할 또 하나의 핵심 요소는 바로 고객과의 '관계'이다. 오늘날 비즈니스 환경에서는 단순히 우수한 제품을 제공하는 것만으로는 충분하지 않다. 고객과의 장기적인 관계를 어떻게 설계하고 유지하느냐가 브랜드의 생존과 성장에 결정적인 영향을 미치기 때문이다. 따라서 고객 관계 관리(Customer Relationship Management, CRM)와 브랜드 경험(Brand Experience)의 전략적 설계는 필수 과제로 자리매김하고 있다.

고객과의 관계를 전략적으로 전환하기

CRM의 목적은 단순히 고객 정보를 관리하는 데 있지 않다. 그 핵심은 고객 생애 가치(Customer Lifetime Value, CLV)를 극대화하는 데 있다. 즉, 한 번의 구매에 그치지 않고 반복 구매와 장기적인 고객 유지, 그리고 자발적인 추천으로 이어지는 관계를 설계하는 것이 CRM 전략의 본질이다. 이를 위해 기업은 고객과의 모든 접점을 단절된 개별 사건이 아니라 하나의 연속적인 관계 흐름으로 인식해야 한다.

효과적인 CRM 전략은 데이터에 기반한 깊은 이해에서 시작된다. 구매 빈도, 선호 제품, 반응 패턴, 피드백 유형 등 다양한 데이터를 종합적으로 분석함으로써 고객을 여러모로 파악할 수 있다. 이러한 분석 결과를 바탕으로 고객 세그먼트별로 차별화된 메시지와 혜택을 제공하면, 고객은 단순히 '관리받고 있다'라는 느낌이 아니라 '진정으로 이해받고 있다'라는 경험을 하게 된다.

디지털 기술의 발전은 CRM의 정밀도를 획기적으로 향상했다. 자동화된 커뮤니케이션 시스템은 고객의 구매 주기와 행동 변화를 실시간으로 파악하여 적절한 시점에 맞춤형 메시지를 전달할 수 있게 해준다. 또한, 개인화 추천 기능은 고객의 관심사에 부합하는 제품을 효과적으로 제안한다. 더불어 고객 여정 분석을 통해 이탈 가능성이 높은 시점을 미리 감지하고 선제적으로 대응하는 것도 가능해졌다. 이러한 변화는 CRM이 단순한 사후 관리 도구를 넘어, 예측과 예방을 위한 전략적 수단으로 자리매김하고 있음을 보여준다.

실제 사례를 살펴보면 이러한 접근법의 효과가 분명히 드러난다. 한 커피 프랜차이즈는 고객의 구매 이력을 분석하여 재방문 가능성이 높은 시점에 맞춤형 쿠폰을 제공함으로써 재방문율을 많이 증가시켰다. 이 사례는 CRM이 단순한 기술적 문제가 아니라, 고객을 관계의 관점에서 바라보는 전략적 사고의 문제임을 잘 보여준다.

결국 고객 관계 전략의 핵심은 명확하다. 기업의 목표는 단순히 한 번의 판매를 이루는 것이 아니라, 고객의 일상에서 꾸준히 선택받는 브랜드가 되는 데 있다. 고객 경험과 관계를 세심하게 설계할수록, 경쟁 우위는 일시적인 차별이 아닌 지속 가능한 성장의 토대가 된다.

고객 경험 설계: 단순한 접점이 아닌 전체 여정을 설계하라

현대의 소비자는 단순히 제품이나 서비스를 구매하는 데 그치지 않는다. 그들은 브랜드와의 관계를 형성하며, 그 과정에서 기능적인 만족뿐만 아니라 감정적인 공감까지 함께 경험하기를 기대한다. 따라서 고객 경험(Customer Experience, CX)은 개별 접점의 품질을 넘어서, 고객이 브랜드와 만나는 모든 순간에 쌓이는 인식과 감정의 총체라고 할 수 있다.

고객 경험은 웹사이트를 처음 방문하는 순간부터 시작된다. 제품 정보를 탐색하는 과정, 결제의 편리함, 패키지를 열었을 때의 느낌, 사용 중 겪는 작은 불편이나 감동, 그리고 문제가 발생했을 때 고객센터의 대응 방식까지—이 모든 순간이 브랜드에 대한 인식을 쌓아간다. 고객은 이러한 경험의 연속을 통해 "이 브랜드는 나를 어떻게 대하는가?"라는 판단을 내리게 된다.

중요한 점은 고객 경험이 단순한 개별 이벤트들의 집합이 아니라는 것이다. 일회성 프로모션이나 화려한 캠페인은 주목을 받을 수 있지만, 지속적인 신뢰를 쌓는 데는 한계가 있다. 고객 경험 전략의 핵심은 브랜드의 가치를 고객의 일상에서 반복적으로 체감할 수 있도록 장기적인 관점에서 설계하는 데 있다. 즉, 브랜드가 내세우는 가치가 실제 경험을 통해 입증될 때, 고객은 자연스럽게 그 브랜드를 신뢰하게 된다.

이러한 고객 경험은 크게 세 가지 차원으로 설계할 수 있다.

첫째, 물리적 경험이다. 제품의 완성도, 패키지의 질감과 디자인, 오프라인 매장의 분위기와 동선 등은 고객이 브랜드를 직접 체감하는 중요한 요소이다. 동일한 기능을 가진 제품이라도 마감의 섬세함이나 사용감의 차이가 브랜드에 대한 신뢰와 만족도에 큰 영향을 미친다.

둘째, 디지털 경험의 중요성이다. 오늘날 많은 고객 여정이 온라인에서 시작되고 마무리된다. 웹사이트와 앱의 사용자 경험(UX), 정보의 명확성, 콘텐츠의 일관성, 그리고 인터페이스의 직관성은 브랜드의 전문성과 세심한 배려를 그대로 보여준다. 디지털 접점에서의 작은 불편함은 곧바로 고객 이탈로 이어지지만, 반대로 원활한 경험은 브랜드에 대한 호감과 신뢰를 빠르게 쌓아준다.

셋째는 정서적 경험이다. 이는 고객이 브랜드와 서로 작용하면서 느끼는 감정의 깊이를 의미한다. 고객 응대 태도, 메시지의 톤, 그리고 브랜드가 전하는 스토리와 철학은 고객에게 '이 브랜드가 나를 존중하는가?'라는 감정을 심어준다. 정서적 경험은 측정하기 가장 어렵지만, 동시에 가장 강력한 차별화 요소이기도 하다.

이 세 가지 경험이 조화롭게 일관성을 유지하며 설계될 때, 브랜드는 단순한 기억의 대상이 아니라 신뢰의 상징으로 자리 잡게 된다. 고객은 특정 기능이나 가격이 아니라 "이 브랜드라면 믿을 수 있다"라는 확신을 바탕으로 선택하게 된다.

충성도 구조의 완성: 고객을 지지자로 만들어라

잘 설계된 고객 경험은 단순한 단기 만족에 그치지 않고, 고객 관계를 단계적으로 발전시키는 토대가 된다. 일반적으로 고객 관계는 인지, 관심, 선호, 반복 구매, 그리고 옹호의 순서로 진화한다.

초기에는 브랜드를 인지하고 관심을 가지는 단계에 머무르지만, 일관된 경험이 쌓이면서 고객은 점차 브랜드에 대한 선호를 형성하게 된다. 이후 반복적인 구매가 이어지고 충분한 신뢰가 쌓이면, 고객은 단순한 소비자를 넘어 자발적으로 브랜드를 추천하는 '옹호자'로 거듭나게 된다.

이 단계에 도달하면 마케팅은 새로운 전환점을 맞이하게 된다. 광고비를 들이지 않아도 고객이 자발적으로 브랜드 이야기를 전파하고, 경험을 나누며, 새로운 고객을 유치한다. 즉, 마케팅의 궁극적인 목표는 고객을 하나의 광고 매체로 만드는 데 있다.

하지만 이러한 전환은 결코 우연히 이루어지는 것이 아니다. 이는 일관된 고객 경험 설계와 진정성 있는 관계 관리가 오랜 시간에 걸쳐 쌓인 결과이다. 고객 경험을 전략적으로 설계하는 기업만이 단순한 거래 중심의 비즈니스를 넘어, 관계 기반의 지속 가능한 성장에 도달할 수 있다.

점검표

- 고객 데이터를 수집하고 분석할 수 있는 시스템과 인프라가 잘 구축되어 있는가?

- 고객 세그먼트별로 의사소통 방식과 제공 혜택이 차별화되어 있는가?

- 브랜드 철학이 명확하게 정리되어 있으며, 모든 채널에 일관되게 적용되고 있는가?

- 고객 여정의 온라인 및 오프라인 각 접점에서 경험 품질을 체계적으로 측정하고
  개선하고 있는가?

<u>연습 문제</u>

1. 당신의 브랜드가 고객에게 전달하고자 하는 핵심 감정과 이미지는 무엇인가요? 고객 여정의 단계별로, 구체적으로 정리해 보세요.

2. CRM 전략을 활용하여 고객의 반복 구매와 추천을 유도한 국내외 기업 사례를 조사하고, 그 성공 요인을 분석하시오.

3. 고객 세분화, 행동 기반 메시지 전달, 이탈 방지 전략 등을 포함하여 귀사의 비즈니스에 최적화된 CRM 전략을 설계해 보십시오.

4. 브랜드 경험 측면에서 현재 고객 접점에서 발생하는 경험 단절과 일관성 부족의 위험 요소를 분석하고, 이에 대한 개선 방안을 제시하시오.

맺음말

이 장에서 다룬 시장 진입과 마케팅 전략의 핵심은 단순히 '더 많이 알리는 방법'이 아니라 '왜 고객에게 선택받아야 하는가?'를 체계적으로 설계하는 데 있다. 시장 세분화와 타깃팅, 경쟁 분석, 포지셔닝 및 브랜드 전략은 모두 고객의 선택 기준을 정확히 파악하고, 그 위에 명확한 가치를 구축하기 위한 과정이다. 성공적인 마케팅은 감각이나 우연에 의존하는 것이 아니라, 고객의 문제와 상황을 깊이 이해한 전략적 결정들이 쌓여 만들어진 결과다.

결국 시장 진입 전략은 선택이자 동시에 포기의 문제이다. 모든 고객을 만족시키려는 시도는 오히려 누구도 설득하지 못한다. 반면, 명확한 타깃 설정과 일관된 메시지, 그리고 반복되는 고객 경험이 결합할 때 마케팅은 비용이 아닌 성장의 원동력이 된다. 이 장을 통해 독자들은 시장과 고객을 전략적으로 바라보는 시각을 갖추고, 자신의 비즈니스를 선택받는 구조로 설계하는 출발점에 서게 될 것이다.

숫자와 조직으로
전략을 완성하라

지속 가능한 실행 기반 구축

· · ·

전략은 사람과 숫자가 어우러져 완성된다. 이 파트에서는 창업팀 구성과 역할 설계를 통해 전략이 실제로 실행될 수 있는 조직 구조를 다룬다. 나아가 재무 계획, 수익 예측, 비용 구조, 현금 흐름 관리를 통해 전략을 수치로 검증하고 설득하는 방법을 제시한다. PART 5는 팀과 재무라는 실행의 기반을 조화롭게 정렬함으로써, 전략이 단순한 일시적 시도가 아닌 지속가능한 시스템으로 자리잡도록 완성하는 단계다.

· 9장 ·
창업팀 구성과 실행 전략

창업의 성공 여부는 아이디어의 우수성보다 그 아이디어를 실행하는 '사람의 구성'에 달려 있다. 아무리 훌륭한 사업 기회라도 이를 실현할 팀이 준비되어 있지 않다면, 전략은 단지 공허한 문서에 불과하다. 이 장에서는 창업 초기부터 성장과 확장 단계에 이르기까지, 어떤 팀 구성이 전략 실행력을 높이는지에 초점을 맞추어 창업팀과 조직 전략을 체계적으로 다룬다.

1. 단독 창업과 공동 창업에 대한 전략적 선택

창업 초기 단계에서 중요한 결정 중 하나는 단독 창업을 할지, 공동 창업을 할지 선택하는 일이다. 이 결정은 단순히 창업 인원수를 정하는 것을 넘어, 의사결정 방식, 위험 분산, 실행 속도와 성장 방향에 큰 영향을 미치는 전략적 판단이다. 따라서 창업 방식은 개인의 성향에 따른 문제가 아니라, 사업 구조와 환경을 고려한 신중한 구조적 판단의 결과로 이해해야 한다.

단독 창업의 전략적 특성: 속도와 집중에 기반한 구조

단독 창업의 가장 큰 강점은 의사결정의 신속함과 전략적 일관성에 있다. 모든 결정 권한이 창업자에게 집중되기 때문에 외부 조율이나 내부 갈등이 최소화되며, 비전과 전략을 일관되게 추진할 수 있다. 특히 사업 아이디어가 명확하고 초기 단계에서 창업자의 개인 역량이 핵심 경쟁력일 경우, 단독 창업은 빠른 실험과 집중을 가능하게 하는 효율적인 선택이 될 수 있다.

반면, 단독 창업은 모든 책임과 부담이 한 사람에게 집중되는 구조적 한계를 가지고 있다. 자금 조달, 기술 개발, 마케팅, 운영 관리 등 다양한 역할을 동시에 수행해야 하므로 과도한 업무 부담과 탈진 위험이 커질 수 있다. 특히 자원이 제한적인 스타트업 초기 단계에서는 이러한 구조가 장기적인 성장 정체나 전략적 시야의 부족으로 이어질 가능성이 높다.

공동 창업의 전략적 특성: 보완성과 분산의 구조

공동 창업은 단독 창업의 한계를 극복할 수 있도록 역할 분담과 상호 보완적인 구조를 가능하게 한다. 기술, 비즈니스, 운영, 고객 경험 등 각기 다른 전문성을 가진 창업자들이 협력할 때, 스타트업은 더 빠르게 학습하고 복합적인 문제에 효과적으로 대응할 수 있다. 이러한 구조는 초기 실행력을 강화할 뿐만 아니라, 심리적 부담을 분산시켜 장기적인 창업 과정에서도 긍정적인 영향을 미친다. 또한 투자자나 외부 이해관계자의 관점에서도 다양한 전문성을 갖춘 공동 창업팀은 단일 창업자에 비해 안정성과 성장 가능성이 높은 팀으로 평가받는 경우가 많다.

그러나 공동 창업에서 가장 큰 위험 요소는 사람 간의 갈등이다. 비전 차이, 역할 중복, 의사 결정권 충돌, 기여도에 대한 인식 차이가 명확하게 정리되지 않으면 갈등은 빠르게 심화될 수밖에 없다. 특히 신뢰와 책임감이 충분히 형성되지 않은 상태에서의 공동 창업은 팀 분열이라는 치명적인 결과로 이어질 위험이 크다. 따라서 공동 창업은 단순한 감정적 동반 관계가 아니라, 사전에 합의된 역할, 권한, 책임의 구조 위에서만 가능한 전략적 선택임을 명심해야 한다.

전략적 판단의 기준에 대하여

"누가 더 뛰어난가"가 아니라 "무엇에 더 적합한가?"이다.

단독 창업과 공동 창업 중 어느 쪽이 더 유리한지 일반화하여 묻는 것은 적절하지 않다. 중요한 질문은 "이 사업 구조에 가장 적합한 팀 구성은 무엇인가"이다. 이를 판단하기 위해서는 다음과 같은 요소들을 종합적으로 고려해야 한다.

- 비즈니스 모델의 복잡성에 대하여
- 필요한 핵심 역량의 범위와 깊이
- 창업자의 성격과 리더십 유형

- 위험 감수 수준과 책임 분산의 중요성

기술 집약적이거나 다기능 협업이 필수적인 산업에서는 공동 창업이 효과적일 수 있다. 반면, 사업 구조가 단순하고 초기 실행의 핵심이 창업자 개인의 역량에 달려 있다면 단독 창업이 더 효율적인 선택이 될 수 있다.

공동 창업을 할 때는 단순히 역량만을 기준으로 파트너를 선택해서는 안 된다. 창업의 목적, 가치관, 소통 방식, 위험에 대한 인식 등이 일정 수준 이상으로 조화를 이루어야 한다. 또한, 설립 초기부터 지분 구조, 의사 결정 절차, 성과 평가 기준을 명확하게 문서로 만드는 작업은 갈등을 예방하고 팀의 결속력을 강화하는 데 필수적이다.

요약: 성공과 실패는 인원의 수가 아니라 구조의 완성도에 달려 있다

결국 창업의 성공은 혼자서 하느냐, 여러 명이 함께하느냐에 달려 있지 않다. 중요한 것은 어떤 사람이 어떤 역할과 구조로 함께하는가이다. 단독 창업이든 공동 창업이든, 그 선택은 감정이나 관습에 따른 것이 아니라 위험 구조, 비즈니스 특성, 인간관계의 복잡성을 냉철하게 고려한 전략적 판단이어야 한다. 이러한 초기 판단을 얼마나 깊이 있고 체계적으로 준비하느냐가 이후 창업 여정의 안정성과 성장 가능성을 좌우하는 중요한 출발점이 된다.

[사례 1] 아마존(Amazon): 단독 창업에서 속도 전략의 중요성

제프 베이조스는 아마존을 단독 창업자로서 초기 단계부터 직접 출범시켰다. 그는 온라인 서점이라는 명확한 비전과 강력한 추진력을 바탕으로 신속하게 사업을 전개했다. 모든 전략적 결정을 스스로 내리며 일관된 방향성을 유지했고, 이후 단계적으로 인재를 영입해 아마존을 세계적인 기업으로 성장시켰다. 아마존의 초기 성공은 단독 창업자의 집중력과 실행력이 얼마나 큰 성과를 만들어낼 수 있는지를 잘 보여준다.

[사례 2] **페이스북(Facebook, 현재 메타): 공동 창업이 만들어낸 시너지 효과**

마크 저커버그는 하버드 동문인 더스틴 모스코비츠, 크리스 휴스, 에두아르도 사베린과 함께 페이스북을 공동 창업했다. 저커버그는 개발을, 사베린은 자금 조달을, 모스코비츠는 운영을, 휴스는 의사소통을 각각 담당하며 역할을 분담했다. 이러한 협력은 초기 성장의 큰 원동력이 되었지만, 곧 지분 분쟁과 비전 차이로 인해 갈등이 발생했다. 특히 사베린과의 갈등은 법적 소송으로까지 이어졌는데, 이는 공동 창업이 큰 성장 동력이자 동시에 잠재적인 위험 요소가 될 수 있음을 보여준다.

점검표

창업과 공동 창업, 어떤 선택이 더 나을까?

☐ 아이디어와 실행력의 중요성

- 내 아이디어가 명확하고, 이를 신속하게 실행할 추진력이 충분한가? (→ 단독 창업에 유리)
- 아이디어는 있으나 기술, 운영, 마케팅 등에서 보완이 필요한 경우에는 공동 창업이 필요하다.

☐ 비즈니스의 복잡성 이해하기

- 단순한 구조(예: 온라인 쇼핑몰, 콘텐츠 제작 등)인가? (→ 단독 운영이 가능할 가능성이 높음)
- 기술 집약적이거나 규제 산업에 속하며, 글로벌 확장이 필요한 구조인가? (→ 이 경우 공동 창업이 유리함)

☐ 리스크 감내 수준에 대하여

- 모든 위험(자금, 실패, 책임)을 혼자서 감당할 준비가 되어 있는가?
- 위험을 분담하고 상호 보완적인 지원을 받을 필요가 있는가?

☐ 네트워크 및 신뢰 자원 관리

- 내가 혼자서 초기 네트워크(투자자, 멘토, 파트너)를 구축할 수 있는가?
- 신뢰할 수 있는 동료와 이미 협력 관계를 구축했는가?

연습문제

1. 본인이 추진하고자 하는 창업 아이템에 대해 단독 창업과 공동 창업의 장단점을 비교하여 작성하시오.

2. 공동 창업을 선택할 경우, 이상적인 파트너의 구체적인 프로필을 정의하고, 그 인물이 왜 필요한지 명확하게 설명하십시오.

3. 다음 조건에 부합하는 창업 사례를 조사한 후, 해당 사례에서 단독 창업과 공동 창업 방식이 각각 어떤 영향을 미쳤는지 분석하시오.
   - 기술 중심 스타트업
   - 지역 기반 오프라인 서비스 산업 분야
   - 콘텐츠를 중심으로 운영되는 1인 기업

2. 이상적인 초기 창업팀 구성 요소

스타트업의 성공을 결정짓는 핵심 요소는 아이디어나 자본보다 초기 창업팀의 구성과 역할의 균형에 달려 있다. 중요한 것은 팀원의 수가 아니라, 필수 역량이 팀 내에서 어떻게 분배되고 조화를 이루는가이다. 불확실성과 자원 제약이 큰 초기 단계에서 효과적인 창업팀은 다음 세 가지 핵심역량을 반드시 갖추어야 한다.

기술 리더(CTO): 아이디어를 현실로 구현하는 실행의 중심축

흔히 CTO(Chief Technology Officer)라 불리는 기술 리더는 제품이나 서비스가 실제로 구현될 수 있도록 하는 핵심 인재이다. 기술 리더는 초기 단계에서 최소 기능 제품(MVP)을 개발하고, 시장의 피드백을 반영하여 기술적 개선을 주도한다. 또한 단기적인 성과에 그치지 않고, 장기적으로 기업이 확장할 수 있는 기술 구조(Scalable Architecture)를 구축할 수 있도록 방향을 제시한다.

예를 들어, 배달의민족(우아한형제들)이나 쿠팡과 같은 기업들도 초기 단계에서 기술 리더의 역할이 매우 중요했다. 빠르게 변화하는 사용자 요구에 효과적으로 대응하기 위해서는 안정적이면서도 유연한 기술 기반이 필수적이었고, CTO는 이러한 기반을 구축하여 기업의 성장을 견인했다. 따라서 기술 리더는 단순한 개발자를 넘어 기업 성장의 핵심 동력이자 중추적인 역할을 수행한다.

비즈니스 리더(CEO): 시장과 자원을 잇는 전략적 중심축

CEO(최고경영자)라 불리는 비즈니스 리더는 고객과 시장을 깊이 이해하여 이를 바탕으로 비즈니스 모델과 성장 전략을 수립한다. 또한 투자자와의 협상, 파트너십 구축, 자금 조달 등 외부와의 모든 관계를 총괄하며, 회사의 전략적 방향을 결정하는 중요한 역할을 맡고 있다.

비즈니스 리더는 기술이나 디자인의 성과를 시장 가치로 전환하는 능력을 반드시 갖추어야 한다. 예를 들어, 우버(Uber)와 에어비앤비(Airbnb)의 성공 뒤에는 단순히 앱을 개발한 것에 그치지 않고, 시장 변화를 정확히 파악하여 사업화 전략을 주도한 비즈니스 리더가 있었다. 기술 리더가 제품을 개발하고 크리에이티브 리더가 고객 경험을 설계하더라도, 이를 시장과 연결해 확장할 수 있는 비즈니스 모델로 만드는 주체는 결국 비즈니스 리더다.

크리에이티브 리더(Creative Leader): 특별한 경험을 설계하는 감성의 중심축

흔히 CDO(Chief Design Officer) 또는 CXO(Chief Experience Officer)라고 불리는 크리에이티브 리더는 사용자 경험(UX), 디자인, 브랜딩을 통해 고객의 감성적 경험을 체계적으로 설계한다.

스타트업의 초기 성공은 고객이 받는 첫인상에 크게 좌우된다. 아무리 제품이 기능적으로 뛰어나더라도, 직관적이지 않거나 브랜드가 매력적이지 않으면 사용자는 쉽게 떠나기 마련이다. 크리에이티브 리더는 고객이 서비스를 처음 접할 때 느끼는 만족감과 신뢰를 만들어내며, 이를 바탕으로 브랜드 충성도를 쌓아간다. 대표적인 사례로 애플(Apple)의 성공을 들 수 있는데, 스티브 잡스와 함께 디자인과 사용자 경험을 끊임없이 개선한 팀이 있었기에 가능했다. 이는 기술과 비즈니스 전략이 고객의 마음속에 깊이 자리 잡도록 만드는 힘이 바로 크리에이티브 리더에게 있음을 보여준다.

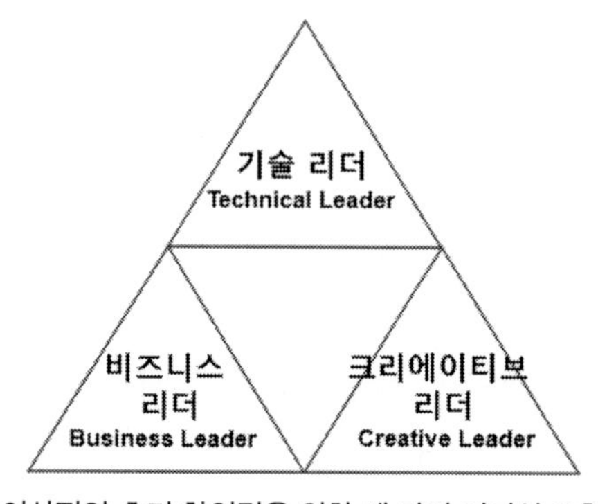

이상적인 초기 창업팀을 위한 세 가지 리더십 유형

세 가지 리더십의 균형과 통합 방안

이상적인 초기 창업팀은 기술, 비즈니스, 크리에이티브 역량이 균형 있게 조화를 이루는 구조를 갖추고 있어야 한다. 어느 한 분야가 부족하면 성장에 한계가 빠르게 나타나기 쉽다.

- 기술력만 뛰어나면 시장 확장이 어렵다.
- 전략에만 치중하면 제품 경쟁력이 약화될 수 있다.
- 경험에만 의존하면 지속 가능한 운영이 어려워진다.

따라서 팀을 구성할 때 각 역할의 유무와 상호 협력 체계를 꼼꼼히 점검해야 하며, 부족한 부분은 공동 창업자, 핵심 인재, 외부 자문 등을 통해 단계적으로 보완하는 전략이 필요하다.

초기 창업팀의 핵심 역량 조합이 이룬 성장 사례

[사례 1] 에어비앤비(Airbnb): 창의성, 기술력, 비즈니스 역량의 조화로운 균형

- **출발점** : 디자인을 전공한 창업자 체스키와 게비아가 UX와 브랜드 신뢰를 중심으로 서비스 개념을 설계한다.
- **보완 사항** : 기술 창업자 블레차르지크의 합류로 안정적이고 확장할 수 있는 플랫폼 구축이 가능해졌다.
- **실행 전략** : CEO 체스키가 시장 확장, 투자 유치, 글로벌 전략을 주도한다.

결과적으로, 세 가지 영역이 균형 있게 결합한 팀 구조를 바탕으로 에어비앤비는 단기간 내에 글로벌 숙박 공유 플랫폼으로 성장할 수 있었다.

[사례 2] 카카오(Kakao): 기술 중심 창업에서 다각화된 플랫폼 전략으로의 전환

- **출발점** : 김범수 의장을 중심으로 한 기술 중심 메신저 서비스의 성공
- **한계 인식** : 단일 서비스 구조는 수익성과 지속적인 성장에 제약을 초래한다.
- **전략적 확장** : 비즈니스 리더십 강화와 더불어 게임, 결제, 콘텐츠 분야로 사업 영역을 확장한다.
- **감성 보완** : 캐릭터(IP)와 브랜딩을 활용하여 사용자 경험과 정서적 유대감 강화

결과적으로 카카오는 단순한 메신저 기업을 넘어 모바일 라이프스타일 플랫폼으로 진화했다.

 왓챠(Watcha): 기술력과 UX, 비즈니스 전략의 조화로 이룬 성장

- **출발점** : 추천 알고리즘과 데이터 분석을 통한 기술 경쟁력 확보
- **한계 극복** : 기술만으로는 사용자 확장에 한계가 있음을 인지한다.
- **보완 방안**
  - 비즈니스 리더십을 바탕으로 OTT 시장의 확장과 투자, 제휴 전략을 적극적으로 추진한다.
  - 창의적인 리더십으로 직관적인 UI/UX와 브랜드 경험을 강화한다.

결과적으로 왓챠는 추천 서비스로 시작하여 OTT 플랫폼으로 확장하며 국내외에서 높은 인지도를 얻었다.

공통된 교훈

세 가지 사례에서 공통적으로 나타난 성공 요인은 단일 역량이 아니라 기술, 비즈니스, 크리에이티브가 유기적으로 결합한 점이다. 초기 강점이 무엇이든 간에, 성장 과정에서 부족한 부분을 인지하고 이를 보완할 적절한 리더십을 통합한 팀 구조가 지속 가능한 성장을 끌어냈다.

점검표

이상적인 초기 창업팀 점검 항목

☐ 기술 리더(CTO)

- MVP를 빠르게 개발할 수 있는 역량을 갖추고 있는가?
- 기술적 문제를 효과적으로 해결할 수 있는 실행력이 있는가?
- 확장성, 보안, 인프라를 종합적으로 고려한 장기적인 기술 비전을 수립하고 있는가?

☐ 비즈니스 리더(CEO)

- 시장과 고객의 요구를 깊이 이해하고 있는가?
- 투자자와 파트너를 효과적으로 설득할 수 있는 의사소통 능력을 갖추고 있는가?
- 전략적 의사결정을 주도하고, 자금 흐름과 성장 로드맵을 효율적으로 관리할 수 있는가?

☐ 크리에이티브 리더(CDO / CXO) 역할

- 사용자 경험(UX) 설계와 브랜딩 분야에서 뛰어난 역량을 보유하고 있는가?
- 고객에게 긍정적인 첫인상을 남길 수 있는 디자인 감각을 갖추고 있는가?
- 기능성과 감성의 조화를 통해 고객 충성도를 높일 수 있는가?

☐ 팀워크와 조직 문화의 중요성

- 세 리더가 서로의 역할을 존중하며 원활하게 소통하고 있는가?
- 피드백과 의사결정 과정이 명확하고 투명하게 진행되고 있는가?
- 가치관, 목표, 그리고 위험 감내 수준이 잘 맞고 있는가?

<u>연습 문제</u>

1. 현재 본인의 창업 아이템이 가장 강점으로 갖고 있는 역량 영역은 무엇인가요? 기술, 시장, UX 중에서 하나를 선택하고 그 이유를 구체적으로 설명해보시오.

2. 팀 구성 시 현재 부족한 핵심 역량은 무엇이며, 이를 보완하기 위한 구체적인 계획은 어떻게 되는지 작성하시오.

3. 성공한 스타트업 사례 중 CTO, CEO, CDO의 역할이 조화를 이루는 기업 한 곳을 선정하여, 해당 조직 구조가 어떤 성과로 이어졌는지 분석하시오.

3. 역할 설계, 조직 문화 및 갈등 관리

스타트업에서 발생하는 많은 문제는 개인의 역량이나 태도보다는 역할과 조직 구조가 명확하게 설계되지 않은 데서 비롯된다. 특히 제한된 인력과 자원으로 운영되는 초기 조직일수록 역할, 권한, 소통 방식이 불분명하면 실행력이 급격히 저하되고 갈등이 구조적으로 심화된다. 따라서 역할 설계, 운영 체계, 조직 문화, 갈등 관리는 각각 별개의 주제가 아니라 하나의 연속적인 전략으로, 통합적으로 이해해야 한다.

역할 설계의 핵심은 책임이 명확할수록 실행력이 강화된다는 점이다

스타트업 초기에는 한 사람이 여러 역할을 동시에 맡는 경우가 흔하다. 하지만 이에 따라 역할이 혼동되어서는 안 된다. 가장 중요한 것은 각 업무에 대해 누가 최종 책임을 지는지를 명확히 하는 것이다. 예를 들어, 한 사람이 마케팅과 판매를 함께 담당하더라도, 시장 분석과 홍보 전략은 마케팅의 책임으로, 고객 유치와 계약 체결은 판매의 책임으로 명확히 구분되어야 한다.

역할이 명확하지 않으면 업무가 중복되거나, 반대로 아무도 책임지지 않는 사각지대가 생기기 쉽다. 이러한 상황은 곧 의사결정 지연, 실행 혼란, 그리고 내부 갈등으로 이어지게 된다. 특히 공동 창업자 체제에서는 역할, 권한, 결정권을 초기에 문서로 명확히 정리하는 것이 매우 중요하다. 역할이 분명할수록 협업은 원활해지고, 책임이 명확할수록 갈등은 줄어든다.

스타트업의 리더십은 한 사람에게 권한이 집중되는 구조가 아니라, 분업과 협업이 조화를 이루는 공유 리더십 구조에서 더욱 강력한 실행력을 발휘한다. 역할이 명확하게 구분될 때, 조직 전체의 속도와 집중도가 높아지는 핵심 요소가 된다.

실행을 지원하는 운영 구조: 합의된 기준이 갈등을 완화한다

역할과 권한을 정의하는 것만으로는 충분하지 않다. 이를 실제로 실행에 옮기기 위해서는 지속적인 조율과 점검이 가능한 운영 체계가 필요하다. 정기적인 회의와 소통은 필수적이지만, 회의의 빈도보다 더 중요한 것은 의사결정의 기준과 절차가 명확하게 설정되어 있는지 여부이다.

이때 효과적인 도구로는 OKR(Objectives and Key Results)과 같은 성과 관리 시스템이 있다. OKR은 역할별 목표를 명확히 설정하고, 이를 측정 가능한 결과로 공유함으로써 팀 전체가 같은 방향을 향해 나아가도록 돕는다. 이는 감정이나 개인적인 해석에 의존하지 않고, 목표와 지표를 기준으로 협업할 수 있게 하는 체계다.

성과 관리 체계가 확립되면 역할 간 경계가 모호해지거나 권한 충돌이 발생할 때도 명확한 판단 기준이 마련된다. 그 결과, 운영 구조는 실행력을 강화하는 동시에 갈등을 예방하는 안전장치 역할을 하게 된다.

조직 문화와 심리적 안전감: 실행을 지속하게 하는 보이지 않는 원동력

아무리 역할과 시스템이 잘 갖추어져 있어도, 이를 뒷받침하는 조직문화가 약하면 팀은 오래 지속되기 어렵다. 창업팀 문화의 핵심은 심리적 안전감과 열린 소통에 있다.

심리적 안전감이란 팀원들이 실수나 실패를 숨기지 않고 솔직하게 공유하며, 두려움 없이 새로운 아이디어를 제안할 수 있는 환경을 말한다. 이러한 분위기가 조성되지 않으면 구성원들은 방어적인 태도를 취하게 되고,

자연스럽게 혁신이 위축될 수밖에 없다. 이 같은 문화를 형성하는 출발점은 리더의 태도에 달려 있다. 리더가 자신의 한계를 인정하고 다양한 의견을 존중할 때, 팀원들도 더욱 자유롭게 참여할 수 있다.

열린 소통은 매우 중요하다. 수평적이고 투명한 의사소통 구조에서는 팀원들이 스스로 주인의식을 가지고 적극적으로 행동한다. 반면, 권위적이고 일방적인 소통은 참여를 저해하고 조직의 활력을 저하시킨다.

조직 문화는 단순한 선언으로 만들어지지 않는다. 정기적인 실무 회의, 비공식적인 교류, 팀 빌딩 활동, 그리고 분기별 비전 정렬 워크숍과 같은 구체적인 실천을 통해 일상에서 자연스럽게 형성된다. 이러한 문화는 변화와 위기 상황에서도 팀의 정체성을 지켜주는 중요한 자산이 된다.

갈등 관리의 전략적 접근: 문제를 기회로 바꾸기

창업 과정에서 갈등은 피할 수 없는 현상이다. 중요한 것은 갈등 자체가 아니라, 이를 어떻게 관리하느냐에 달려 있다. 제대로 관리되지 않은 갈등은 불신과 분열을 초래할 수 있지만, 체계적으로 다뤄진 갈등은 팀의 성장과 학습을 촉진하는 소중한 자원이 될 수 있다.

창업팀 내 갈등은 주로 세 가지 유형으로 구분할 수 있다. 첫째, 역할과 권한이 명확하지 않을 때 발생하는 역할 충돌형 갈등이다. 둘째, 성장 우선순위나 전략 방향에 대한 견해 차이에서 비롯되는 목표 충돌형 갈등이다. 셋째, 성격, 가치관, 소통 방식의 차이로 인해 생기는 관계 중심의 갈등이다.

이러한 갈등은 사전에 충분히 예방할 수 있다. 역할 분담과 의사결정 구조를 명확히 문서화하고, 정기적인 회의와 1:1 피드백을 통해 인식 차이를 조기에 확인하면 갈등이 커지는 것을 방지할 수 있다.

갈등이 발생했을 때 가장 위험한 태도는 회피하거나 방치하는 것이다. 갈등은 단순한 감정 문제가 아니라 구조적인 문제로 접근해야 한다. 팀의 비전과 핵심 가치, 그리고 합의된 역할 기준을 중심으로 대화를 이끌면 감정적인 충돌도 생산적인 논의로 전환할 수 있다. 이 과정에서 SBI나 NVC와 같은 구조화된 대화 기법은 개인에 대한 공격을 피하면서 문제의 본질을 명확히 드러내는 데 매우 효과적이다.

직접 해결하기 어려운 상황에서는 외부 멘토나 중립적인 조정자의 도움을 받는 것이 현명한 방법이다. 중요한 것은 갈등을 단순히 없애려 하기보다는, 이를 관리하고 배움의 기회로 삼는 태도이다.

요약: 구조가 문화를 형성하고, 그 문화가 성과를 창출한다

역할 설계는 실행력을 강화하고, 운영 구조는 일관성을 유지하며, 조직 문화는 지속가능성을 보장한다. 이 세 가지 요소가 조화롭게 작동할 때, 갈등은 위기가 아닌 성장의 촉매제가 된다. 결국 강한 창업팀이란 뛰어난 개인들의 단순한 집합이 아니라, 명확한 구조와 건강한 문화를 바탕으로 갈등을 효과적으로 관리할 수 있는 조직이다.

[사례 1] 성공 - 슬랙(Slack)의 공유 리더십 전략

슬랙(Slack)의 창업팀은 역할 분담과 공유 리더십을 통해 빠르게 성장한 대표적인 사례로 꼽힌다.

- 스튜어트 버터필드(Stewart Butterfield)는 CEO로서 시장의 요구에 발맞추어 사업 전략을 수립하고, 투자자와의 관계를 적극적으로 관리해 나갔다.

- 칼 헨더슨(Cal Henderson)은 최고기술책임자(CTO)로서 기술 개발과 플랫폼 안정성 확보를 총괄했다.
- 디자인과 사용자 경험 분야에 전문 인력이 초기에 합류하여 UX/UI 중심의 차별화를 성공적으로 끌어냈다.

이처럼 CEO, CTO, 크리에이티브 리더가 각자의 역할을 명확히 책임지면서도 비전과 목표를 공유함으로써 팀이 신속하게 협력할 수 있었다. 그 결과, 슬랙은 단기간에 전 세계 수천만 명의 사용자를 확보한 협업 도구로 성장할 수 있었다. 이 사례는 명확한 역할 분담과 공유 리더십 구조가 스타트업의 확장성에 중요한 기반임을 잘 보여준다.

[사례 2] 실패 - 창업자 간 갈등으로 무너진 스타트업 이야기

국내 한 IT 스타트업은 기술 기반 서비스로 출발했으나, 창업자들 간 역할과 권한이 명확히 구분되지 않아 문제가 발생했다. CEO와 CTO가 모두 '전략적 의사결정'을 주도하려 하면서 제품 방향과 투자 전략을 두고 끊임없이 충돌했다. 초기에는 빠른 실행이 가능했지만, 시간이 지날수록 권한이 중복되고 책임 회피가 심화하면서 팀 내 갈등이 조직 문화를 흔들었다. 결국 투자자들의 신뢰가 무너지고 자금 조달이 중단되면서 사업은 빠르게 무너지고 말았다.

이 사례는 역할 정의와 리더십 구조를 초기에 문서화하지 않았을 때 발생할 수 있는 위험을 명확하게 보여준다. 아무리 훌륭한 아이디어가 있더라도, 팀 내 권한 체계가 불분명하면 내부 갈등이 심각한 문제로 이어질 수 있다는 중요한 교훈을 남긴다.

구분	성공 구조	실패 구조
사례	슬랙(Slack)의 공유 리더십	갈등으로 무너진 국내 IT 스타트업
역할 정의	명확한 역할 및 책임 정의 - 역할과 책임이 구체적으로 구분됨	모호한 역할 정의 - 합의된 역할 기준이 없고, 업무 중복과 공백이 발생함
의사 결정 구조	구체화된 의사결정 구조 - 전략적 의사결정 권한자가 명확함	비정형적 의사결정 구조 - 긴박한 의사결정 상황에서도 절차가 없음
리더십 스타일	공유 리더십 구조 - 창업자가 자신의 영역에서 자율성 발휘	경쟁적 리더십 구조 - 권한이 특정 인물에 과도하게 집중되어 있음
성과 관리	명확한 성과 관리 - 지표를 통한 성과 평가 및 조율	불투명한 성과 관리 - 성과 평가 기준 및 리더십 조율이 미비함

창업팀의 성공 사례와 실패 사례 비교 분석

교훈 정리

성공 요인 : 슬랙처럼 역할과 권한이 명확히 구분되고, 각 리더가 전문성을 바탕으로, 자율적으로 행동할 때 팀의 실행력과 신뢰도가 한층 더 강화된다.

실패 요인 : 초기 단계에서 역할이 명확히 정의되지 않거나 권한 다툼이 지속될 경우, 내부 갈등이 투자와 성장에 모두 부정적인 영향을 미친다.

점검표

초기 역할과 리더십 구조 점검을 위한 질문들

☐ **역할 역할이 명확하게 정의되어 있는가?**

- 각 창업자와 팀원이 맡은 책임과 권한이 명확하게 구분되어 있는가?
- 역할이 중복되거나 공백이 생기지는 않았는가?

☐ **의사결정 구조가 명확하게 합의되어 있는가?**

- 전략적 결정에 대한 최종 책임은 누구에게 있는가?
- 긴급 상황에서는 어떤 절차를 통해 결정을 내릴 것인가?

☐ **리더십 공유 구조가 잘 구축되어 있는가?**

- CEO, CTO, CDO 등 각 분야의 전문 리더들이 자율적으로 역량을 발휘할 수 있는가?
- 권한이 특정 개인에게 지나치게 집중되어 있지는 않은가?

☐ **성과 관리 및 조율을 위한 체계가 구축되어 있는가?**

- OKR, KPI 등 성과지표를 활용하여 각 개인의 기여도를 투명하게 평가하고 있는가?
- 정기적인 회의나 리뷰를 통해 리더십 간의 조율이 원활하게 이루어지고 있는가?

☐ **문서화 및 합의 절차가 명확하게 정리되어 있는가?**

- 지분 구조, 성과 기준, 의사결정 절차가 문서로 명확히 정리되어 있는가?
- 모든 공동 창업자가 해당 원칙에 동의했는가?

<u>연습문제</u>

1. 본인의 창업 아이디어를 바탕으로 각 팀원에게 적합한 역할을 구체적으로 정의해 보십시오.

2. 공동 리더십 구조에서 발생할 수 있는 갈등 상황을 가정하고, 이를 해결하기 위한 의사결정 과정을 설계하시오.

3. 팀 내에서 정기적으로 실행 현황을 점검할 수 있는 운영 회의체의 구조를 제안해 주십시오.

4. 핵심 인재의 확보 및 유지

스타트업의 경쟁력은 기술이나 자본보다 결국 사람을 어떻게 정의하고 함께 성장시켜 나가는가에 달려 있다. 핵심 인재를 확보하고 유지하는 일은 단순한 인사 관리 차원을 넘어, 불확실한 환경 속에서 조직이 지속적으로 실행하며 진화할 수 있는지를 좌우하는 전략적 과제다.

핵심 인재의 재정의: 스펙보다 적합성이 더 중요하다

스타트업에서 말하는 핵심 인재는 단순히 높은 스펙이나 화려한 경력을 가진 사람이 아니다. 진정한 핵심 인재란 불확실한 상황과 제한된 자원 속에서도 스스로 학습하고 실행에 옮길 수 있는 사람이며, 스타트업이 해결하고자 하는 문제와 비전에 깊이 공감하는 사람을 의미한다.

이러한 인재는 역할에 따라 세 가지 유형으로 나눌 수 있다. 첫째, 전략형 인재는 비즈니스 모델과 성장 방향을 설계하며, 투자 유치와 파트너십 등 기업의 핵심 전략을 주도한다. 둘째, 기술형 인재는 제품과 서비스를 실제로 구현하고 안정화하여 신뢰할 수 있는 기술 기반을 구축한다. 셋째, 실행형 인재는 마케팅, 운영, 고객 대응 등 현장에서 실질적인 성과를 창출하며 전략을 현실로 연결한다.

중요한 것은 특정 유형의 우수성에 국한되는 것이 아니라, 이 세 가지 역할이 조직 내에서 조화롭게 균형을 이루는 구조이다. 핵심 인재의 가치는 단순한 조건이 아니라 스타트업의 비전과 얼마나 잘 부합하는지에 따라 결정된다.

인재 확보의 핵심: 조건 제시가 아닌 설득의 과정

초기 스타트업은 급여나 안정성 면에서 대기업과 경쟁하기 어렵다. 따라서 인재를 확보하는 데 있어 가장 중요한 요소는 조건이 아니라 설득력 있는 비전과 문제의식이다. '왜 이 일이 중요한가?', '왜 지금 이 문제를 함께 해결해야 하는가?'에 공감하는 인재만이 장기적으로 조직에 남아 함께 성장할 수 있다.

채용 과정은 단순히 인력을 보충하는 단계를 넘어, 함께 성장할 동반자를 찾는 여정이어야 한다. 스타트업이 해결하고자 하는 문제와 사회적 가치, 그리고 장기적인 성장 비전을 명확히 제시하고, 이를 진심을 담아 전달하는 것이 중요하다. 특히 초기 팀원은 단순한 직원이 아니라 회사의 DNA를 함께 만들어가는 창립 구성원임을 분명히 인식시켜야 한다.

보상은 단순히 단기적인 급여에만 국한되어서는 안 된다. 스톡옵션, 성과 보상, 그리고 성장 비전의 공유는 '함께 성장한다'라는 메시지를 더욱 강화하는 중요한 수단이다. 현재의 규모보다 미래의 가능성을 설득할 때 인재는 움직이게 된다.

유지 전략의 핵심: 성장 기회와 신뢰 구축 환경

핵심 인재를 확보하는 것만큼 중요한 것은 이들이 조직 내에서 꾸준히 몰입하고 성장할 수 있도록 지원하는 일이다. 인재를 유지하는 데 있어 가장 중요한 요소는 급여나 복지보다 성장 기회와 신뢰할 수 있는 환경임을 잊지 말아야 한다.

이를 위해 반복적인 업무에만 머무르지 않고, 도전적인 과제와 역할 확장의 기회를 제공해야 한다. 프로젝트 리더 역할 부여, 전략 수립 참여, 새로운 분야에 대한 실험적 책임 부여는 인재의 학습 속도와 몰입도를 크게 향상시킨다.

또한, 심리적 안전감을 바탕으로 한 조직 문화가 필요하다. 투명한 정보 공유와 수평적인 의사결정, 그리고 자유로운 의견 개진이 가능한 환경에서 인재들은 자신의 역량을 최대한 발휘할 수 있다. 이 과정에서 창업자는 모든 것을 아는 관리자보다는 함께 배우고 성장하는 동료 같은 리더의 자세를 갖출 때 신뢰를 얻을 수 있다.

조직의 철학과 가치가 구체적인 행동 기준과 운영 원칙으로 실현될 때, 구성원들은 조직을 단순한 일터가 아닌 함께 미래를 만들어가는 공동체로 인식하게 된다.

인재 리스크 관리: 개인 의존에서 시스템 의존으로 전환하기

초기에는 뛰어난 개인에게 의존하는 것이 효율적으로 보일 수 있다. 하지만 시간이 흐를수록 이는 조직 전체를 위협하는 단일 실패 지점이 될 수 있다. 핵심 인재의 이탈이나 역량 정체는 곧바로 조직의 불안정으로 이어지기 때문이다.

이를 방지하기 위해 우선 역할의 이중화와 교차 학습 체계를 구축해야 한다. 특정 업무를 한 사람이 독점적으로 수행하는 상황을 피하고, 지식과 책임이 팀 내에서 자연스럽게 공유될 수 있도록 설계하는 것이 중요하다.

둘째, 특정 개인에 의존하기보다는 시스템과 문화를 중심으로 한 운영 구조로 전환해야 한다. 모든 구성원이 동일한 기준과 절차에 따라 동기 부여를 받고 이바지할 때, 조직은 더욱 안정적인 기반을 갖출 수 있다.

셋째, 정기적인 피드백 체계를 통해 구성원의 상태와 어려움을 꾸준히 점검해야 한다. 1:1 면담, 목표 리뷰, 익명 피드백은 인재 리스크를 조기에 파악하는 데 매우 중요한 수단이다.

요약: 창업 전략의 완성은 팀 구성에서부터 시작된다

아이디어는 사람을 통해 실현되며, 조직 구조는 전략의 실행 속도를 좌우한다. 성공하는 스타트업은 무엇을 할지 결정하기에 앞서, 누가 어떤 구조로 함께할지를 먼저 설계하는 팀이다. 핵심 인재의 확보와 유지는 단순한 채용 문제가 아니라, 설득과 성장, 신뢰, 그리고 조직 구조가 유기적으로 연결된 전략적 과제다.

사람을 중심에 두는 설계와 동시에 사람에 과도하게 의존하지 않는 구조가 조화를 이룰 때, 스타트업은 단순한 생존을 넘어 지속적인 혁신과 변화를 끌어낼 수 있다.

핵심 인재 확보 및 유지를 위한 성공 전략 사례

[사례 1] 구글(Google): 스펙보다 '조직 적합성'과 문제 해결 능력을 중시한다.

- **채용 기준** 학력과 경력보다는 문제 해결 능력, 협업 태도, 도전 정신을 더욱 중요하게 평가한다.
- **핵심 개념** 'Googleyness'를 주요 평가 요소로 삼아 조직 문화와의 적합성을 중점적으로 반영한다.
- **효과** 다양한 배경을 가진 인재를 유연하게 수용하여 빠른 성장에 효과적으로 대응함
- **시사점** 조건이나 스펙보다 비전과 조직 문화에 부합하는 인재가 장기적인 성장을 견인한다.

[사례 2] 카카오(Kakao): 비전을 중심으로 한 설득과 주인의식 강화

- **한계 조건** 대기업에 비해 제한적인 급여와 복지 혜택
- **차별화 전략** '모바일 시대의 생활 플랫폼'이라는 명확한 비전 제시
- **실행 방식** 초기 멤버를 단순한 직원이 아닌 회사의 DNA를 함께 설계하는 동반자로 자리매김한다.
- **보완 장치** 스톡옵션과 성과 보상을 활용한 장기적 동기 부여 방안
- **시사점** 초기 스타트업은 단순한 조건 제시가 아니라, 설득력 있는 비전과 참여의 의미를 통해 인재를 확보해야 한다.

- **조직 원칙** '자유와 책임'을 바탕으로 높은 자율성과 명확한 책임을 부여한다.
- **제도 사례** 휴가 자율화, 명확한 성과 기준 설정, 실수를 성장의 기회로 삼는 문화 조성
- **결과** 심리적 안전감이 조성된 환경에서 핵심 인재가 장기간 몰입하며 자기실현을 이루도록 유도함
- **시사점** 인재 유지는 통제에 의존하는 것이 아니라, 신뢰와 명확한 기준이 조화를 이루는 조직 문화 속에서 이루어진다.

항목	구글(Google)	카카오	넷플릭스
인재 확보 기준	조건보다 적합성 중시	비전과 설득력	자율성과 책임
핵심 전략	문제 해결 능력과 잠재력 평가	창업 초기 빌런의 주인의식 강조	자율성과 책임 중심 문화
보상 구조	명확한 비전 제시와 로드맵 제공	스톡옵션 및 성과 보상 체계	심리적 안정감 기반 환경 조성
성장 환경	투명한 성과 관리	도전적 과제와 역할 확장 기회 제공	실패로부터 학습 기회로 전환
인재 유지	개인 성장과 복지 중심의 보상과 자율성을 제공	수평적 문화와 빠른 의사결정, 내부 이동 기회를 제공	최고 수준의 보상, 책임과 자유 문화를 통해 성과 중심의 인재 유지

구글-카카오-넷플릭스의 인재 확보 및 유지 전략 비교

사례가 전하는 교훈

세 가지 사례는 모두 조건이나 통제보다는 적합성, 설득, 신뢰를 중시하는 인재 전략이 기업의 지속적인 성장을 가능하게 했음을 보여준다. 핵심 인재는 제도로 억지로 붙잡는 대상이 아니라, 비전과 문화를 공유하며 함께 성장하는 동반자이다.

<u>연습 문제</u>

1. 당신의 창업 아이템과 조직 문화에 가장 적합한 핵심 인재의 세 가지 조건을 정의해 보시오.

2. 현재 팀 내 핵심 인재의 이탈 위험이 존재할 경우, 이를 효과적으로 완화할 수 있는 전략을 수립해 보시오.

3. 스톡옵션, 성과 보상, 성장 기회 제공 측면에서 귀사의 인재 유지 전략을 진단하고, 개선 방안을 제안해 보시오.

이 장에서 다룬 시장 진입과 마케팅 전략의 핵심은 단순히 '더 많이 알리는 방법'을 찾는 것이 아니라, '왜 고객이 우리를 선택해야 하는가?'를 체계적으로 설계하는 데 있다. 시장 세분화와 타깃팅, 경쟁 분석, 포지셔닝 및 브랜드 전략은 모두 고객의 선택 기준을 정확히 파악하고, 그 위에 명확한 가치를 구축하기 위한 과정이다. 성공적인 마케팅은 감각이나 우연에 의존하는 것이 아니라, 고객의 문제와 상황을 깊이 이해한 전략적 결정들이 쌓여 이루어지는 결과다.

결국 시장 진입 전략은 선택이자 동시에 포기의 문제이다. 모든 고객을 만족시키려는 시도는 오히려 누구도 설득하지 못한다. 반면, 명확한 타깃 설정과 일관된 메시지, 그리고 반복되는 고객 경험이 결합할 때 마케팅은 비용이 아닌 성장의 원동력이 된다. 이 장을 통해 독자들은 시장과 고객을 전략적으로 바라보는 시각을 갖추고, 자신의 비즈니스를 선택받는 구조로 설계하는 출발점에 서게 될 것이다.

· 10장 ·
재무 계획 및 자금 조달 전략 수립

창업에서 재무 계획은 단순한 회계 작업에 그치지 않는다. 이는 창업가의 전략이 실제로 실행 가능한지를 검증하는 중요한 도구이자, 시장과 투자자를 설득하는 가장 강력한 증거이기도 하다. 아무리 뛰어난 아이디어와 열정이 있더라도, 이를 구체적인 수치로 설명하지 못하면 사업은 신뢰를 얻기 어렵다.

이 장에서는 재무 계획을 단순한 숫자 정리가 아닌, 전략적 사고를 수치로 구체화하는 과정으로 이해한다. 또한 전략 수립에서 수치 모델 구축, 의사결정, 투자 연계에 이르는 흐름 속에서 창업가가 반드시 갖추어야 할 재무 사고의 틀을 체계적으로 살펴본다.

1. 재정 계획의 목적: 숫자가 전략이 되는 이유

재정 계획의 목적은 단순히 '얼마를 벌고, 얼마를 쓰는가?'를 나열하는데 있지 않다. 재정 계획은 불확실한 미래를 관리 가능한 시나리오로 전환하고, 중요한 의사결정을 내릴 수 있는 명확한 기준선을 설정하는 데 그 의미가 있다. 특히 스타트업에게 재정 계획은 생존을 설계하고, 전략을 설득하며, 실행의 방향을 제시하는 핵심 도구로서 기능한다.

생존을 계획하는 도구

스타트업이 직면하는 가장 큰 위험은 아이디어의 실패가 아니라 현금 고갈이다. 아무리 뛰어난 아이디어와 훌륭한 팀을 갖추고 있어도, 인건비와 임대료 같은 필수 비용을 감당하지 못하면 사업을 지속할 수 없다. 재무 계획은 고정비와 변동비 구조를 명확히 파악하고, 월별 현금 흐름과 현금 소진율(Burn Rate), 그리고 런웨이(Runway)를 계산하여 "이 사업이 얼마나 오래 버틸 수 있는지"를 객관적으로 보여준다.

손익분기점 분석, 비상 자금 확보, 현금 유보 전략은 단순한 관리 기법이 아니라, 기업이 지속 가능한 구조를 구축하기 위한 필수적인 생존 전략이다.

숫자는 전략의 결과이자 설득의 언어이다

숫자는 말보다 훨씬 강력한 설득의 도구이다. 투자자, 협력사, 정부 기관은 물론 공동 창업자들조차도 사업의 가능성을 평가할 때 결국 숫자를 기준으로 삼는다. 특히 투자자들은 단기 성과보다는 장기적인 성장 가능성, 수익 구조의 안정성, 그리고 위기관리 능력을 수치로 명확히 확인하고자 한다.

TAM, SAM, SOM을 기반으로 한 시장 규모 분석과 유닛 이코노믹스
(CAC, LTV), 손익분기점(BEP), 그리고 다양한 시나리오별 재무 예측은 사업
의 현실성과 성장 가능성을 입증하는 핵심 자료이다. 투자자들은 비전을
듣지만, 최종 결정은 철저한 숫자 분석을 통해 이루어진다. 잘 설계된 재무
계획은 단순한 투자 유치를 넘어 사업 자체의 신뢰성을 증명하는 중요한
수단이 된다.

실행의 지침

기업이 명확한 전략 없이 출발할 수 없듯, 재정 계획이 없는 실행은 방향
을 잃은 항해와 같다. 수익 목표와 지출 한도를 명확히 설정해야 자원을 전
략적으로 배분할 수 있다. 재정 계획은 마케팅 강화 시기, 인력 확충 시기,
자금 조달 필요시기를 감이 아닌 구체적인 수치로 판단하게 해준다. 즉, 재
정 계획은 스타트업이 성장 과정에서 흔들리지 않도록 이끄는 전략적 나침
반이자, 실행 시점을 결정하는 객관적인 기준선이다.

2. 수익 예측: 가능성을 구체적인 수치로 입증하라

수익 예측은 단순히 미래 매출을 정확히 맞히는 작업이 아니다. 이는 창업가가 세운 전략적 가설이 현실에서 얼마나 효과적으로 작동하는지를 검증하는 과정이며, 아이디어가 실제 비즈니스로 전환될 수 있음을 수치로 입증하는 단계이다. 따라서 수익 예측은 단순한 재무 계산을 넘어, 전략을 구체적인 숫자로 표현하는 중요한 도구라 할 수 있다.

수익 예측의 기본 구조

수익 예측의 가장 기본적인 공식은 다음과 같다.

$$\text{예상 매출액} = \text{예상 고객 수} \times \text{고객 1인당 평균 매출}(ARPU)$$

이 공식은 단순해 보이지만, 사업의 핵심 전략 요소를 모두 아우르고 있다. 예상 고객 수는 시장 규모, 마케팅 전략, 채널 선택, 성장 속도를 반영하며, ARPU는 가격 정책, 제품 구성, 고객 세그먼트 전략을 나타낸다. 즉, 이 공식은 단순한 계산식을 넘어 고객, 가격, 제품, 채널이라는 네 가지 핵심 전략 변수가 어떻게 유기적으로 결합하는지를 보여주는 전략적 프레임워크다.

현실성을 높이는 핵심 요소: 숫자에 '행동'을 반영하라

기본 공식만으로는 실제 시장의 복잡성을 충분히 반영하기 어렵다. 보다 현실적인 수익 예측을 위해서는 고객의 행동과 시장 변동성을 설명하는 주요 변수들을 함께 고려해야 한다.

고객 증가율은 마케팅 활동, 프로모션, 신규 기능 출시, 채널 확장 등 다양한 요소를 반영하여 월별 고객 수가 얼마나 빠르게 증가할지를 설정하는 지표이다. 이는 성장 전략의 실현 가능성을 평가하는 데 중요한 기준이 된다.

이탈률(Churn Rate)은 일정 기간 내에 서비스를 중단하거나 재구매하지 않는 고객의 비율을 의미하며, 이는 매출의 지속성과 안정성에 큰 영향을 미친다. 이탈률이 높을 경우, 신규 고객이 많이 유입되더라도 실제 매출 성장은 제한될 수 있다.

재구매율과 고객 유지 기간은 장기적인 매출 예측에 있어 매우 중요한 요소이다. 기존 고객이 얼마나 자주, 그리고 얼마나 오랫동안 구매를 이어가는지가 매출 안정성에 큰 영향을 미치며, 재구매 패턴이 안정적일수록 수익 예측의 신뢰도도 함께 높아진다.

업셀링과 크로스셀링의 비중은 매출 확대에 있어 중요한 역할을 한다. 고객이 더 높은 가격의 상품이나 추가 서비스를 선택할 가능성은 단순히 고객 수를 늘리는 것보다 훨씬 효율적인 성장 전략으로 작용한다.

가격 변동과 프로모션 효과: 할인, 번들링, 구독 전환 등 다양한 가격 전략의 변화가 매출과 마진에 미치는 영향을 종합적으로 분석해야 한다.

이러한 변수들을 종합적으로 고려할 때, 수익 예측은 단순한 추정치를 넘어 고객 행동과 현금 흐름을 체계적으로 반영한 재무 모델로 발전하게 된다. 비즈니스는 단순한 시장의 관심만으로 유지되지 않는다. 실제로 현금이 유입되지 않으면 사업은 지속될 수 없으며, 수익 모델 설계와 매출 예측은 바로 이러한 현금 흐름을 체계적으로 구축하는 과정이다. 이 단계에서 창업가는 반복할 수 있고 조정 가능한 수익 구조를 구체적인 수치로 입중하게 된다.

전략적 의미: 수익 예측은 단순한 숫자가 아니라 '의사결정의 기준선'이다

수익 예측은 투자자를 설득하는 자료일 뿐만 아니라, 그보다 더 중요한 역할로서 내부 실행을 이끄는 전략적 기준선의 역할을 한다. 잘 수립된 수익 예측은 조직 내에서 다음과 같은 전략적 기능을 수행한다.

첫째, 실행의 우선순위를 정하는 기준이 된다. 수익 예측은 어떤 고객 세그먼트에 집중해야 할지, 어떤 채널이 가장 효율적인지, 그리고 어떤 제품이나 기능이 매출에 실질적으로 이바지하는지를 수치로 명확히 보여준다. 이를 바탕으로 마케팅, 영업, 제품 개발에 투입할 자원을 전략적으로 배분할 수 있다.

둘째, 과도한 낙관과 불필요한 보수성을 동시에 조절해야 한다. 창업 초기에는 성장에 대한 지나친 낙관이 쉽게 나타나며, 반면 자금 압박이 심해질수록 지나치게 보수적인 판단에 빠지기 쉽다. 수익 예측은 가정과 수치를 명확히 제시함으로써 '어디까지가 도전이고, 어디부터가 위험인지'를 명확히 구분할 수 있게 한다. 이는 감에 의존한 판단을 데이터 기반 의사결정으로 전환하는 중요한 출발점이 된다.

셋째, 손익분기점과 자금 조달 시점을 연결하는 중요한 다리 역할을 한다. 수익 예측은 비용 구조와 손익분기점(BEP) 분석과 결합할 때 비로소 전략적 가치를 지닌다. 매출이 비용을 초과하는 시점과 그 이전에 필요한 자금 규모, 투자 유치나 추가 자금 조달이 필요한 시점을 명확하게 제시해 준다. 이는 자금 조달 전략의 현실성을 높이는 핵심 근거가 된다.

넷째, 조정 가능한 전략 구조를 구축하는 것이 중요하다. 핵심은 예측의 정확성에만 의존하는 것이 아니라, 예측을 유연하게 조정할 수 있다는 점이다. 고객 증가율, 가격, 이탈률, 업셀링 비중 등 다양한 변수들은 고정된 수치가 아니라 지속적으로 관리하고 실험해야 할 요소들이다. 수익 예측 모델이 명확할수록 창업가는 어떤 요소를 조정해야 결과가 달라지는지 신속하게 파악할 수 있으며, 이는 불확실한 환경 속에서 민첩하게 전략을 수정할 수 있게 해준다.

결국 수익 예측은 단순히 미래를 맞히기 위한 계산이 아니라, 미래를 만들어 나가기 위한 전략적 도구이다. 창업자가 자신의 전략을 숫자로 명확히 설명할 수 있을 때, 사업은 아이디어 단계에서 벗어나 실행할 수 있는 비즈니스로 전환된다. 수익 예측은 시장을 설득하고 조직을 하나로 모으며, 창업가 자신에게도 분명한 방향을 제시하는 가장 중요한 전략적 근거가 된다.

3. 비용 구조: 고정비용과 변동비용의 전략적 설계 방안

수익 모델이 성장의 원동력이라면, 비용 구조는 기업의 생존을 지탱하는 기반이다. 많은 창업자가 '얼마나 벌 수 있는가?'에만 집중하지만, 사업의 지속가능성은 수익 구조와 비용 구조라는 두 축이 균형 있게 설계될 때 비로소 확보된다. 특히 초기 스타트업처럼 현금 여유가 제한적인 상황에서는 비용 구조를 잘못 설계하면 매출이 본격적으로 발생하기 전에 유동성이 고갈되어 사업이 중단될 위험이 크다. 따라서 창업자는 비용을 단순한 지출 항목으로 보지 말고, 자원 배분과 운영 효율성, 그리고 생존 가능성을 나타내는 전략적 지표로 이해해야 한다.

고정비용: 최소화하되 확장 가능하게 설계하라

고정비용이란 매출이나 고객 수와 상관없이 일정하게 발생하는 비용을 말한다. 대표적인 예로는 인건비, 사무실 임대료, 서버 기본 요금, SaaS 구독료, 보험료 및 공과금 등이 있다. 이러한 비용은 사업 운영의 기본 토대를 이루지만, 매출이 없더라도 반드시 지출되어야 하므로 초기 스타트업에게 큰 부담으로 작용하기 쉽다.

고정비의 가장 큰 위험은 고객 수가 적은 초기 단계에서 비용 부담이 곧바로 현금 고갈로 이어질 수 있다는 점이다. 따라서 고정비는 가능한 한 최소화하여 시작하되, 사업이 성장함에 따라 자연스럽게 확장할 수 있는 구조로 설계하는 것이 중요하다. 이를 위해 창업자는 공유 사무실이나 프로젝트 단위 계약직을 활용해 초기 인건비를 절감하고, 클라우드 인프라나 구독형 소프트웨어를 도입해 비용의 가변성을 높여야 한다. 또한 성과

급이나 스톡옵션과 같은 성과 연동형 보상 체계를 도입하면 고정비 부담을 줄이면서도 핵심 인재를 효과적으로 확보할 수 있다.

변동비용: 단위 경제성을 결정하는 핵심 요소

변동비란 제품 생산량, 서비스 제공 횟수, 고객 수에 따라 비례적으로 증가하거나 감소하는 비용을 말한다. 대표적인 예로는 원자재비, 외주 제작비, 물류비, 결제 및 플랫폼 수수료, 고객 확보 비용(CAC) 등이 있다. 변동비는 매출과 직접 연동되기 때문에 고정비에 비해 부담이 적어 보일 수 있으나, 실제로는 단위당 수익률에 민감하게 영향을 미치며, 규모가 커질수록 누적 효과가 더욱 크게 나타난다.

변동비 관리를 위해 가장 중요한 요소는 단위 경제성(Unit Economics)이다. 단가 대비 변동비가 커질수록 매출이 증가해도 이익이 개선되지 않으며, 심한 경우 '팔수록 손해를 보는 구조'가 될 수 있다. 이를 방지하기 위해서는 구매 규모 확대나 공급처 다변화를 통한 단가 절감, 외주 활용 및 자동화·AI 도입을 통한 효율성 향상, 그리고 성과 기반 외주 계약을 통한 유연한 비용 구조 설계가 필요하다.

전략적 구분의 필요성: 비용 구조가 생존의 기준을 결정한다

고정비와 변동비를 명확히 구분하는 이유는 단순한 회계상의 분류를 넘어서, 사업의 생존과 성장 전략을 정확하게 수립하기 위함이다. 이러한 구분이 있어야 손익분기점(BEP)을 정확히 계산할 수 있으며, 공헌이익(판매가에서 단위당 변동비를 뺀 금액)을 바탕으로 가격, 비용, 규모 전략을 효과적으로 판단할 수 있다. 나아가 비용 절감의 우선순위를 올바르게 설정하는 데에도 큰 도움이 된다.

예를 들어, 월 고정비가 3,000만 원이고 단가가 15,000원, 단위당 변동비가 9,000원일 경우 공헌이익은 6,000원이 된다. 이때 손익분기점은 약 5,000건에 해당한다. 만약 변동비를 10% 절감하거나 가격을 소폭 인상하면 손익분기점은 크게 낮아진다. 반면, 수수료 인상 등으로 변동비가 증가하면 동일한 매출 목표에서도 손익분기점이 급격히 상승하게 된다. 이처럼 비용 구조의 작은 변화가 사업의 지속가능성과 성장 속도에 큰 영향을 미친다.

고정비와 변동비를 구분하지 않고 전체 비용을 통합하여 관리하면 손익분기점이 왜곡되어 수익 구조를 잘못 판단할 수 있다. 이에 따라 매출이 증가해도 적자를 벗어나지 못하는 상황을 인지하지 못하거나, 고정비가 과도한 상태에서 무리한 확장을 시도해 현금이 빠르게 소진될 위험이 있다. 반대로 변동비 관리가 중요한 상황에서는 필수 인프라나 핵심 인력을 성급하게 축소하는 실수를 저지를 수도 있다.

초기 스타트업이 정규직 인력을 과도하게 채용해 인건비가 전체 비용의 대부분을 차지하는 구조로 시작한다면, 매출이 일정 수준에 도달하기 전까지 적자가 누적될 수밖에 없다. 반면, 고객 수가 증가함에 따라 물류비나 수수료가 급격히 상승하는 구조라면 외형 성장은 가능하더라도 수익성은 오히려 악화될 수 있다. 결국 비용 구조는 단순한 비용 관리의 문제가 아니라, 사업이 언제 생존하고 성장할 수 있을지를 결정하는 전략적 설계의 핵심 요소다.

4. 손익분기점(BEP): 생존과 성장의 경계선

손익분기점(Break-Even Point, BEP)은 기업의 총수익과 총비용이 일치하는 지점을 의미하며, '언제부터 이익이 발생하는지'를 가장 직관적으로 보여주는 지표이다. 이 지점 이전에는 사업이 적자를 기록하지만, 손익분기점을 넘어서면 비로소 실제 이익이 발생하게 된다. 따라서 손익분기점은 단순한 회계상의 계산을 넘어, 창업가가 사업의 생존 가능성과 성장 시기를 판단하는 중요한 기준선이라 할 수 있다.

특히 자금 여력이 제한된 스타트업에게 손익분기점은 '수익이 언제 발생하는지'를 명확히 보여주는 중요한 이정표이다. 수익 창출이 지연될수록 현금 소진 속도는 빨라지고, 이는 곧 사업의 지속가능성에 직접적인 영향을 미친다. 따라서 손익분기점은 가격 정책 수립, 비용 구조 설계, 자금 계획 수립, 투자자 설득 등 다양한 전략적 의사결정의 출발점이 된다.

기본 공식: 손익 실현의 기준을 수치로 명확히 계산하라

손익분기점은 다음 두 가지 방법으로 계산할 수 있다.

손익분기점(BEP, 수량 기준) = 고정비 ÷ (단가 - 단위당 변동비)

손익분기점(BEP, 매출 기준) = 고정비 ÷ (1 - 변동비율)

예를 들어, 판매 단가가 10만 원이고 단위당 변동비가 6만 원이며, 월 고정비가 2,000만 원일 경우 공헌이익은 4만 원이 되고, 손익분기점 수량은 500개가 된다. 또 다른 예로, 월 고정비가 500만 원이고 매출 대비 변동비

비율이 30%라면 손익분기점 매출액은 약 714만 원으로 계산된다.

이처럼 비교적 간단한 계산만으로도 "이번 분기에 최소 얼마를 팔아야 하는가?", "가격을 소폭 인상하면 손익분기점은 얼마나 낮아지는가?", "수수료 인상이나 원가 상승이 생존 선에 어떤 영향을 미치는가?"와 같은 핵심 질문에 명확한 답을 얻을 수 있다. 손익분기점은 목표 매출을 막연한 희망이 아니라, 달성해야 할 구체적인 수치로 전환해 준다.

전략적 활용: BEP는 단순한 계산이 아니라 의사결정을 위한 도구이다

손익분기점 분석의 진정한 가치는 단순한 숫자에 있지 않고, 이를 바탕으로 어떤 전략적 결정을 내릴 수 있느냐에 달려 있다. 만약 손익분기점이 지나치게 높게 나타난다면, 이는 현재의 가격 정책이나 비용 구조가 지속 가능하지 않다는 경고 신호일 수 있다. 이럴 때 창업자는 가격 인상, 고정비 절감, 변동비 축소 등 다양한 대안을 검토하여 손익분기점을 낮추고 조기에 흑자로 전환할 가능성을 높여야 한다.

손익분기점은 자금 관리와 투자 전략 수립의 기준이 된다. 손익분기점에 도달하기 전까지 필요한 최소 현금 보유량을 계산할 수 있으며, 외부 투자나 추가 자금 조달 시기도 더 현실적으로 판단할 수 있다. 투자자에게는 "월 매출 700만 원 달성 시 손익분기점에 도달하고, 이후 고객 획득 비용(CAC) 회수와 흑자 전환이 가능하다"와 같이 명확한 수치 기반의 스토리를 제시하여 신뢰를 높일 수 있다.

무엇보다 손익분기점은 다양한 전략적 가정을 검증하는 중요한 도구로 활용된다. 예를 들어, 가격을 5% 인상했을 때 손익분기점이 어떻게 변하는지, 변동비를 10% 절감하면 생존 기간이 얼마나 연장되는지, 인력 채용으로 고정비가 증가하면 이를 상쇄할 매출 증가는 언제 가능한지를 미리 검토할 수 있다. 이러한 분석을 통해 창업가는 감에 의존한 결정을 줄이고, 데이터에 기반한 합리적인 선택을 할 수 있게 된다.

결국 손익분기점을 모른 채 성장하는 것은 위험한 도박과 다름없다. 반면, 손익분기점을 정확히 파악하고 관리할 수 있다면 성장은 충분히 통제 가능한 선택이 된다. 손익분기점은 사업이 생존하는 최소한의 기준이자, 다음 단계로 도약할 수 있는 성장의 경계선이다.

[사례] 배달의민족(우아한형제들)의 BEP 활용 사례

배달의민족은 광고비, 서버 유지비, 인건비 등 고정비 부담이 큰 구조임에도 불구하고, 초기에는 손익분기점을 낮추기 위해 클라우드 기반 인프라를 도입하고 정규직 인력을 최소화하는 대신 계약직을 적극 활용하는 전략을 선택했다. 이후 광고 매출이 증가하며 손익분기점을 넘어서자, 마케팅과 물류 분야에 대한 투자를 확대하여 성장 속도를 더욱 올렸다.

실행 점검표

- 현재 예상 판매량과 매출액을 기준으로 손익분기점(BEP)에 도달할 수 있는가?
- BEP를 낮추기 위해 가격 인상, 고정비 절감, 변동비 최적화 중 어떤 방안을 먼저 적용하는 것이 가장 효과적인가?

<u>연습 문제</u>

손익분기점 계산하기

1. 내 사업의 고정비가 월 1,000만 원이고, 제품 단가는 5만 원이며, 단위당 변동비가 2만 원일 때 손익분기점 판매량은 몇 개인가요?

2. 고정비를 20% 줄이거나 가격을 10% 인상할 경우, 손익분기점(BEP)은 어떻게 변할까요?

5. 재무제표 이해하기: 숫자로 보는 사업의 건강 상태

재무제표는 창업가가 반드시 익혀야 할 비즈니스의 핵심 언어이다. 중요한 것은 복잡한 회계 기법이 아니라, 숫자가 전달하는 의미를 정확히 해석하고 이를 의사결정에 효과적으로 활용하는 능력이다. 재무제표는 사업의 현재 상태와 구조적 건강성을 수치로 보여주는 보고서로, 스타트업에게는 내부 관리, 전략 수립, 투자 유치에 꼭 필요한 도구이다.

이 장의 목적은 창업가가 재무 전문가가 되기보다는 사업의 방향을 판단할 수 있는 최소한의 재무 해석 능력을 갖추는 데 있다. 따라서 세부적인 회계 처리보다는 손익계산서, 재무상태표, 현금흐름표가 각각 무엇을 나타내며, 어떤 질문에 답해주는지에 중점을 두고 살펴본다.

재무제표	핵심 설명	확인할 핵심 질문
손익계산서 (Income Statement)	수익성과 비용 구조를 보여줌	• 매출(Revenue)은 충분한가? • 비용 구조는 지속 가능한가?
재무상태표 (Balance Sheet)	현재의 재정 건전성을 보여줌	• 자산(Assets)과 부채 비율은 적절한가? • 자금이 안정적인가?
현금흐름표 (Cash Flow Statement)	생존 가능성과 현금 흐름을 보여줌	• 현금은 충분한가? • 영업활동으로 현금이 얼마나 남는가? • 앞으로 자금이 언제 필요한가?

재무제표 3종 이해를 위한 프레임워크

손익계산서: 수익 구조의 건전성을 점검하라

손익계산서는 일정 기간 기업의 매출과 지출, 그리고 최종 이익을 보여주는 재무제표이다. 보통 월별, 분기별, 연간 단위로 작성되며, 스타트업이 가장 먼저 이해해야 할 핵심 보고서라고 할 수 있다. 손익계산서를 통해 창업자는 "이 비즈니스 모델이 실제로 수익을 내고 있는가?", "어떤 비용 구조가 문제를 일으키고 있는가?"와 같은 중요한 질문에 답할 수 있다.

손익계산서의 핵심은 단순히 흑자와 적자를 구분하는 데 있지 않다. 매출, 매출원가, 판매관리비, 영업이익, 순이익으로 이어지는 흐름을 통해 수익과 비용의 균형 상태, 즉 수익 구조의 건전성을 파악하는 데 있다. 예를 들어, 매출이 증가하고 있음에도 불구하고 영업이익이 거의 개선되지 않는다면, 이는 마케팅비나 인건비 등 비용 구조에 문제가 있음을 의미한다. 이 경우 고객 획득 비용(CAC)이나 인력 생산성 등을 자세히 점검하지 않으면, 사업이 성장할수록 오히려 수익성이 악화될 수 있다.

손익계산서 (Income Statement, 2025년 7월 기준)

항목	금액(원)
매출 (Revenue)	50,000,000
매출원가 (COGS)	20,000,000
매출총이익 (Gross Profit)	30,000,000
판매관리비 (SG&A)	22,000,000
영업이익 (Operating Income)	8,000,000
기타 수익/비용 (Other Income/Expenses)	-500,000
법인세 (Income Tax)	1,500,000
당기순이익 (Net Profit)	6,000,000

손익계산서 예시

손익계산서는 내부 관리와 전략적 의사결정의 핵심 기준일뿐만 아니라, 투자자들이 기업을 평가할 때 가장 먼저 참고하는 중요한 자료이다. 신규 채용이나 마케팅 예산 확대와 같은 결정도 손익계산서를 바탕으로 시뮬레이션을 진행할 때 비로소 합리적인 판단이 가능해진다.

손익계산서는 일반적으로 월별, 분기별, 연간 단위로 작성되며, 창업자는 이를 통해 "우리 비즈니스 모델이 실제로 수익을 내고 있는가?", "어떤 비용 구조가 문제를 일으키고 있는가?"와 같은 질문에 답할 수 있다. 또한 투자자들이 사업을 평가할 때 가장 먼저 확인하는 중요한 문서 중 하나이기도 하다.

재무상태표(Balance Sheet): 기업의 재무 건전성과 안정성을 평가하라

재무상태표는 특정 시점에 기업이 보유한 자산과 그 자산이 어떤 부채와 자본으로 조달되었는지를 보여주는 보고서이다. 손익계산서가 일정 기간의 성과를 나타내는 흐름표라면, 재무상태표는 특정 시점의 재무 상태를 보여주는 사진과 같다.

재무상태표 (Balance Sheet, 2025년 7월 말 기준)

항목	금액(원)
자산 (Assets)	
현금 및 현금성 자산	30,000,000
매출채권 (Accounts Receivable)	10,000,000
재고 (Inventory)	5,000,000
유형자산 (비품·컴퓨터 등)	15,000,000
자산 총계	60,000,000

부채 (Liabilities)	
매입채무 (Accounts Payable)	12,000,000
단기차입금 (Short-term Debt)	8,000,000
부채 총계	20,000,000
자본 (Equity)	
납입자본금 (Paid-in Capital)	30,000,000
이익잉여금 (Retained Earnings)	10,000,000
자본 총계	40,000,000
부채 + 자본 = 자산 총계	60,000,000

재무상태표 예시

재무상태표는 '자산 = 부채 + 자본'이라는 기본 등식을 바탕으로 기업의 재무 구조를 설명한다. 이를 통해 창업자는 "우리 회사의 재무 구조는 얼마나 안정적인가?", "단기 채무를 감당할 충분한 현금이 있는가?", "투자금은 어디에 사용되었는가?"와 같은 질문에 답할 수 있다. 예를 들어, 자산 규모는 크지만, 현금 비중이 작고 단기 부채가 과도하다면 이는 단기 유동성 위험이 크다는 신호이다. 반면, 현금과 매출채권이 충분하다면 상대적으로 안정적인 경영이 가능하다고 볼 수 있다.

재무상태표는 단순히 기업의 규모를 파악하는 문서가 아니라, 기업의 재무 건전성과 안정성을 평가하는 중요한 기준이다. 따라서 성장 전략을 수립하거나 추가 투자를 검토할 때 반드시 함께 고려해야 할 핵심 요소이다.

현금 흐름표 (Cash Flow Statement): 기업의 생존 가능성을 점검하라

현금흐름표는 일정 기간 기업의 실제 현금 유입과 유출을 보여주는 보고서이다. 손익계산서상 이익이 발생하더라도 현금흐름이 마이너스라면 사업을 지속하기 어렵다. 흔히 '흑자 도산'이라고 하는 현상은 현금흐름을 제대로 관리하지 못한 대표적인 사례이다.

현금흐름표 (Cash Flow Statement, 2025년 7월 기준)

항목	금액(원)
영업활동 현금흐름 (Operating CF)	
매출로 인한 현금 유입	45,000,000
원가 및 운영비 지출	-35,000,000
영업활동 순 현금	+10,000,000
투자활동 현금흐름 (Investing CF)	
설비 구매	-5,000,000
투자활동 순 현금	-5,000,000
재무 활동 현금흐름 (Financing CF)	
단기차입금 상환	-3,000,000
재무 활동 순 현금	-3,000,000
현금 증가액	+2,000,000
기초 현금	28,000,000
기말 현금	30,000,000

현금흐름표 예시

현금흐름표는 기업의 생존 가능 기간을 평가하는 데 매우 중요한 역할을 한다. 예를 들어, 보유 현금이 3억 원이고 월평균 현금 소진율이 5천만 원이라면, 기업의 런웨이는 약 6개월로 산정된다. 이러한 정보를 바탕으로 창업자는 투자 유치 시기, 비용 구조 조정 시점, 그리고 매출 확대 전략의 추진 속도를 적절히 판단할 수 있다.

현금흐름표는 이익보다 먼저 관리해야 할 중요한 보고서이다. 스타트업에게 현금은 곧 시간과 같으며, 현금흐름을 정확히 파악하는 능력은 사업의 지속가능성을 결정하는 가장 핵심적인 요소이다.

요점 정리: 재무제표는 단순한 숫자가 아니라 의사결정을 위한 중요한 도구이다

손익계산서는 기업의 수익 구조를, 재무상태표는 재무 건전성을, 현금흐름표는 기업의 생존 가능성을 보여준다. 이 세 가지 재무제표를 종합적으로 이해할 때, 창업가는 사업의 현재 위치를 정확히 파악하고 향후 전략을 객관적으로 수립할 수 있다. 재무제표는 단순한 회계 보고서가 아니라, 창업가의 의사결정을 지원하는 중요한 전략적 도구이다.

실행 점검표

☐ 손익계산서 검토 사항

- 우리 회사의 월별 및 분기별 매출액은 얼마인가?

- 매출원가와 판매관리비를 구분하여 기록하고 있는가?

- 영업이익률(영업이익 ÷ 매출)이 몇 퍼센트인지 계산했는가?

☐ 재무상태표 검토 사항

- 자산 대비 부채비율(부채 ÷ 자산)은 얼마인가?

- 유동비율(유동자산 ÷ 유동부채 × 100)이 100% 이상인지 확인했는가?

☐ 현금흐름표 검토 사항

- 현재 보유 중인 현금 잔액과 월별 소진율(Burn Rate)은 얼마인가?

- 영업활동 현금흐름이 플러스로 전환된 시점은 언제인가?

- 앞으로 추가 자금 조달이 필요한 시점은 언제쯤으로 예상하는가?

<u>연습 문제</u>

1. 손익계산서 작성 연습하기

   A 스타트업은 6월에 매출 5,000만 원, 매출원가 2,000만 원, 판매관리비 2,500만 원을 기록하였다.

   - 영업이익과 당기순이익(법인세 제외)을 계산하세요.

   - 영업이익률은 몇 퍼센트이며, 이 구조가 지속 가능하다고 볼 수 있을까요?

2. 재무상태표 작성 실습

   B 스타트업의 자산은 10억 원이며, 부채는 7억 원, 자본은 3억 원이다.

   - 부채비율(부채 ÷ 자본 × 100)과 유동비율(유동자산 4억 원, 유동부채 3억 원 기준)을 계산하세요.

   - 이 기업의 재무 건전성에 대해 간략히 평가해 주십시오.

3. 현금흐름표 작성 실습

   C 스타트업은 현재 3억 원의 현금을 보유하고 있으며, 월평균 지출액은 5천만 원이다.

   - 현재 현금 보유 기간은 몇 개월인가요?

   - 만약 3개월 후 월 매출이 2천만 원 증가하여 소진율이 3천만 원으로 줄어든다면, 런웨이는 어떻게 변할까요?

4. 손익계산서상에서 1억 원의 순이익이 발생했음에도 불구하고, 현금흐름표에서는 현금이 2천만 원 감소한 이유는 무엇일까요?

5. 한 스타트업의 재무상태표에서 부채비율이 250%로 나타났다. 이 수치는 사업 운영에 어떤 경고 신호를 보내는지 설명하고, 이를 개선하기 위한 두 가지 전략을 제시하시오.

6. 현금 흐름 관리: 이익보다 먼저 신경 써야 할 부분

많은 스타트업이 이익을 내기 전에 문을 닫는 이유는 단순하다. 바로 이익이 발생하기 전에 현금이 먼저 바닥나기 때문이다. 회계상으로는 흑자를 기록하더라도 실제로 사용할 수 있는 현금이 부족하다면 사업을 지속하기 어렵다. 따라서 창업가에게 현금 흐름 관리는 단순한 재무 관리가 아니라, 사업의 생존을 결정짓는 핵심 전략이다.

현금 흐름의 핵심: 자금이 어디서 유입되고 어디로 유출되는가?

현금 흐름을 효율적으로 관리하려면 먼저 현금흐름표의 구조를 정확히 이해하는 것이 중요하다. 현금흐름표는 기업의 현금 유입과 유출을 세 가지 활동으로 구분하여 나타낸다.

첫째, 영업활동 현금흐름은 기업의 본업에서 발생하는 현금의 흐름을 의미한다. 이는 제품과 서비스 판매로 유입되는 현금과 원재료 구매, 급여 지급, 임대료 납부 등 일상적인 영업활동에서 발생하는 지출을 포함한다. 스타트업의 경우, 영업활동 현금흐름이 플러스로 전환되는 시점은 단순한 재무 건전성 지표를 넘어 사업 모델이 실제로 작동하기 시작했음을 나타내는 중요한 이정표다.

둘째, 투자활동 현금흐름은 설비, 장비, 특허, 연구개발(R&D) 등 장기 자산에 투자하면서 발생하는 현금의 유출입을 의미한다. 초기 스타트업의 경우, 제품 개발과 기술 확보를 위해 투자활동 현금흐름이 마이너스를 기록하는 경우가 많다. 이는 반드시 부정적인 신호라기보다는 미래 성장을 위한 기반 투자로 이해하는 것이 바람직하다. 다만, 투자 규모와 속도가 현금 여력에 비해 과도하지 않은지 지속적으로 점검하는 것이 중요하다.

셋째, 재무 활동 현금흐름은 투자 유치, 대출, 상환, 배당 등 외부 자금 조달과 관련된 현금의 흐름을 의미한다. 투자 유치를 통해 단기간에 많은 현금이 유입될 수 있지만, 이는 곧바로 소진될 위험도 함께 존재한다. 따라서 재무 활동 현금흐름은 '얼마를 확보했는가?'보다는 '얼마나 오랫동안 버틸 수 있는가?'를 기준으로 관리하는 것이 중요하다.

실전 관리 원칙: 현금 관리를 위한 세 가지 핵심 기준

현금 흐름 관리는 단순히 보고서를 작성하는 것을 넘어, 위기를 미리 감지하고 효과적으로 대응할 수 있는 운영 시스템을 구축하는 과정이다. 이를 위해 창업자는 다음과 같은 실무 원칙을 체계적으로 적용해야 한다.

첫째, 13주 롤링 현금 흐름 예측을 반드시 운영해야 한다. 연간 계획이나 분기별 예측은 방향성을 제시하는 데는 유용하지만, 실제 위기를 예방하는 데는 한계가 있다. 스타트업에 가장 효과적인 도구는 앞으로 13주, 즉 약 3개월 동안의 현금 유입과 유출을 주 단위로 예측하는 롤링 현금 흐름표다. 이 방법은 매주 실제 수치를 반영해 계획을 갱신함으로써 "언제 현금이 부족해질지"와 "어느 시점에 비용 조정이나 자금 조달이 필요한지"를 조기에 파악할 수 있게 해준다. 13주 예측은 단기 생존을 관리하는 최소 단위이자, 창업가를 위한 경보 시스템이라 할 수 있다.

둘째, 손익 기준과 현금 흐름 기준을 명확히 구분해야 한다. 매출이 발생했다고 해서 현금이 즉시 들어오는 것은 아니다. 외상 매출, 후지급 결제, 장기 계약 구조에서는 손익계산서상의 이익과 실제 현금 흐름 사이에 큰 차이가 생길 수 있다. 반면, 선지급 비용이나 감가상각비는 손익에는 반영되지만 현금 유출 시점과는 다를 수 있다. 창업가는 '이익이 발생했는가?'

와 '현금이 실제로 들어왔는가?'라는 두 가지 질문을 분리하여 관리해야 하며, 모든 주요 의사결정은 반드시 현금 흐름을 기준으로 한 번 더 검증하는 과정이 필요하다.

셋째, 선지급금, 재고, 보증금 등 위험을 적극적으로 관리해야 한다. 현금 흐름을 악화시키는 가장 흔한 원인 중 하나는 눈에 잘 띄지 않는 선지급 구조다. 임대 보증금, 선급금, 과도한 재고 확보, 장기 계약에 따른 선지급 비용 등은 손익계산서에는 나타나지 않지만, 현금을 빠르게 묶어두는 주요 요인으로 작용한다. 특히 재고와 선지급 비용은 매출 증가에 대한 기대만으로 쉽게 확대될 수 있으므로, 실제 회수 시점과 회전 속도를 기준으로 엄격하게 통제해야 한다. 이는 단순한 비용 절감이 아니라 현금 유동성을 유지하기 위한 핵심 전략임을 명심해야 한다.

요약: 현금 흐름 관리는 위기 대응 전략의 핵심이다

현금 흐름 관리는 단순히 재무 부서의 역할에 국한되지 않는다. 이는 창업가가 사업의 생존 가능성을 직접 좌우하는 전략적 활동이다. 이익이 장기적으로 중요하긴 하지만, 현금은 당장의 운명을 결정짓는다. 현금 흐름을 능숙하게 관리하는 창업가는 위기를 예측하고 대비할 수 있지만, 그렇지 못한 창업가는 문제를 인지했을 때 이미 선택의 폭이 크게 좁아진 상태에 놓이게 된다. 결국 현금 흐름 관리는 단순한 재무 관리가 아니라, 스타트업의 생존을 위한 필수적인 위기관리 전략이라 할 수 있다.

전략 실행 점검표

- 손익계산서상의 이익과 실제 현금 흐름 간의 차이를 잘 이해하고 있는가?
- 월별 수입과 지출 예측을 기반으로 현금 흐름표 시뮬레이션을 작성하고 있는가?
- 고객의 결제 주기와 외상 판매 비중을 반영하여 자금 계획을 수립했는가?
- 예측 결과와 실제 결과를 정기적으로 비교하여 차이를 분석하고 있는가?
- 매출 지연이나 비용 증가와 같은 돌발 상황에 효과적으로 대응할 수 있는 조정 전략을 마련하고 있는가?
- 최소 3개월 치 고정비를 충당할 수 있는 비상 자금을 별도로 마련해 두었는가?

<u>연습 문제</u>

1. 다음 사례에서 현금 부족이 발생할 수 있는 원인을 분석하고, 이에 대한 해결 방안을 제시하시오.
   - A 스타트업은 월 매출이 3천만 원이며, 순이익은 500만 원에 달한다. 하지만 매달 현금이 100만 원씩 감소하고 있다.
   - 외상 매출 비중은 70%이며, 인건비와 임대료는 현금으로 선지급하고 있다.

2. 영업활동 현금흐름과 재무 활동 현금흐름의 차이점을 설명하고, 각각이 플러스일 때와 마이너스일 때의 의미를 서술하시오.

3. 다음 데이터를 활용하여 월별 현금 흐름 시뮬레이션 표를 작성해 보시오.
   - 8월 예상 매출액: 5,000만 원 (외상 매출 비중 50%)
   - 고정비용: 임대료 500만 원, 급여 1,000만 원
   - 변동비: 원재료 20%, 물류비 5%
   - 투자금 유입: 없음
   - 대출 상환: 300만 원
     → 월 순현금 흐름과 잔액을 계산하시오.

7. 단계별 자금 조달과 투자 유치 전략

자금 조달은 목적이 아니라 수단이다. 스타트업이 어떤 단계에 있는지에 따라 자금의 성격과 조달 방식, 그리고 투자자에게 제시해야 할 메시지는 달라져야 한다. 자금 조달 전략이 사업의 단계와 어긋날 경우, 충분한 자금을 확보하더라도 오히려 전략적 유연성과 실행력을 잃을 수 있다. 따라서 창업가는 자금 조달을 '얼마를 확보할 것인가'의 문제가 아니라, 지금 이 단계에서 무엇을 검증하고 어떤 성장을 준비해야 하느냐는 관점에서 설계해야 한다.

초기 단계: 생존과 검증을 위한 자금 조달

초기 단계의 자금 조달 목적은 명확하다. 그것은 빠른 확장이 아니라 생존과 검증, 즉 제품과 시장의 적합성(Product-Market Fit, PMF)을 확인하는 데 있다. 이 시기에는 사업 아이디어를 구체화하고, 최소 기능 제품(MVP)을 통해 실제 고객 반응을 검증하는 것이 가장 중요하다.

초기 단계에서 활용되는 대표적인 자금 조달 방식은 자기 자본을 활용한 부트스트래핑, 정부 지원금, 그리고 엔젤 투자다. 부트스트래핑은 창업자가 자신의 자산이나 지인의 지원을 바탕으로 사업을 운영하는 방식으로, 외부 간섭 없이 높은 자율성과 통제권을 유지할 수 있다는 장점이 있다. 대신 제한된 자원 안에서 우선순위를 명확히 설정하고, 속도를 조절하는 능력이 필수적이다. 특히 MVP 개발과 초기 고객 테스트 단계에서는 과도한 자금 투입보다, 작은 실험을 반복하며 전략을 정교화하는 접근이 효과적이다.

정부 지원금은 비용 부담 없이 자금을 확보할 수 있다는 장점이 있지만,

행정 절차와 일정 관리가 필요하며 전략적 타이밍이 중요하다. 엔젤 투자는 상대적으로 빠른 의사결정과 유연한 조건이 강점이며, 초기 창업자에게는 자금뿐 아니라 경험과 조언을 함께 얻을 기회가 된다. 이 단계에서 중요한 것은 투자 규모보다, 검증 목표에 맞는 자금 조달 방식을 선택하는 것이다.

성장 단계: 확장과 스케일을 위한 자금 조달

성장 단계의 자금 조달은 초기 단계와 목적이 분명히 다르다. 이 시기의 핵심 목적은 이미 검증된 비즈니스 모델을 기반으로 확장과 스케일을 가속하는 데 있다. 일반적으로 시리즈 A 또는 시리즈 B 투자가 이 단계에 해당하며, 시장 점유율 확대, 조직 확장, 기술 고도화가 주요 과제가 된다.

성장 단계에서 투자자들이 가장 중시하는 것은 '아이디어의 가능성'이 아니라, 재현할 수 있는 성장 구조다. 단위 경제학(CAC, LTV, 공헌이익), 매출 성장률, 고객 유지율, 손익분기점(BEP) 도달 가능성 등 구체적인 지표가 투자 판단의 기준이 된다. 즉, 이 단계의 자금은 실험을 위한 비용이 아니라, 이미 검증된 전략을 더 크게 실행하기 위한 연료에 가깝다.

따라서 창업가는 자금 사용 계획을 명확히 제시해야 한다. 신규 채용, 마케팅 확대, 인프라 투자 등 각 항목이 어떤 성과지표와 연결되는지 설명하지 못한다면, 대규모 투자는 오히려 조직의 비효율과 비용 부담을 키울 수 있다. 성장 단계의 자금 조달은 '얼마를 받는가?'보다, 얼마나 효율적으로 성장 곡선을 가속할 수 있는가에 초점이 맞춰져야 한다.

투자자 관점에서의 재무 스토리: 숫자로 인과관계를 설명하라

투자자는 숫자 그 자체보다, 숫자 사이의 인과관계를 본다. 단순히 매출이 얼마인지, 투자금이 얼마나 필요한지를 나열하는 것은 설득력이 부족하다. 중요한 것은 "왜 이 숫자가 나왔는가?"와 "이 숫자가 다음 단계로 어떻게 이어지는가?"를 설명하는 스토리다.

대표적인 재무 스토리는 다음과 같은 흐름으로 구성된다.

고객 증가 → 전환율 개선 → 매출 성장 → 손익분기점(BEP) 도달 → 현금 흐름 안정 → 확장 가능성 확보

이 흐름은 단순한 성장 서사가 아니라, 사업이 스스로 생존하고 확장할 수 있는 구조를 갖추었는지를 보여주는 논리적 증명이다.

재무 계획은 이 스토리를 수치로 입증하는 도구다. 고객 증가율이 어떻게 매출로 연결되는지, 비용 구조 개선이 손익분기점을 얼마나 앞당기는지, 그리고 확보한 자금이 언제까지의 런웨이를 제공하는지를 명확히 보여줄 때 투자자는 신뢰를 갖게 된다. 결국 좋은 재무 스토리는 과장된 미래 예측이 아니라, 통제할 수 있는 성장 경로를 숫자로 설명하는 능력에서 나온다.

점검표

- IR 자료와 피치 덱에 매출, 사용자 증가율, CAC/LTV, 손익분기점(BEP) 등 정량적 지표를 포함했는가?
- 수익 가정과 비용 구조를 고정비와 변동비로 구분하여 분석하였는가?
- 투자금 활용 계획을 구체적으로 제시했는가? (예: 마케팅 30%, 인력 충원 25% 등)
- 투자자에게 손익분기점(BEP) 및 현금흐름 전환 시점을 명확하게 제시할 수 있는가?
- 시뮬레이션 결과를 IR 자료뿐만 아니라 내부 경영 전략에도 적극 활용하고 있는가?

연습 문제

1. 사례 분석 문제

A 스타트업은 MVP를 출시하여 초기 사용자 500명을 확보하였고, 고객 전환율은 10%, 월 매출은 3,000만 원을 기록하고 있다. 고객 획득 비용(CAC)은 5만 원이며, 고객 생애 가치(LTV)는 15만 원이다.

- 이 회사의 CAC/LTV 비율을 계산하시오.
- 투자자에게 어떤 메시지를 강조해야 할까요?
- 추가 투자 유치를 위해 어떤 지표를 개선해야 할까요?

2. 재무 시뮬레이션 설계 문제

본인이 구상 중인 스타트업 아이디어를 바탕으로 향후 2년간 분기별 매출과 비용을 추정해 보시오.

- 매출 가정(고객 수, 전환율, 단가)은 어떻게 설정하였습니까?
- 비용을 고정비와 변동비로 구분하여 시뮬레이션을 수행하시오.
- BEP 도달 시점을 추정하고, 투자자가 쉽게 이해할 수 있노톡 그래프를 작성하시오.

3. 의사결정 문제

한 스타트업이 시리즈 A 투자를 유치하기 위해 IR 자료를 준비하고 있다. 투자자는 매출 증가율과 CAC 대비 LTV 비율을 가장 중요한 평가 기준으로 삼는다고 밝혔다.

- IR 자료에 어떤 데이터를 포함해야 하나요?
- 스토리텔링보다 수치를 강조하기 위해서는 어떤 방식으로 자료를 구성해야 하나요?
- 만약 CAC가 높아 개선이 필요하다면, 어떤 전략을 통해 비용을 절감하거나 고객 가치를 높일 수 있을까요?

맺음말: 숫자를 다루는 창업가가 시장을 지배한다

이 장에서 다룬 재무 계획과 자금 조달 전략은 단순히 숫자를 관리하는 기술을 넘어, 창업가의 전략적 사고를 수치로 검증하는 과정이다. 손익분기점, 현금 흐름, 재무제표, 그리고 단계별 자금 조달 전략은 모두 한 가지 질문으로 귀결된다. "이 사업은 언제, 어떤 조건에서, 어떤 선택을 통해 지속 가능할 것인가?" 숫자는 미래를 정확히 예측하는 도구가 아니라, 불확실한 미래 속에서 올바른 선택을 돕는 언어이다. 재무를 이해하는 창업가는 감에 의존하지 않고, 구조와 인과관계에 기반해 합리적인 의사결정을 내릴 수 있다.

결국 재무 계획의 목적은 창업가를 보수적으로 만드는 데 있는 것이 아니라, 더 과감하고 정확한 결정을 내릴 수 있도록 돕는 데 있다. 현금 흐름을 이해하고 비용 구조를 설계하며 투자 자금을 전략적으로 연결할 수 있을 때, 성장은 우연이 아닌 관리 가능한 선택이 된다. 이 장에서 제시한 재무 사고의 틀은 단순히 회계를 배우기 위한 지식이 아니라, 창업가가 시장과 투자자 앞에서 자신의 전략을 명확히 설명하고 입증하기 위한 필수적인 언어다. 숫자를 읽고 활용할 줄 아는 창업가만이 불확실한 환경 속에서도 생존을 넘어 지속적인 성장을 설계할 수 있다.

성장, 확장, 그리고 지속가능성

창업 이후를 준비하는 전략적 시야

...

성장은 단순한 속도의 문제가 아니라 구조적인 문제다. 이 파트에서는 프로세스, KPI, 시스템 중심의 운영 방식을 통해 실행력을 확장 가능한 구조로 전환하는 방법을 다룬다. 나아가 확장과 전환, 위기 대응 및 회복탄력성을 하나의 전략적 흐름으로 통합하여, 변화가 심한 환경 속에서도 조직이 흔들리지 않고 지속적으로 진화할 수 있는 조건을 제시한다. PART 6는 창업 이후를 대비하는 전략적 시야를 제공하며, 성장을 일시적인 성과가 아닌 지속 가능한 역량으로 완성하는 단계다.

· 11장 ·

운영 전략과 확장 가능한 성장 구조

"스타트업 운영의 핵심은 반복 가능하고 확장 가능한 프로세스 설계에 있다."

- 스티브 블랭크

아이디어는 시작점이며, 운영이 곧 경쟁력이다.

많은 스타트업이 뛰어난 아이디어와 기술을 갖추고도 시장에서 사라지는 이유는 대체로 비슷하다. 바로 아이디어를 반복할 수 있고 안정적인 실행 체계로 전환하지 못했기 때문이다. 실리콘밸리에서 자주 언급되는 말처럼, 스타트업은 아이디어가 아니라 운영에서 실패한다. 운영 전략은 제품과 고객, 조직과 시장을 연결하는 보이지 않는 핵심 축으로, 기업의 생존과 성장을 동시에 뒷받침하는 중요한 구조이다.

우버와 쿠팡의 사례는 이를 명확하게 보여준다. 이들의 경쟁력은 단순한 서비스 아이디어에 있는 것이 아니라, 복잡한 수요와 공급을 실시간으로 연결하고 대규모 거래를 안정적으로 처리하는 운영 시스템에서 비롯되었다. 운영 전략이 뒷받침되지 않은 혁신은 일시적인 관심에 그치지만, 체계적인 운영을 바탕으로 한 혁신은 지속 가능한 성장으로 이어진다. 이 장에서는 스타트업이 어떻게 운영 전략을 설계하고, 이를 통해 확장할 수 있는 성장 구조를 단계적으로 구축할 수 있는지 살펴본다.

1. 프로세스 및 핵심성과지표(KPI) 설계: 실행을 측정할 수 있는 체계로 구축하기

운영 전략의 출발점은 프로세스를 명확히 정의하고, 이를 측정 가능한 지표와 연결하는 데 있다. 프로세스는 조직 내에서 업무가 실제로 진행되는 방식을 의미하며, KPI는 그 과정이 전략적 목표에 부합하는지를 보여주는 지표 역할을 한다. 이 둘이 분리되면 조직은 바쁘게 움직이지만, 어디로 향하는지 알기 어렵다. 반면, 프로세스와 KPI가 일치하면 실행에 명확한 방향성이 생기고, 그 결과 운영이 경쟁력으로 이어진다.

전략	목적	핵심 요소	핵심 활동
가치 흐름 매핑 (Value Stream Mapping)	가치 흐름 분석을 통해 프로세스 효율성 파악	• 가치 흐름(Value Chain) • 가치 흐름 지도(Value Stream Map)	• 부가가치 창출 단위 식별 • 낭비 요소 및 병목 구간 파악
프로세스 최적화	불필요한 작업 제거 및 프로세스 재설계로 효율성 향상	• 고객 주문 접수, 생산·배송 프로세스 개선 • 자동화 및 디지털 도구 활용	• 소요 시간 및 자원 활용 감소 • 프로세스 재설계 및 자동화
KPI 설정	명확하고 측정 가능한 핵심 성과지표(KPI) 도입	• 반복 구매율, 고객 유지율 • 리드타임, 불량률 등 KPI 항목 설정	• 성과 지표 정의 및 정렬(Alignment) • 실시간 모니터링 및 성과 분석
팀 운영 체계 구축	조직 내 책임과 역할을 명확히 하여 협업 체계 강화	• 역할과 책임 정의 • 리포팅 체계 및 조직 문화 구축	• 팀 과제 효율적 분담 • 수평적 협업 문화 형성

전략적 운영 설계 프레임워크

가치 흐름 중심의 프로세스 설계: 고객 가치에서 출발하라

효과적인 운영 프로세스는 부서 중심이 아니라 고객 가치 흐름(Value

Stream) 중심으로 설계되어야 한다. 고객의 문제 인식에서 시작해 주문, 생산·서비스 제공, 전달, 사후 지원에 이르기까지 전 과정을 하나의 흐름으로 바라볼 때, 가치가 실제로 창출되는 지점과 낭비가 발생하는 지점이 분명히 드러난다. 이 과정에서 병목 구간, 중복 업무, 불필요한 대기 시간이 식별되며, 이는 곧 운영 개선의 출발점이 된다.

Apple이 제품 디자인과 사용자 인터페이스에 막대한 자원을 집중하는 이유 역시 가치 흐름 분석에서 찾을 수 있다. 고객 경험을 결정짓는 핵심 단계가 디자인과 UI임을 명확히 인식했기 때문에, 다른 영역보다 이 지점에 전략적으로 자원을 배분한 것이다. 이처럼 가치 흐름 분석은 조직이 어디에 집중해야 경쟁력이 생기는지를 알려주는 나침반 역할을 한다.

가치 흐름이 정의되면 다음 단계는 프로세스 최적화다. 이는 단순히 업무 속도를 높이는 것이 아니라, 반복할 수 있는 체계를 구축해 예측할 수 있는 결과를 안정적으로 만들어내는 과정이다. 자원과 인력이 제한적인 스타트업일수록 초기 업무 설계 단계에서 효율성을 철저히 고려해야 한다. 주문 처리, 생산, 배송, 고객 응대 등 일상적인 흐름에서 병목을 제거하면 비용 절감과 고객 경험 향상, 품질의 일관성 확보라는 효과를 동시에 얻을 수 있다.

이 과정에서 자동화와 디지털 도구의 활용은 선택이 아니라 필수다. CRM, 프로젝트 관리 툴, 회계·세무 자동화 솔루션, RPA 등은 반복 업무를 줄이고 핵심 전략 활동에 집중할 수 있는 여력을 만든다. 실제로 소규모 팀이 대규모 고객을 효과적으로 관리할 수 있었던 기업들의 공통점은, 디지털화된 운영 시스템을 얼마나 조기에 도입했는가에 있었다. 결국 프로세스 최적화는 스타트업이 지속 가능한 운영 기반을 구축하기 위한 첫걸음이다.

KPI 설정: 목표와 실행을 잇는 전략적 지침이자 나침반

KPI는 단순한 성과 측정 지표에 그치지 않는다. 이는 조직의 전략을 일상적인 실행으로 구체화하고, 올바른 방향을 잃지 않도록 이끄는 전략적 언어이자 나침반과 같다. 많은 스타트업이 매출액이나 신규 고객 수와 같은 결과 중심의 지표만을 KPI로 설정하는 경우가 많지만, 이러한 결과 지표만으로는 운영의 질이나 문제의 근본 원인을 파악하기 어렵다. 결과 지표는 '무엇이 일어났는지'는 보여주지만, '왜 그런 결과가 나왔는지'에 대해서는 설명하지 못하기 때문이다.

효과적인 KPI 설계를 위해서는 결과 지표와 과정 지표의 균형이 필요하다. 반복 구매율, 고객 유지율, 전환율, 리드타임, 주문 처리 속도, 불량률, 고객 응답 시간 등과 같은 운영 지표들은 실행 과정에서 발생하는 병목 현상과 비효율을 조기에 파악할 수 있게 해준다. 예를 들어 매출이 정체된 상황에서는 단순히 매출 수치만 보는 것이 아니라, 전환율, 이탈률, 처리 속도 중 어느 부분에서 문제가 발생하는지 함께 분석하면 개선이 필요한 지점을 훨씬 신속하게 찾아낼 수 있다. 이러한 지표들은 단순히 운영을 사후에 평가하는 도구가 아니라, 문제를 사전에 감지하는 조기 경보 장치의 역할을 한다.

KPI 설계에서 또 하나 중요한 원칙은 전략적 우선순위와의 일치이다. 모든 것을 측정하려는 시도는 오히려 조직에 혼란을 초래할 수 있다. 스타트업은 현재 단계에서 가장 중요한 전략적 목표를 명확히 정의하고, 그 목표 달성에 직접적인 영향을 미치는 소수의 핵심 지표에 집중해야 한다. 초기 단계에서는 고객 획득과 제품 사용 지표가 중요할 수 있으며, 성장 단계에서는 유지율, 단위 경제성(LTV/CAC), 운영 효율성이 더욱 핵심적인 지표로 자리 잡는다. 이처럼 KPI는 고정된 목록이 아니라, 전략의 변화에 따라 유연하게 조정되어야 하는 살아 있는 도구이다.

KPI는 특정 부서나 관리자만을 위한 관리 도구가 되어서는 안 된다. 전사적으로 공유되어야 하며, 가능한 한 단순하고 명확한 형태로 시각화되어야 한다. 구성원 각자가 자신의 업무가 어떤 KPI에 영향을 미치는지 명확히 이해할 때, KPI는 통제의 수단이 아니라 자율적인 실행과 협업을 촉진하는 공통의 언어로 기능한다. 예를 들어, 고객 응답 시간을 핵심 KPI로 설정하면 고객지원팀뿐만 아니라 기술팀과 마케팅팀도 문제 해결 속도를 높이기 위해 자연스럽게 협력하는 구조가 만들어진다.

궁극적으로 KPI의 목적은 평가나 처벌이 아니라 학습과 개선에 있다. 지표가 목표에 미치지 못할 때 중요한 것은 책임을 묻는 것이 아니라, 기존 가설과 실행 방식을 점검하고 조정하는 일이다. 이러한 관점에서 KPI는 조직을 하나의 방향으로 정렬시키고, 전략과 실행 간의 틈새를 줄여주는 가장 강력한 운영 도구라 할 수 있다.

2. 시스템 중심 운영 전환: 개인의 노력에서 조직의 힘으로

스타트업 초기의 성과는 종종 소수의 인재가 보여주는 헌신과 개인 역량에 크게 의존한다. 창업자와 핵심 인력이 밤낮없이 문제를 해결하며 조직을 이끌어가는 단계에서는 속도와 유연성이 중요한 경쟁력이 된다. 하지만 조직이 성장하고 업무가 복잡해질수록 개인 중심의 운영 방식은 점차 한계에 부딪히게 된다. 특정 인물의 판단과 경험에 의존하는 운영은 확장 과정에서 병목 현상을 초래하며, 그 사람이 자리를 비우는 순간 조직 전체의 성과가 흔들릴 위험이 있다.

이러한 전환점에서 가장 필요한 것은 바로 시스템 기반의 운영이다. 시스템 기반 운영이란 특정 개인의 능력이나 기억에 의존하지 않고도 일관된 품질과 결과를 반복적으로 만들어내는 구조를 말한다. 이는 조직의 성과를 '개인의 노력'에서 '구조의 힘'으로 전환하는 과정이며, 스타트업이 확장 단계로 도약하기 위한 필수 조건이다.

자동화와 디지털 도구의 전략적 활용: 반복 작업을 체계적인 구조로 전환하라

시스템 기반 운영의 핵심은 반복적인 업무를 자동화하고, 분산된 정보를 하나의 흐름으로 통합하는 데 있다. 스타트업 단계에서는 반복 업무가 크게 눈에 띄지 않지만, 조직이 성장할수록 이러한 업무가 누적되어 인력 소모와 오류를 초래하게 된다. 이때 자동화와 디지털 도구는 단순한 효율성 향상을 넘어, 운영의 일관성과 확장성을 확보하는 기반 인프라로서 중요한 역할을 한다.

CRM은 고객 정보와 의사소통 이력을 체계적으로 관리하여 담당자가 변경되더라도 일관된 고객 경험을 제공할 수 있도록 돕는다. 회계·세무 자동화 도구는 재무 데이터를 실시간으로 정리해 의사결정 지연과 오류를 최소화한다. 또한, 프로젝트 관리 도구와 협업 플랫폼은 업무 진행 상황을 투명하게 공유함으로써 조직이 성장해도 실행의 일관성을 유지할 수 있게 지원한다. 여기에 RPA와 같은 자동화 기술을 접목하면 단순 반복 작업은 시스템이 처리하고, 사람은 판단과 전략 수립에 집중할 수 있다.

중요한 것은 도구의 종류가 아니라 도입 시기와 목적이다. 디지털 도구를 사후 대응 차원에서 도입하는 조직은 이미 복잡해진 업무를 따라잡기 어렵다. 반면, 비교적 이른 단계에서 시스템을 구축한 스타트업은 소규모 인력으로도 대규모 고객과 거래를 안정적으로 관리할 수 있으며, 이는 곧 비용 구조와 확장 속도에 결정적인 차이를 만들어낸다.

내부 시스템과 외부 운영의 연계: 경계를 넘어 설계하라

시스템 기반 운영은 단순히 내부 효율성에만 국한되어서는 완성될 수 없다. 실제 사업 환경에서는 내부 조직과 외부 파트너가 끊임없이 연결되는 네트워크 위에서 운영이 이루어진다. 공급업체, 물류 파트너, 외주 인력, 플랫폼 사업자 등과의 협력은 선택이 아닌 필수이며, 이러한 관계를 어떻게 체계적으로 구성하느냐에 따라 운영의 안정성과 확장성이 크게 좌우된다.

핵심은 통제해야 할 영역과 위임할 수 있는 영역을 명확히 구분하는 데 있다. 고객 경험의 핵심 요소, 기술적 차별화, 데이터 자산 등 경쟁 우위의 원천은 내부 시스템을 통해 철저히 관리해야 한다. 반면, 규모의 경제가 적용되거나 표준화가 가능한 업무는 외부 파트너와의 협업을 통해 유연하게 운영하는 것이 더욱더 효율적이다.

이때 외주화는 단순한 비용 절감 수단이 아니라, 운영 구조를 보다 유연하고 효율적으로 만들기 위한 전략적 선택이어야 한다. 내부 시스템과 외부 파트너가 명확한 인터페이스와 기준을 바탕으로 연결될 때, 조직은 시장 변화에 신속하게 대응하면서도 핵심 역량을 견고히 유지할 수 있다. 시스템 기반 운영이란 궁극적으로 조직의 경계를 넘어 확장할 수 있는 운영 생태계를 설계하는 것을 의미한다.

운영 시스템의 진화와 지속적 개선: 고정된 틀에서 벗어나라

시스템은 한 번 구축했다고 해서 완성되는 것이 아니다. 시장 환경, 고객의 요구, 조직의 규모가 변화함에 따라 운영 시스템도 끊임없이 진화해야 한다. 초기에는 효율적이었던 구조가 성장 과정에서는 오히려 걸림돌이 되는 경우도 적지 않다. 따라서 시스템 기반 운영의 진정한 완성은 고정된 안정성이 아니라, 상황에 맞게 조정할 수 있는 유연성에 달려 있다.

이를 가능하게 하는 핵심 장치는 정기적인 운영 점검과 피드백 루프이다. 운영 회의, KPI 리뷰, 고객 피드백 분석은 단순한 보고 절차가 아니라 시스템의 작동 방식을 점검하고 개선하는 중요한 메커니즘이다. 이러한 과정을 통해 조직은 문제를 사후에 처리하는 데 그치지 않고, 구조적으로 예방하며 지속적으로 학습할 수 있다.

지속적으로 개선되는 운영 시스템은 불확실한 외부 환경 속에서도 내부적으로 예측할 수 있는 구조를 유지하게 한다. 이는 조직 구성원에게 안정감을 제공하는 동시에, 새로운 실험과 확장을 시도할 기회를 마련해 준다. 궁극적으로 시스템 기반 운영의 목적은 통제에 있지 않고, 지속 가능한 실행 능력을 확보하는 데 있다.

요약: 시스템은 성장을 재현하는 장치이다

시스템 기반 운영으로의 전환은 스타트업이 '능력 있는 팀'에서 '지속적으로 뛰어난 조직'으로 발전하는 과정이다. 개인의 노력에 의존하던 성과를 체계적인 구조로 옮길 때, 조직은 비로소 성장의 속도와 규모를 효과적으로 관리할 수 있게 된다. 사람은 변할 수 있지만, 잘 설계된 시스템은 성과를 반복적으로 재현한다. 이것이 바로 시스템 기반 운영이 확장할 수 있는 성장 구조의 핵심인 이유이다.

3. 학습형 조직 구축: 확장을 이끄는 조직의 진화

운영 전략의 궁극적인 목적은 단순한 효율성에 있지 않다. 진정한 목표는 변화하는 환경 속에서도 스스로 학습하고 적응할 수 있는 조직을 구축하는 데 있다. 시장은 끊임없이 변하며, 한때 유효했던 성공 공식은 빠르게 무용지물이 된다. 이때 기업의 성패를 좌우하는 결정적인 요소는 자본 규모나 기술력보다 학습의 속도와 질이다. 학습형 조직은 변화에 단순히 뒤처지는 것이 아니라, 변화를 흡수하고 재해석하며 다음 성장을 준비하는 조직이다.

채용과 팀 구성: 역량보다 태도와 철학을 우선시하라

학습형 조직의 시작은 채용에서 비롯된다. 특히 초기 스타트업에서는 한 사람의 합류가 곧 조직 문화의 방향성을 좌우한다. 따라서 채용은 단순히 공석을 메우는 행정적 절차가 아니라, 조직의 미래를 설계하는 중요한 전략적 결정이다.

이 단계에서 가장 중요한 기준은 기술적 숙련도보다 태도와 사고방식이다. 스타트업은 불확실성과 실패가 일상인 환경이기 때문에, 문제를 어떻게 인식하고 피드백을 어떻게 수용하며, 실패를 학습의 자산으로 전환할 수 있는지가 장기적인 성과를 결정짓는다. 기술과 경험은 시간이 지나면서 보완될 수 있지만, 태도와 가치관은 쉽게 변하지 않는다.

이를 검증하기 위해서는 단순한 인터뷰만으로는 부족하다. 실제 업무 상황을 가정한 과제나 협업 시뮬레이션을 통해 지원자가 제한된 자원 속에서 어떤 우선순위를 선택하는지, 갈등 상황에서 어떻게 의사결정을 내리는지를 관찰해야 한다. 이러한 과정은 조직과 개인 간의 적합성을 확인하는 가장 현실적인 방법이다.

우수한 인재일수록 안정적인 환경을 선호하는 경향이 뚜렷하다. 스타트업이 이들을 설득하려면 단순한 연봉 조건이 아니라, 비전과 보상, 성장의 조화로운 결합을 제시해야 한다. 해결하고자 하는 문제의 의미, 장기적인 보상 체계(예: 스톡옵션), 그리고 조직 내에서 개인이 어떻게 성장할 수 있는지에 대한 명확한 이야기가 전달될 때, 인재는 불확실성을 감수할 만한 이유를 찾게 된다. 결국 채용은 "왜 이 조직이어야 하는가?"라는 질문에 답하는 설득의 과정인 셈이다.

구분	핵심 내용
채용 (Recruit)	• 창업자의 비전에 대한 공감대 형성 • 문제 해결 태도와 융화 능력 중시 • 역량보다 철학·태도 우선
유치 (Attraot / Retain)	• 공동으로 추구하는 비전 제시 • 지분 인센티브 등 장기 보상 제공 • 회사의 성장 스토리 구체화
성장 (Grow)	• 정기적 피드백 루틴 확립 • 외부 학습 기회 및 제도적 지원 • 지식 공유 체계 구축 및 내부 성장 문화 형성

인재 채용 및 팀 성장 전략

학습을 체계화하는 운영 리듬: 학습을 일상 속으로 녹여내다

학습형 조직은 개인의 의지나 열정에만 의존하지 않는다. 지속적인 학습을 위해서는 체계적인 운영 리듬이 필수적이다. 정기적인 1:1 미팅, 팀 회고, 프로젝트 리뷰는 학습을 단발성 이벤트가 아닌 일상의 일부분으로 자리 잡게 한다. 이러한 리듬 속에서 구성원들은 자신의 강점과 약점을 명확히 인식하고, 다음 실험을 위한 가설을 세울 수 있다.

외부 교육, 멘토링, 내부 지식 공유 체계를 결합하면 학습은 개인의 경험을 넘어 조직의 소중한 자산으로 쌓이게 된다. 사내 위키, 러닝 세션, 사례 공유 미팅은 특정 개인에게 축적된 지식을 조직 전체에 확산시키는 중요한 통로 역할을 한다. 이 과정에서 실패는 처벌의 대상이 아니라, 다음 도전을 위한 소중한 데이터로 재해석된다.

중요한 것은 학습이 성과와 분리될 수 없다는 점이다. 학습형 조직에서는 학습이 성과를 저해하는 부수적인 활동이 아니라, 오히려 성과를 실현하는 필수적인 전제 조건이다. 단기 성과에만 집착하는 조직은 환경 변화에 쉽게 흔들리지만, 학습을 조직 운영의 일상적인 리듬에 자연스럽게 녹여낸 조직은 불확실한 상황 속에서도 흔들림 없이 올바른 방향을 유지한다.

리더십과 문화: 학습의 본보기가 되다

학습형 조직에서 리더의 역할은 단순한 지시와 통제를 넘어선다. 리더는 조직 내에서 가장 먼저 배우고, 가장 먼저 가설을 수정하는 사람이 되어야 한다. 구성원들은 리더의 말보다 행동을 통해 조직의 진정한 기준을 배우게 된다. 리더가 실수를 인정하고 피드백을 적극적으로 수용할 때, 조직은 변화와 실험을 두려워하지 않게 된다.

학습형 리더십의 핵심은 정답을 제시하는 능력이 아니라, 올바른 질문을 던지는 능력에 있다. "왜 이런 결과가 나왔는가?", "다른 선택지는 무엇이었는가?", "다음에는 무엇을 바꿀 수 있을까?"와 같은 질문들은 조직의 사고 수준을 한 단계 높여준다. 이러한 질문이 반복될수록 조직은 문제를 개인의 실패로 보지 않고, 시스템과 가설의 문제로 인식하게 된다.

문화는 단순한 선언으로 형성되지 않는다. 리더의 지속적인 선택과 행동이 쌓여서 비로소 문화가 만들어진다. 리더가 학습을 우선시하는 결정을 내릴 때, 예를 들어 단기 성과보다 실험과 개선을 중시할 때, 조직은 안전하게 도전할 수 있는 환경을 갖추게 된다. 이때 운영 시스템은 경직된 규칙이 아니라 학습을 촉진하는 플랫폼으로서 역할을 하게 된다.

결국 학습형 조직에서 리더십은 단순한 통제의 기술이 아니라, 집단 학습을 촉진하는 촉매제 역할을 한다. 리더가 학습의 모범이 될 때, 조직은 변화에 적응하는 것을 넘어 스스로 진화할 수 있는 역량을 갖추게 된다.

점검표

- 자동화 도구(CRM, 회계, 프로젝트 관리)를 적절히 도입했는가?
- 단순 매출뿐만 아니라 반복 구매율, 고객 유지율, 리드타임 등 운영 중심의 핵심 성과 지표(KPI)를 설정했는기?
- KPI가 전사 목표와 각 부서의 목표에 적절히 부합하고 있는가?
- 단기적인 운영뿐만 아니라 향후 팀 확장과 리더십 구조까지도 충분히 고려했는가?
- 운영 전략을 정기적으로 검토하고 개선하는 체계가 잘 마련되어 있는가?
- 조직의 공동 비전과 목표를 명확하고 효과적으로 전달하고 있는가?
- 기술 역량뿐만 아니라 피드백 수용 능력과 실패 대응 방식을 평가할 수 있는 체계를 구축했는가?
- 리더가 스스로 학습자로서 성장하는 모습을 팀원들에게 잘 보여주고 있는가?

연습 문제

1. 운영 KPI 설계 문제

   본인이 구상한 스타트업 모델을 바탕으로 다섯 가지 핵심 운영 KPI를 설정하고, 각 KPI의 측정 방법과 개선 방안을 구체적으로 설명해 보시오.

2. 조직 체계 설계 문제: 초기 5명으로 시작한 팀이 1년 후 15명으로 성장하는 경우, 어떤 역할과 부서를 추가해야 할까요?

   보고 체계와 협업 방식을 어떻게 설계할 수 있을까요?

3. 프로세스 최적화 시뮬레이션 문제

   고객 주문 접수부터 생산, 검수, 배송, 그리고 고객 응대에 이르는 전체 과정 중 병목 현상이 발생한다고 가정해 보겠습니다.

   어떤 분석 기법을 활용하여 병목 현상을 발견할 수 있을까요?

   자동화 도구를 도입하면 어떻게 효율성을 높일 수 있을까요?

4. 채용 전략 설계

   본인이 운영하는 스타트업을 가정하여, 첫 5명의 핵심 인재를 어떤 기준으로 선발할지에 대한 채용 철학과 평가 항목을 구체적으로 설계하시오.

5. 인재 유치 실습

   "왜 당신이 이 스타트업에 합류해야 하는가?"라는 질문에 답할 수 있는 공동의 비전과 성장 스토리를 작성해 보시오.

6. 리더십 자기진단

   본인이 리더로서 학습의 롤모델 역할을 얼마나 잘 수행하고 있는지 평가하고, 부족한 부분을 보완하기 위한 개인 성장 계획을 수립해 보시오.

맺음말: 운영 전략은 성장의 청사진이다

운영 전략은 단순한 내부 관리 기법에 그치지 않는다. 이는 스타트업이 가치를 반복적으로 창출하고, 그 가치를 확장할 수 있는 구조로 전환하는 청사진과 같다. 프로세스와 KPI를 통해 실행 과정을 체계적으로 측정하고, 시스템 기반의 운영으로 확장성을 확보하며, 학습하는 조직 문화를 통해 변화에 유연하게 대응할 때, 스타트업은 일시적인 성공을 넘어 지속 가능한 성장으로 나아갈 수 있다.

결국 시장을 지배하는 것은 가장 혁신적인 아이디어가 아니라, 그 아이디어를 끝까지 실행하고 끊임없이 개선해 나갈 수 있는 조직이다. 학습형 조직은 이러한 실행력을 장기적으로 유지할 수 있게 하는 핵심 기반이다.

12장

성장과 변화, 그리고 위기 대응 전략

"불확실성 속에서의 확장과 위기 대응은
철저히 준비된 시나리오 기반 의사결정에서 시작된다."

- 하워드 막크스, 벤처 투자가

성장은 가속이 아니라 균형의 문제다.

초기 생존의 고비를 넘긴 스타트업은 이제 '더 키울 수 있는가?'가 아니라 '어떻게 키울 것인가'라는 질문에 직면하게 된다. 이 시점에서 성장은 단순히 매출을 늘리거나 조직을 확장하는 것을 의미하지 않는다. 오히려 성장은 창업가에게 더 본질적인 선택을 요구한다. 어디까지 확장할 것인지, 언제 기존 전략을 수정하거나 전환할 것인지, 그리고 성장의 속도와 안정성을 어떻게 균형 있게 조율할 것인지에 관한 판단이 필요하다. 준비되지 않은 확장은 비용과 복잡성만 증가시킬 뿐이며, 변화의 적절한 시기를 놓친 전략은 시장에서 외면받기 쉽다. 따라서 창업 이후의 전략은 '빠른 성장'이 아니라 '반복할 수 있고 건강한 성장'을 목표로 재설계되어야 한다.

오늘날 창업 환경은 더욱 복잡한 고민을 안겨준다. 팬데믹과 지정학적 불확실성, 금리 및 환율 변동, 그리고 급격한 기술 패러다임의 전환이 스타트업의 성장 궤적을 끊임없이 흔들고 있다. 한때 효과적이었던 비즈니스 모델과 전략은 예상보다 훨씬 빠른 속도로 무력화되며, 성장과 위기, 확장과 축소가 더이상 순차적으로 일어나지 않는다. 이 모든 변화는 동시에 그리고 반복적으로 발생하고 있다.

이러한 환경에서 창업가가 가장 먼저 고민해야 할 질문은 '어떻게 더 빠르게 성장할 것인가'가 아니다. 진정으로 고민해야 할 것은 '어떻게 무너지지 않으면서 성장할 것인가'이다. 성장 속도보다 더 중요한 것은 견고한 구조이며, 무리한 확장보다 변화에 유연하게 대응하고 다시 일어설 수 있는 회복력이다.

이 장에서는 이러한 문제의식을 바탕으로 성장 이후 단계의 전략을 네 가지 축으로 통합하여 다룬다. 첫째, 검증된 가치를 어떻게 안전하게 확장할 것에 관한 확장 전략, 둘째, 환경 변화 속에서 언제 어떻게 방향을 전환하고 다각화할 것인가에 대한 전략, 셋째, 위기를 예측하고 체계적으로 대비하는 대응 전략, 넷째, 위기 이후에도 조직이 실행력을 회복할 수 있도록 하는 회복탄력성과 민첩한 실행 전략이다.

이 네 가지 전략은 각각 독립된 선택지가 아니라, 불확실한 시대 속에서 지속 가능한 성장을 이루기 위한 통합된 프레임워크이다. 이 장을 통해 독자들은 성장과 변화, 그리고 위기를 개별적인 사건이 아닌 하나의 전략적 흐름으로 이해하게 될 것이다.

1. 확장 전략: 검증된 가치를 안정적으로 확장하라

확장은 창업가에게 가장 매력적이면서도 동시에 가장 위험한 시기이다. 시장의 반응이 확인되고 매출이 발생하기 시작하면, 빠른 확장과 외형 성장을 유혹하는 신호들이 쏟아져 나온다. 하지만, 이 시기의 성장은 단순히 속도의 문제가 아니라 구조적인 문제이다. 확장을 단순한 규모 확대로 오해하면, 조직은 성장과 함께 내부 복잡성과 위험이 커지게 된다. 이 절에서는 확장을 '검증된 가치를 흔들림 없이 확장하는 과정'으로 정의하고, 이를 가능하게 하는 네 가지 핵심 요소를 살펴본다.

확장의 본질: 단순한 규모 확장이 아닌 구조적 전환

확장은 단순히 매출이나 고객 수를 늘리는 것이 아니다. 이는 사람 중심의 임기응변식 운영 방식을 구조와 시스템 중심의 운영으로 전환하는 과정이다. 초기에는 창업자의 판단력, 팀원들의 헌신, 그리고 비공식적인 소통만으로도 조직이 원활히 돌아간다. 하지만 조직이 커질수록 이러한 방식은 빠르게 한계에 부딪히게 된다. 같은 문제를 해결하는 데 더 많은 시간이 소요되고, 의사결정은 지연되며, 품질과 고객 경험의 편차도 커지기 마련이다.

많은 스타트업이 확장 단계에서 실패하는 이유는 단순히 성장을 시도했기 때문이 아니라, 성장에 필요한 체계적인 준비 없이 무리하게 확장에 나섰기 때문이다. 이 과정에서 발생하는 문제들은 매출 정체보다 훨씬 더 심각하다. 내부 혼란과 팀의 피로도 증가, 그리고 고객 불만의 누적은 결국 조직 전체의 신뢰를 크게 훼손하게 된다.

따라서 확장의 출발점은 반드시 PMF(Product-Market Fit)의 재검증이어야 한다. 초기 고객의 긍정적인 반응이 일시적인 현상이 아닌지, 그리고 반복할 수 있는 수요인지 반드시 확인해야 한다. 이를 판단하는 기준은 감이 아니라 명확한 지표에 기반해야 한다. 재구매율과 유지율이 일정 수준 이상으로 유지되고 있는지, 추천 지수(NPS)가 고객 만족도를 지속적으로 반영하는지, 그리고 단위 경제성(LTV/CAC)이 규모 확대 이후에도 악화하지 않는지를 꼼꼼히 점검해야 한다. 이러한 지표들이 안정화되지 않은 상태에서의 확장은 성장이라기보다 오히려 손실 구조의 확대에 가깝다.

핵심 가치 제안의 일관성 지속 유지

확장 과정에서 가장 먼저 흔들리는 요소는 브랜드와 가치 제안이다. 제품 라인이 확장되고 고객 세그먼트가 다양해질수록, 조직 내부에서는 "우리가 가장 잘하는 것은 무엇인가?"라는 질문에 대한 답이 점점 모호해지기 쉽다. 이때 많은 기업이 새로운 기회를 쫓아 메시지를 늘리고 기능을 추가하지만, 그 결과 고객에게 전달되는 인식은 오히려 분산되기 마련이다.

확장의 핵심 원칙은 새로운 요소를 추가하기 전에 기존의 약속을 반드시 지키는 것이다. 고객이 처음 이 제품과 서비스를 선택한 이유, 즉 핵심 문제 해결 방식과 기대하는 경험은 규모가 커져도 변함없이 유지되어야 한다. 확장 과정에서 고객이 느끼는 '이 회사다움'이 사라진다면, 성장은 곧 브랜드 희석으로 이어질 수밖에 없다.

이를 위해 조직은 고객 여정 전반에 걸쳐 일관성을 꼼꼼히 점검해야 한다. 마케팅 메시지가 동일한 가치 제안을 전달하는지, 제품과 서비스 품질에 채널이나 지역별 편차가 없는지, 고객 응대 기준과 톤이 일관되게 유지되고 있는지를 지속적으로 확인해야 한다. 가치 제안의 일관성은 성장 속도를 저해하는 제약이 아니라, 장기적인 신뢰와 충성도를 쌓는 든든한 기반이다. 이러한 기반이 탄탄할수록 확장은 오히려 더 빠르고 안정적으로 이루어질 수 있다.

시스템 중심 운영 체제로의 전환

조직이 성장함에 따라 창업자 개인의 판단과 직접적인 개입은 점차 병목 현상으로 작용하게 된다. 모든 결정을 창업자가 내려야 하고, 문제 해결이 특정 인물의 경험과 역량에 의존한다면 조직은 일정 규모 이상으로 확장되기 어렵다. 확장 단계에서 중요한 것은 '능력 있는 인재'를 단순히 늘리는 것이 아니라, 누가 맡더라도 동일한 결과를 만들어낼 수 있는 체계를 구축하는 것이다.

이를 위해 핵심 업무는 반드시 표준화되어야 한다. 반복적으로 수행되는 프로세스는 표준 운영 절차(SOP)로 문서화하고, 업무 인수인계가 원활하게 이루어질 수 있도록 체계화해야 한다. 또한 CRM, ERP, 마케팅 자동화 도구, 협업 플랫폼 등 디지털 시스템을 활용하여 정보 흐름과 의사결정을 구조화하는 것이 중요하다. 이는 단순히 업무 시간을 단축하려는 조치가 아니라, 운영의 일관성과 확장성을 확보하기 위한 전략적 선택이다.

시스템 전환의 목적은 단순한 통제가 아니다. 그 핵심은 예측 가능성에 있다. 고객 유치 과정, 주문 처리 속도, 고객 지원 응답 시간, 성과 보고 체계가 체계적으로 구축될수록 조직은 더 많은 고객을 효과적으로 관리하면서도 높은 품질을 유지할 수 있다. 시스템 기반 운영은 창업자를 현장에서 분리하는 것이 아니라, 그들이 더욱 높은 수준의 전략적 판단에 집중할 수 있도록 돕는 토대가 된다.

확장의 위험 요소와 안전장치 관리

성장은 항상 위험을 수반한다. 특히 빠른 확장은 눈에 보이지 않는 부작용을 점차 쌓이게 만든다. 품질 관리의 허점, 팀원들의 탈진, 현금 흐름의 압박, 특정 채널이나 고객군에 대한 과도한 의존 등은 확장 과정에서 자주 발생하는 위험 요소다. 문제는 이러한 위험이 일정 시점까지는 성장 수치에 가려 쉽게 드러나지 않는다는 점이다.

따라서 확장 단계에서는 성장을 저해하는 브레이크가 아니라, 방향을 조정해 주는 가드레일 지표가 필요하다. 유지율과 NPS는 고객 경험에서 발생하는 이상 신호를 조기에 감지하는 역할을 하며, 고객 응답 시간과 서비스 품질 지표는 내부 운영의 과부하 상태를 보여준다. 아울러 현금 전환 주기와 자금 소진 속도는 성장의 지속가능성을 평가하는 핵심 기준이 된다.

이러한 지표가 사전에 설정한 기준선 아래로 떨어지면, 조직은 성장 속도를 조절하거나 확장 전략을 재검토해야 한다. 이는 실패가 아니라 성장을 보호하기 위한 전략적 판단이다. 명확한 가드레일을 갖춘 조직만이 과속으로 인한 붕괴를 피하고, 장기적인 확장 궤도를 안정적으로 유지할 수 있다.

[사례] 속도보다 구조 확장을 우선하다

쿠팡은 단순히 마케팅을 확장하는 데 그치지 않고, 공격적인 성장을 추구했다. 그 핵심은 물류 인프라, IT 시스템, 배송 프로세스를 먼저 표준화하고 자동화하여 주문량이 급증해도 고객 경험의 일관성을 유지하는 데 있었다. 쿠팡의 성장 전략은 '더 많이 팔자'가 아니라 '더 많은 주문을 감당할 수 있는 체계를 먼저 구축하자'라는 전략적 선택의 결과였다.

시사점 확장의 핵심은 수요 확대가 아니라 처리 능력의 확장에 있다. 구조가 없는 성장은 결국 품질 저하로 이어진다.

2. 사업 전환 및 다각화 전략: 변화를 기회로 만드는 설계법

확장이 '검증된 가치를 확장하는 전략'이라면, 전환과 다각화는 기존 전략이 더이상 최적이 아닐 때 선택하는 재설계 전략이다. 모든 사업은 성장 곡선의 어느 시점에서 한계에 부딪히게 마련이다. 중요한 것은 그 한계를 실패로 받아들이느냐, 아니면 학습의 기회로 해석하느냐에 달려 있다. 이 절에서는 사업 전환을 우연한 선택이 아니라, 데이터와 고객의 신호에 기반한 전략적 의사결정으로 다룬다.

전환은 실패가 아니라 배움의 과정이다

사업의 성장은 결코 직선적이지 않다. 초기에는 효과적이었던 전략도 시장 환경, 경쟁 구도, 고객 행동의 변화로 인해 더이상 통하지 않는 순간이 반드시 찾아온다. 이때 전환(Pivot)은 방향을 잃었다는 신호가 아니라, 그동안 쌓아온 학습을 바탕으로 전략을 새롭게 정의하는 과정이다. 중요한 것은 '왜 실패했는가?'가 아니라 '무엇을 배웠는가?'이다.

전환이 필요한 시점은 감정이나 직관보다 구조적 지표의 변화를 통해 먼저 드러난다. 예를 들어, 고객 획득 비용(CAC)이 지속적으로 상승하는데도 전환율이나 유지율이 개선되지 않는다면, 이는 기존 전략이 규모의 경제를 실현하지 못하고 있다는 신호다. 또한, 유지율이 하락하거나 특정 기능에 대한 반복적인 불만이 발생하는 경우, 고객이 인식하는 핵심 가치와 실제 제공 가치 사이에 괴리가 존재함을 의미한다.

전환의 성공을 좌우하는 가장 중요한 요소는 바로 타이밍이다. 너무 늦은 전환은 자원과 신뢰를 소진시켜 선택의 폭을 좁히고, 반대로 너무 이른 전환은 충분한 학습 기회를 놓치게 만든다. 따라서 전환은 단순한 일회성 결정이 아니라, 지표와 고객 피드백을 지속적으로 분석한 결과로 이루어져야 한다. 잘 계획된 전환은 실패를 인정하는 것이 아니라, 다음 성장 단계로 나아가기 위한 전략적 도약이다.

전환의 핵심 방향: 전략적 선택의 네 가지 축

사업 전환은 단순한 무작위 방향 전환이 아니라, 무엇을 바꿀지에 대한 신중한 선택이다. 전환의 방향은 크게 네 가지 전략적 축으로 나눌 수 있으며, 각 축은 서로 다른 핵심 질문에 답을 제시한다.

첫째, 시장 전환 전략이다. 이는 기존의 핵심 역량과 문제 해결 방식을 유지하면서, 새로운 고객 세그먼트로 진출하는 것을 의미한다. 예를 들어, B2C에서 B2B로 전환할 때 제품 자체보다는 구매 의사결정 구조와 가치 인식의 변화에 주목해야 한다. 이 과정에서 중요한 점은 고객군의 변화 자체가 아니라, 기존 역량이 새로운 시장에서도 실질적인 문제 해결에 이바지할 수 있는지 검증하는 것이다.

둘째, 수익 모델의 전환이다. 이는 고객에게 제공하는 가치를 바꾸는 것이 아니라, 그 가치에 대한 보상 방식을 새롭게 조정하는 전략이다. 일회성 판매에서 구독형, 사용량 기반, 성과 기반 모델로 전환하면 반복적인 수익 구조를 구축할 수 있을 뿐만 아니라, 장기적으로 고객과의 관계 성격도 변화시킨다. 따라서 수익 모델의 전환은 단순한 가격 정책의 변경이 아니라, 고객과의 관계를 새롭게 정의하는 과정이다.

셋째, 채널 전환이다. 직접 판매 중심의 구조에서 플랫폼, 파트너, 시장 중심의 구조로 전환하는 방식은 확장성과 효율성을 동시에 향상시킬 수 있다. 하지만 채널 전환은 통제력 약화와 고객 접점의 간접화라는 새로운 위험을 수반하기 때문에, 어떤 채널이 핵심 관계를 유지하는지 명확히 구분하는 것이 중요하다.

넷째, 제품 및 서비스 다각화 전략이다. 이는 단일 제품이나 서비스에 대한 의존도를 낮추기 위해, 핵심 역량과 연계된 수평적 또는 수직적 확장을 시도하는 방안이다. 다각화의 주된 목적은 단순한 외형 성장에 있는 것이 아니라, 특정 시장이나 수익원에 대한 위험을 분산하는 데 있다.

이 네 가지 전환의 공통된 원칙은 핵심 역량과의 긴밀한 연계에 있다. 전환은 완전히 새롭게 시작하는 것이 아니라, 이미 잘하고 있는 역량을 다른 방식으로 활용하는 과정이다. 이 연결 고리가 약할수록 전환은 모험이 되지만, 강할수록 전략적인 진화로 이어진다.

전환 과정에서의 일관성 유지 관리

전환 전략이 실패하는 가장 큰 원인은 전략의 방향 자체보다는 전환 과정에서 발생하는 고객 경험의 단절에 있다. 전환이 고객에게 혼란으로 다가오는 순간, 기업은 신뢰를 잃게 된다. 이는 전환 자체의 문제라기보다는 변화가 어떻게 전달되고 실행되었는지에 문제가 있었기 때문이다.

전환의 핵심은 '무엇을 바꾸는가?'보다 '무엇을 지키는가?'를 명확히 하는 데 있다. 고객이 인식하는 핵심 문제와 브랜드 약속이 변함없이 유지된다면, 가치 전달 방식의 변화는 자연스러운 진화로 받아들여진다. 반면, 문제 정의 자체가 흔들리면 고객은 더이상 해당 기업을 신뢰할 기준을 잃게 된다.

따라서 전환 과정에서도 고객 여정의 핵심 접점은 반드시 유지되어야 한다. 제품 접근 방식, 가격 구조, 메시지 톤, 서비스 제공 방식 등은 한꺼번에 바꾸기보다는 단계적으로 조정하는 것이 바람직하며, 각 변화에 대해서는 고객에게 명확한 이유와 기대 효과를 함께 설명해야 한다. 전환은 단절이 아니라 연속성 속에서 이루어질 때 가장 효과적이다.

[사례] 끊임없는 변화를 통해 정체성을 확립하다

넷플릭스는 DVD 대여에서 스트리밍, 그리고 오리지널 콘텐츠 제작에 이르기까지 여러 차례 변화를 겪어왔다. 하지만 이러한 변화의 본질은 변하지 않았다. 바로 '언제 어디서나 원하는 콘텐츠를 즐길 수 있게 한다'라는 핵심 가치다. 기술과 수익 모델은 달라졌지만, 고객이 인식하는 문제의 본질이 유지되었기에 이 변화는 혼란이 아닌 진화로 받아들여졌다.

의의 및 시사점

- 전환은 정체성을 포기하는 것이 아니라, 정체성을 새롭게 표현하는 또 다른 구현 방식이다.
- 문제 정의가 명확히 유지되는 한, 전환 과정에서 고객의 신뢰는 흔들리지 않는다.

3. 위기 대응 전략: 위기 대응은 철저한 준비에서 시작된다

확장과 전환이 성장의 '방향성'을 다루는 전략이라면, 위기 대응은 성장의 지속가능성을 확보하는 전략이다. 위기는 언제 닥칠지 예측하기 어렵지만, 반복된다는 사실만큼은 분명하다. 따라서 위기 대응은 단순한 일회성 지침이 아니라, 조직의 상시 전략 역량으로, 체계적으로 구축되어야 한다. 이 절에서는 위기를 구조적으로 이해하고, 단계별 시나리오에 따라 대응하며, 실행 원칙을 명확히 하는 데 중점을 둔다.

위기는 예외가 아니라 늘 존재하는 현실이다

오늘날 스타트업에게 위기는 더이상 예외적인 사건이 아니다. 위기는 주기적으로, 그리고 점점 더 복합적인 형태로 나타나는 구조적인 조건에 가깝다. 팬데믹, 지정학적 갈등, 금리와 환율의 급격한 변동, 기술 패러다임의 전환 등은 개별 기업이 통제할 수 없는 요인이지만, 이들이 기업 생존에 미치는 영향은 결코 우연이 아니다.

2020년대 초반 팬데믹은 이러한 현실을 극명하게 드러냈다. 코로나19는 단순한 보건 위기를 넘어 전 세계 공급망을 붕괴시키고, 오프라인 중심의 수많은 비즈니스 모델을 단기간에 무력화시켰다. 이어진 인플레이션과 금리 인상은 자금 조달 환경을 급격히 경직시켜, 스타트업에게 가장 중요한 성장 동력인 투자 접근성을 크게 제한했다. 여기에 생성형 AI를 중심으로 한 기술 혁신은 산업의 규칙 자체를 새롭게 쓰고 있다. 불과 몇 년 전만 해도 경쟁력이 있었던 전략과 기술이 순식간에 무의미해지는 상황이 반복되고 있다.

이러한 환경에서는 창업이 더이상 '기회를 어떻게 포착할 것인가'에만 머무를 수 없다. 창업가는 불확실성 속에서 생존 전략을 설계하는 전략가로서, 위기를 예외가 아닌 상수로 인식하는 사고의 전환이 필요하다. 과거처럼 정교한 장기 계획이나 완성된 사업계획서만으로는 대응이 어렵다. 변화의 속도가 분석의 속도를 앞서는 시대에는 완벽한 준비보다 인지적 유연성과 신속한 실행력이 더욱 중요한 경쟁력이 된다.

결국 위기란 계획이 실패하는 것이 아니라, 계획이 세운 전제가 무너지는 순간을 의미한다. 위기를 전제로 전략을 수립하는 조직만이 반복되는 충격 속에서도 흔들림 없이 방향을 유지할 수 있다.

시나리오 기반 위기 대응: 불확실성을 체계적으로 관리하라

위기를 불가피한 요소로 받아들였다면, 다음 단계는 불확실성을 관리할 수 있는 체계로 전환하는 것이다. 이를 위해 가장 중요한 도구가 바로 전략적 시나리오 플래닝이다. 시나리오 플래닝은 단일한 미래를 예측하려는 것이 아니라, 다양한 가능한 미래를 가정하고 각 상황에 적합한 대응 방안을 미리 마련하는 접근법이다.

특히 자원과 여력이 제한된 스타트업에게 단일 전략에만 의존하는 것은 매우 위험하다. 작은 외부 충격에도 조직 전체가 흔들릴 수 있기 때문이다. 따라서 위기의 심각도를 구분하고, 단계별로 의사결정 기준과 실행 원칙을 명확히 설정하는 것이 중요하다. 일반적으로 위기 시나리오는 세 단계로 나누어 설계하는 것이 효과적이다.

A 안: 가벼운 위기 상황 - 효율성 중심의 대응 방안

A 안은 경기 변동, 계절성, 일시적인 수요 감소와 같은 상황을 전제로 한

다. 이 단계의 위기는 기업의 존립을 직접적으로 위협하지는 않지만, 수익성과 현금 흐름에 압박을 가한다. 따라서 핵심 전략은 구조 전환이 아니라 운영 효율성 제고에 집중하는 것이다. 신규 고객 확보보다는 기존 고객 유지에 힘쓰고, 수익성이 낮은 채널은 축소하며, 단기 현금 흐름 개선에 주력한다. 이 단계의 목표는 성장이 아닌 안정화에 있다.

B 안: 중간 단계 위기 - 선택과 집중 전략

B 안은 투자 지연, 핵심 인력 이탈, 예상치 못한 현금 압박 등 내부적인 충격이 함께 발생하는 상황을 의미한다. 이 단계에서는 단순한 비용 절감만으로는 문제를 해결하기에 부족하다. 조직은 무엇을 유지하고 무엇을 포기할지에 대해 명확한 결정을 내려야 한다. 비핵심 사업과 프로젝트는 과감히 중단하고, 수익성과 전략적 중요성이 높은 분야에 자원을 집중해야 한다. 동시에 핵심 인재와 주요 고객을 보호하는 것이 최우선 과제가 된다.

C 안: 심각한 위기 상황 - 근본적인 전환 필요

C 안은 규제 변화, 시장 붕괴, 기술 혁신 등으로 기존 비즈니스 모델이 무력화되는 상황을 가정한다. 이 단계에서는 단순한 효율화나 구조 조정만으로는 생존이 어렵다. 창업가는 근본적인 전략 전환을 결단해야 하며, 제품, 시장, 수익 구조, 기술 기반을 새롭게 정의하거나 전략적 제휴 및 인수합병을 통해 완전히 새로운 성장 경로를 모색해야 할 수도 있다. 이는 단순한 위기 대응을 넘어, 조직이 새로운 정체성으로 거듭나는 과정이다.

시나리오 플래닝의 핵심은 단계별로 트리거 지표, 의사결정 권한, 그리고 즉시 실행할 수 있는 행동 목록을 미리 명확히 설정하는 데 있다. 위기 상황에서의 신속한 대응은 이러한 준비된 체계에서 비롯된다.

위기 대응의 핵심 원칙: 신속성, 선택의 정확성, 그리고 신뢰 구축

위기 상황에서 가장 위험한 선택은 '아무런 행동도 하지 않는 것'이다. 완벽한 정보를 기다리는 동안 상황은 이미 악화될 수 있다. 위기 대응의 첫 번째 원칙은 신속함이다. 불완전한 정보 속에서도 방향을 정하고 실행하며, 그 결과를 빠르게 수정해야 한다.

두 번째 원칙은 '선택'이다. 위기 상황에서는 모든 것을 지킬 수 없으므로, 조직은 반드시 지켜야 할 것과 내려놓을 수 있는 것을 명확히 구분하고 우선순위를 정해야 한다. 핵심 고객, 핵심 역량, 핵심 인재는 반드시 보호해야 할 대상이며, 그 외의 요소들은 상황에 맞게 유연하게 조정할 수 있어야 한다.

세 번째 원칙은 신뢰의 유지이다. 위기 상황에서의 의사결정은 구성원과 이해관계자에게 불안과 혼란을 초래할 수 있다. 이때 리더의 역할은 모든 문제를 해결하는 것이 아니라, 왜 이러한 선택을 했는지 명확하게 설명하고 신뢰를 지키는 데 있다. 투명한 소통과 일관된 메시지는 조직이 위기를 극복하는 데 가장 강력한 자산이 된다.

결국 위기 대응 전략의 목적은 단순히 생존하는 데 있지 않다. 위기를 통해 조직은 자신을 재정의하고, 다음 성장 단계로 나아갈 수 있는 전략적 전환점을 마련하게 된다. 철저히 준비된 조직에 위기는 끝이 아니라 새로운 시작의 기회가 되는 것이다.

[에어비앤비 사례] 위기를 기회로 삼아 구조를 재설계하다

코로나19로 여행 수요가 급격히 감소하자, 에어비앤비는 단순한 비용 절감에 그치지 않고 전략적인 구조 조정을 단행했다. 비핵심 프로젝트를 과감히 정리하는 한편, 핵심 고객 경험과 호스트 신뢰 회복에 자원을 집중했다. 또한 중장기적으로 수익성이 낮은 사업 부문을 과감히 정리하며 미래를 대비했다.

의의 및 시사점 위기는 기존 전략을 고수하는 시험이 아니라, 전략을 새롭게 조정하는 기회이다. 또한 선택과 집중이 생존의 속도를 좌우한다.

4. 회복탄력성과 민첩한 실행: 다시 도약하는 조직의 필수 조건

위기를 예측하고 시나리오별로 대비하는 전략이 조직을 '무너지지 않게' 지탱한다면, 회복탄력성과 민첩한 실행력은 조직을 다시 움직이게 하는 원동력이다. 위기를 겪은 후에도 조직이 정체되지 않고 다음 단계로 나아가기 위해서는 단기적 대응을 넘어선 구조적 역량이 필수적이다. 이 절에서는 위기 이후 조직이 어떻게 회복하고, 어떻게 실행 속도를 회복하는지 살펴본다.

회복탄력성은 하나의 구조이다

회복탄력성은 단순히 개인의 정신력이나 낙관적인 태도에만 의존하는 것이 아니다. 조직 차원의 회복탄력성은 위기를 해석하는 방식, 자원을 재배치하는 능력, 그리고 외부와의 연결 구조가 결합한 결과다. 같은 위기를 겪더라도 어떤 조직은 무너지지만, 어떤 조직은 더욱 견고해지는 이유가 바로 여기에 있다.

회복탄력성이 뛰어난 조직은 위기를 '실패의 증거'로 보지 않고, 오히려 학습이 필요한 전환점으로 인식한다. 이는 위기의 원인을 숨기거나 책임을 회피하지 않고, 무엇이 가정이고 무엇이 현실인지를 냉철하게 구분하는 태도에서 비롯된다. 이러한 인식은 조직 구성원들이 위기를 끝이 아닌 다음 단계로 나아가기 위한 과정으로 받아들이게 한다.

회복탄력성은 핵심 자산을 선별적으로 보호하는 구조적 판단을 포함한다. 모든 것을 지키려는 조직은 결국 아무것도 지키지 못하게 마련이다. 회복탄력성이 강한 조직은 핵심 고객, 핵심 역량, 핵심 인재를 먼저 보호하며, 그 외의 요소들은 유연하게 재조정한다. 여기에 외부 파트너, 투자자, 네트워크와의 연결성이 더해지면 조직은 고립되지 않고 회복 속도를 더욱 높일 수 있다.

즉, 회복탄력성은 단순히 위기를 견디는 능력이 아니라, 위기 이후에도 조직의 정체성을 유지하면서 다시 설계할 수 있는 구조적 역량을 의미한다.

민첩한 실행은 하나의 리듬이다

민첩한 실행은 단순히 '빠르게 움직이는 것'만을 뜻하지 않는다. 이는 짧은 학습 주기를 끊임없이 유지하는 실행의 리듬을 의미한다. 불확실성이 큰 환경에서는 완벽한 계획이 완성되는 순간 이미 그 유효성이 사라지는 경우가 많다. 따라서 중요한 것은 계획의 완성도가 아니라, 실행과 학습이 얼마나 신속하게 반복되는가에 달려 있다.

민첩한 실행의 핵심은 작은 단위의 실험을 반복하는 데 있다. 이를 가능하게 하는 대표적인 도구가 바로 MVP다. MVP는 완성된 제품이 아니라, 가설을 검증하기 위한 최소한의 실험 장치다. 핵심 기능만으로 시장 반응을 확인하고, 실제 사용 데이터와 피드백을 바탕으로 다음 행동을 결정한다.

이 실행 구조는 '실행 → 피드백 → 수정'이라는 짧은 순환 과정을 기본으로 한다. 이 주기가 길어질수록 조직은 시장 변화에 둔감해지고, 잘못된 가설에 더 많은 자원을 낭비하게 된다. 반대로 주기가 짧을수록 실패에 따른 비용은 줄어들고, 학습의 효율성은 높아진다. 무엇보다 중요한 것은 모든 판단이 측정할 수 있는 데이터를 바탕으로 이루어져야 한다는 점이다. 직관은 출발점이 될 수 있으나, 그것에만 의존해 방향을 고정해서는 안 된다.

민첩한 실행은 단순히 속도의 문제가 아니라, 조직이 끊임없이 학습할 수 있도록 운영 리듬을 유지하는 데 달려 있다.

회복과 실행의 조화: 기반과 추진력의 균형 맞추기

회복탄력성과 민첩한 실행은 각각 독립적인 역량이 아니다. 이 두 요소는 반드시 결합되어야 비로소 실질적인 효과를 발휘할 수 있다. 회복탄력성 없이 실행 속도만 높아지면 조직은 방향성을 잃고 무의미하게 소모될 위험이 있다. 반대로 실행력이 뒷받침되지 않는 회복탄력성은 조직을 현상 유지에 머무르게 하여, 위기를 기회로 전환하는 데 실패하게 만든다.

회복탄력성은 조직이 외부 충격을 흡수하고 내부 자원을 재조정할 수 있는 토대가 된다. 이러한 토대 위에서만 민첩한 실행이 진정한 의미를 지닌다. 마치 견고한 지반 위에서만 빠른 이동이 가능한 것처럼, 회복의 기반이 없는 실행은 불안정할 수밖에 없다.

이 두 가지를 결합하는 핵심은 속도와 안정성 사이의 균형을 잘 맞추는 데 있다. 모든 상황에서 무조건 속도를 높이는 것이 항상 옳은 선택은 아니다. 고객의 요구가 급격히 변하거나 시장 반응이 명확할 때는 실행 속도를 높여야 하지만, 재무적 압박이 심해지거나 조직의 피로가 누적되면 잠시 속도를 조절하며 회복력을 강화하는 것이 필요하다. 이러한 판단은 자동화된 규칙에 의존하는 것이 아니라, 리더십의 전략적 통찰력에서 비롯된다.

결국 위기 이후의 성장은 우연이 아니라 철저한 설계의 결과이다. 회복탄력성은 조직이 다시 일어설 수 있는 근간이며, 민첩한 실행력은 그 위에 새로운 가지를 뻗게 하는 원동력이다. 이 두 요소의 균형이 잘 맞을 때, 스타트업은 불확실한 상황 속에서도 끊임없이 재도약하며 위기를 새로운 성장의 전환점으로 만들어 나갈 수 있다.

[사례] 실패를 배움으로 바꾼 회복 전략

슬랙은 원래 게임 회사로 시작했으나, 게임 사업의 실패 이후 내부 협업 도구에 대한 사용자 반응을 자세히 분석하며 방향을 전환했다. 그 핵심에는 실패를 숨기지 않고 데이터를 기반으로 학습하며 신속하게 실행하는 조직 문화가 자리 잡고 있었다.

의의 및 시사점 회복탄력성은 낙관주의가 아니라 학습 속도에서 비롯된다. 또한 빠른 실험과 실행은 실패를 귀중한 자산으로 바꾼다.

실행 점검표

- 현재 사업의 PMF 지표인 유지율, 재구매율, LTV/CAC가 확장에 충분한 수준인지 평가하고 있는가?
- 핵심 가치 제안이 채널, 지역, 고객군 확장 시에도 일관되게 전달되고 있는가?
- 전환이 필요하다는 신후(예: CAC 상승, 유지율 하락 등)를 정기적으로 점검하고 있는가?
- A, B, C 위기 시나리오와 즉시 실행할 수 있는 대응 계획이 문서로 만들어져 있는가?
- 위기 이후에도 신속한 실험과 실행을 가능하게 하는 조직의 리듬이 잘 유지되고 있는가?

<u>연습 문제</u>

1. 현재 우리 사업은 확장, 전환, 위기 대응 중 어느 단계에 해당하며, 그 근거는 무엇인가?

2. 핵심 가치를 유지하면서 시도할 수 있는 전환 또는 다각화 방안 두 가지를 제안하시오.

3. 가장 가능성이 높은 위기 시나리오(B 안)를 선정한 후, 이에 대한 30일 대응 계획을 수립하시오.

4. 최근의 실패 사례 중 하나를 선택하여, 이를 학습 자산으로 전환할 수 있는 구체적인 실행 계획을 수립하시오.

5. 회복탄력성과 민첩한 실행력을 동시에 강화하기 위한 팀 운영 원칙 세 가지를 제시하시오.

맺음말: 성장의 설계도는 위기 속에서 비로소 완성된다

성장은 단순히 빠르게 확장하는 경쟁이 아니라, 속도와 안정성, 실행과 성찰 사이의 균형을 설계하는 과정이다. 이 장에서 다룬 확장, 전환, 위기 대응, 회복탄력성, 그리고 민첩한 실행은 각각 독립된 전략이 아니라 불확실한 시대를 관통하는 하나의 성장 논리이다. 검증된 가치를 확장하는 능력, 변화의 신호를 포착해 방향을 조정하는 판단력, 위기를 전제로 한 대비 구조, 그리고 다시 움직일 수 있는 조직의 회복력은 모두 기업이 얼마나 오래, 그리고 얼마나 건강하게 성장할 수 있는지를 평가하는 중요한 기준이다.

불확실성이 일상이 된 환경에서는 완벽한 계획이나 과거의 성공 공식이 더이상 안전한 해답이 되지 않는다. 중요한 것은 모든 변수를 통제하려는 시도가 아니라, 변화 속에서도 중심을 잃지 않는 전략적 사고이다. 성장과 전환, 위기 대응은 단절된 사건이 아니라 학습의 연속선 위에 있으며, 그 학습을 얼마나 빠르고 정직하게 전략으로 전환할 수 있느냐가 기업의 지속가능성을 결정한다.

결국 성장은 단순한 가속의 문제가 아니라 설계의 문제이다. 검증된 가치를 무리 없이 확장하고, 환경 변화에 맞춰 유연하게 전환하며, 위기를 예외가 아닌 당연한 전제로 받아들이고 실패를 학습의 기회로 전환할 수 있을 때, 기업은 일시적인 성과를 넘어 지속 가능한 성장 구조를 갖출 수 있다. 불확실성의 시대에 살아남는 기업은 가장 빠르거나 가장 큰 기업이 아니라, 위기 속에서 자신을 재설계하며 가장 잘 적응하는 기업이다. 성장의 설계도는 평온한 시기가 아니라 언제나 위기 한가운데서 비로소 완성된다.

PART 7

창업가의 성장 로드맵

비전을 현실로 완성하는 마지막 전략

· · ·

사업의 한계는 궁극적으로 창업가 자신의 한계에서 비롯된다. 이 파트에서는 창업가가 자기 인식을 바탕으로 리더십을 성장시키며, 전략을 주도하는 주체로서 어떻게 진화해야 하는지를 다룬다. 나아가 지금까지 수립한 모든 전략을 하나의 로드맵으로 통합하고, 사업계획서를 통해 사고와 실행을 일관된 구조로 정렬하는 방법을 제시한다. PART 7은 전략의 종착점이 아닌 완성 단계로서, 비전을 현실화하는 창업가의 최종 설계 과정을 담고 있다.

13장

창업가의 리더십과 자기 성장 전략

> "창업가는 조직과 팀의 성장을 책임지는 봉사적 리더가 되어야 한다."
>
> - 사이먼 시넥, 리더십 사상가

기업의 한계는 곧 창업가의 한계이다

스타트업의 성장은 흔히 시장 규모나 기술 경쟁력으로 설명되지만, 일정한 성장 단계를 넘어서면 이러한 설명은 점차 설득력을 잃게 된다. 조직이 커지고 이해관계자가 늘어날수록 기업의 성과는 외부 요인보다는 창업가 개인의 사고방식, 의사결정 구조, 그리고 리더십의 성숙도에 더 크게 영향을 받기 시작한다. 초기에는 창업가의 아이디어와 실행력이 조직을 이끌지만, 성장 단계에 이르면 같은 방식이 오히려 조직 확장의 걸림돌이 되기도 한다.

이 시점에서 기업이 직면한 한계는 더이상 자원의 부족이나 시장 환경의 문제가 아니라, 창업가가 자신을 얼마나 재정의하고 확장할 수 있느냐로 전환된다. 리더가 변하지 않으면 조직도 변하지 않으며, 리더의 사고방식이 고정되면 전략 역시 경직될 수밖에 없다. 따라서 창업가의 성장은 단순한 자기 계발이 아니라 기업의 지속가능성을 결정짓는 핵심 전략이라 할 수 있다.

이 장에서는 창업가의 성장을 단순한 개인적 성찰에 그치지 않는다. 자

기 인식, 리더십 확장, 그리고 지속 가능한 성장 루틴은 각각 별개의 주제
가 아니라 하나의 연속적인 전략 체계로, 유기적으로 연결된다. 이러한 구
조가 갖추어질 때, 창업가는 단기적인 성과를 넘어 장기적인 조직 성장의
핵심 축으로 자리매김할 수 있다.

1. 자기 인식과 전략 재정비: 리더십의 시작점

자기 인식은 전략적 역량이다

자기 인식은 흔히 감정 관리나 심리적 성찰의 영역으로 오해되기 쉽지만, 창업가에게 있어서는 명확한 전략적 역량이다. 이는 자신의 판단 방식, 의사결정 습관, 행동 패턴이 조직의 성과에 어떤 영향을 미치는지를 객관적으로 파악하고, 이를 전략적으로 조정할 수 있는 능력을 뜻한다. 다시 말해, 자기 인식은 '나를 이해하는 것'이 아니라 '조직이 어떻게 작동하는지를 이해하는 출발점'이라 할 수 있다.

많은 창업가는 시장 변화와 경쟁 환경에는 민감하게 반응하지만, 정작 자신의 사고방식과 리더십 스타일이 여전히 유효한지에 대해서는 점검하지 않는 경우가 많다. 그러나 시장이 변하면 전략도 바뀌어야 하며, 전략이 바뀌면 리더십 역시 함께 진화해야 한다. 과거의 성공을 끌어낸 판단 기준이 현재의 성장 단계에서도 똑같이 통할 것이라고 가정하는 순간, 리더십은 보이지 않는 제약으로 작용하게 된다.

자기 인식의 핵심은 자신의 강점과 한계를 감정에 휘둘리지 않고 명확한 구조로 구분하여 이해하는 데 있다. 예를 들어, 비전 제시 능력, 실행 속도, 네트워킹 역량은 분명 강점으로 작용할 수 있다. 하지만 동시에 과도한 통제 욕구, 위임의 어려움, 감정에 따른 의사결정은 조직 내 병목 현상을 초래할 수 있다. 이 두 영역을 명확히 구분하지 못하면 창업가는 자신의 강점을 반복적으로 활용하다가, 그 강점이 한계로 전환되는 순간을 놓치기 쉽다. 자기 인식이란 바로 이러한 전환점을 조기에 감지할 수 있게 해주는 전략적 감각이라 할 수 있다.

성과 재분석 및 전략의 재정비

자기 인식이 전략적 역량으로 기능하려면 반드시 성과 재분석과 연계되어야 한다. 이때 성과는 단순히 매출, 이익, 성장률과 같은 재무 건전성 지표에만 국한되지 않는다. 고객 충성도와 이탈률, 팀의 안정성 및 이직률, 조직 문화의 일관성, 의사결정의 속도와 품질 등도 함께 분석해야 한다. 이러한 비재무적 지표들은 리더십의 질이 조직에 어떻게 반영되고 있는지를 보여주는 중요한 신호다.

이 과정에서 창업가는 한 가지 핵심 질문과 마주하게 된다. "현재의 성과는 어떤 전략과 리더십 선택의 결과인가?" 이 질문은 단순한 반성을 넘어, 앞으로의 전략 방향을 결정하는 중요한 기준이 된다. 특정 성과가 반복적으로 나타난다면, 그 이면에는 반복되는 의사결정 패턴과 리더십 행동이 자리하고 있다. 이를 명확히 인식할 때, 창업가는 전략을 유지할지, 일부 조정할지, 아니면 근본적으로 전환할지를 신중하게 판단할 수 있다.

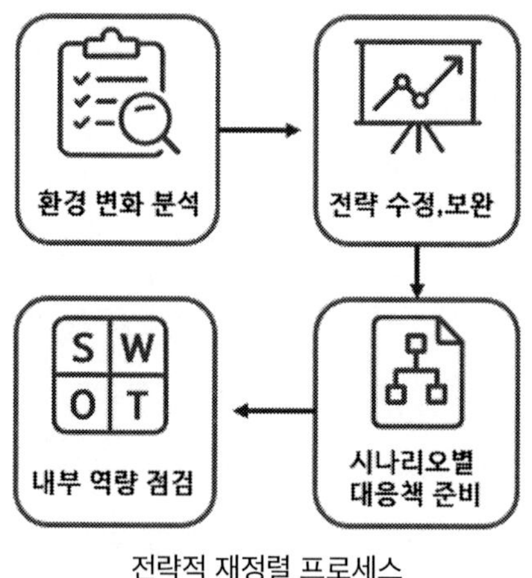

전략적 재정렬 프로세스

전략 재정렬은 기존 전략이 잘못되었음을 인정하는 과정이 아니다. 오히려 축적된 경험과 성과를 바탕으로 전략의 가설을 새롭게 수정하는 학습의 과정이다. 성숙한 리더십은 단순히 전략을 고수하는 데서 나타나는 것이 아니라, 변화하는 환경 속에서 무엇을 유지하고 무엇을 조정할지 판단하는 능력에서 드러난다.

피드백 루프와 반복 학습 구조의 이해

자기 인식은 혼자만의 성찰로 완성되기 어렵다. 창업가는 조직의 중심에 자리 잡고 있어 자신을 객관적으로 바라보기 가장 힘든 처지에 있다. 따라서 자기 인식이 지속적인 전략 역량으로 기능하려면 외부의 관점을 체계적으로 수용할 수 있는 구조가 필요하다.

360도 피드백, 멘토와 투자자의 조언, 그리고 팀원과 고객의 시각은 창업가가 미처 인지하지 못한 사각지대를 밝혀준다. 중요한 점은 이러한 피드백을 단순한 일회성 의견으로 끝내지 않고, 반복되는 패턴으로 분석하는 것이다. 여기에 저널링과 정기적인 회고를 더하면, 창업가는 자신의 판단과 행동을 시간의 흐름 속에서 객관적으로 관찰할 수 있게 된다.

이와 같이 형성된 피드백 루프는 자기 인식을 반복 학습의 구조로 전환한다. 감정이나 방어적인 태도에 의존한 자기 평가가 아니라, 데이터와 반복되는 신호를 바탕으로 자신과 전략을 재설계할 수 있게 되는 것이다. 이러한 구조가 작동할 때, 창업가는 더이상 즉흥적인 리더가 아니라 자신을 끊임없이 업데이트하는 전략적 리더로 성장하게 된다.

[사례 1] 스타벅스: 자기 인식을 통해 정체성을 회복한 이야기

2000년대 중반, 스타벅스는 빠른 글로벌 확장 과정에서 본래의 브랜드 정체성을 잃어 매출이 정체되고 고객 이탈이 발생하는 어려움을 겪었다. 이에 창업자 하워드 슐츠가 CEO로 복귀하여 성과를 재분석했다. 매출은 증가했지만 고객 충성도는 하락했고, 매장 경험은 기계적인 서비스로 전락했다는 점을 명확히 인식했다.

슐츠는 이 경험을 자기 인식의 계기로 삼아 스타벅스의 본질적 가치인 '사람과 사람을 잇는 제3의 공간'을 다시 한번 확고히 다졌다. 이후 그는 원두 품질 회복, 바리스타 교육 강화, 불필요한 확장 중단 등 다양한 개선 방안을 실행하며 브랜드 신뢰를 되찾았다.

주요 교훈 : 자기 인식은 성장을 멈추는 반성이 아니라, 성장의 방향을 조정하는 전략적 출발점이다.

[사례 2] 에어비앤비: 성과 재분석을 통한 위기 극복 전략 소개

코로나19 팬데믹은 여행 산업을 마비시키며 에어비앤비의 예약 취소와 수익 급감을 초래했다. 창업자 브라이언 체스키는 철저한 성과 재분석과 피드백 수집을 통해 상황을 재평가했다. 단기 숙박 수요는 급격히 감소했지만, 장기 체류와 온라인 체험 서비스에 대한 수요는 오히려 증가하는 추세를 보였다. 또한 내부적으로는 비용 구조의 비효율성이 드러났다.

체스키는 이러한 상황을 바탕으로 대규모 인력 감축이라는 어려운 결정을 내렸지만, 직원들에게 공정한 보상과 지원을 제공하며 리더십에 대한 신뢰를 지켰다. 동시에 핵심 사업을 단순화하고, 성장 잠재력이 높은 장기 숙박과 온라인 체험에 집중했다. 그 결과 에어비앤비는 위기를 기회로 바꾸어 2021년 IPO에 성공했으며, 팬데믹 이후 가장 빠르게 회복한 글로벌 플랫폼으로 자리매김했다.

주요 교훈 : 성과 재분석과 자기 인식은 위기 상황에서 무엇을 포기하고 무엇에 집중해야 하는지를 명확하게 알려준다.

점검표

- 자신의 강점과 약점이 명확하게 파악되어 있는가?
- 재무 성과와 임팩트 지표를 함께 검토하고 있는가?
- 외부와 내부로부터 정기적으로 피드백을 받고 있는가?

<u>연습 문제</u>

1. 최근 6개월간 내린 주요 의사결정 세 가지를 선정하고, 각 결정의 결과와 그
로부터 얻은 교훈을 기록해 보시오.

2. 360도 피드백을 받을 수 있는 이해관계자 그룹을 설계하고, 이에 적합한 질
문 항목을 작성하시오.

2. 리더십 유형과 역량의 심화 및 확장

스타트업 초기의 리더십은 개인의 역량과 결단력에 크게 의존한다. 창업가는 문제를 직접 정의하고 해결책을 제시하며 실행을 주도하는 중심적인 역할을 맡는다. 그러나 조직이 성장함에 따라 이러한 리더십 방식은 점차 한계에 부딪히게 된다. 더이상 모든 결정을 혼자 내릴 수 없고, 모든 문제를 단독으로 해결하기도 어려워진다. 이 시점에서 리더십은 개인의 능력에 의존하는 문제에서 벗어나, 확장할 수 있는 조직 구조를 구축하는 문제로 전환된다.

리더십의 확장은 단순히 '더 강한 리더'가 되는 것이 아니라, 상황과 성장 단계에 맞춰 다양한 리더십 스타일을 조합하고 유연하게 전환할 수 있는 능력을 키우는 과정이다. 이 절에서는 창업가가 반드시 숙지해야 할 세 가지 핵심 리더십 유형과 이를 효과적으로 통합하여 확장하는 방법을 살펴본다.

구분	비전 리더십	서번트 리더십	코칭 리더십
핵심 정의	방향과 목적을 분명히 제시하여 조직을 하나로 결집하는 리더십	구성원의 성장을 촉진하고 장애물을 해소하는 지원적 리더십	질문과 피드백을 활용하여 구성원들이 스스로 문제를 해결하고 학습할 수 있도록 이끄는 리더십
주요 역할	비전 수립과 전달, 전략의 정렬, 그리고 에너지의 결집	권한 위임, 장애물 제거, 성장 기회 제공	사고의 폭을 넓히고, 피드백을 제공하며, 자기 성찰을 촉진
실행 방법	비전을 1~2문장으로 간결하게 요약하고, 핵심 전략 축을 제시한 후 전략 지도를 공유	장애물 극복 보드, 성장 대화, 학습 자료 지원	5Q 체크인, 회고(사실 → 느낌 → 교훈 → 행동), 짧고 자주 하는 피드백

구분	비전 리더십	서번트 리더십	코칭 리더십
효과 측정	목표 정렬도, 전략 소통 도달률, 비전 이해도 평가	프로젝트 리드타임, 내부 승진율, 심리적 안전감	코칭 세션 빈도, 문제 해결의 자율성, 학습 실험 전환율
장점	방향성 명확화와 조직 에너지 결집 강화	자율성 증진과 장기적 성장 촉진	자기 주도 학습 능력 향상과 창의적인 문제 해결력 강화
주의점	비전과 실행 간의 괴리 위험	기준과 책임이 약화될 가능성	과도한 자율성 부여는 방임으로 이어질 위험이 있음
적합한 상황	전략적 전환기와 조직의 혼란기	확장 단계에서 권한 분산이 필요할 때	핵심 인재 양성기와 학습 문화 정착기

세 가지 리더십 유형 비교

비전 리더십: 방향을 확고히 하는 힘

비전 리더십은 조직의 향방을 명확하게 제시하는 역할을 한다. 불확실성이 커질수록 구성원들은 각자 다른 판단 기준에 따라 움직이기 쉬워, 조직의 에너지가 분산되기 마련이다. 이럴 때 리더가 가장 중요하게 해야 할 일은 모든 답을 제시하는 것이 아니라, 의사결정의 기준이 되는 방향성을 일관되게 유지하는 것이다.

비전은 단순한 선언문이 아니라 전략적 선택의 기준이 되어야 한다. 어떤 기회를 추구하고, 어떤 제안을 거절할지, 그리고 자원을 어디에 우선 배분할지를 결정하는 나침반 역할을 해야 한다. 따라서 효과적인 비전 리더십은 회사의 미션과 장기 목표를 연간 전략, 분기별 OKR, 그리고 팀 단위의 실행 과제로, 체계적으로 연결하는 구조를 갖추어야 한다. 이 연결 고리가 명확할수록 구성원들은 자신의 역할이 전체 전략에서 어떤 의미를 지니는지 더욱 잘 이해할 수 있다.

비전 리더십이 부족한 조직은 실행은 활발하지만, 방향성이 흔들리기 쉽다. 반면, 비전이 명확한 조직은 변화가 많아도 전략적 일관성을 유지하며, 구성원 각자의 자율적인 판단이 동일한 방향으로 모아진다. 성장기 스타트업에서 비전 리더십은 단순히 조직의 속도를 높이는 도구가 아니라, 속도가 빨라질수록 방향을 잃지 않도록 돕는 안전장치이다.

서번트 리더십: 성과 창출을 위한 환경 조성

조직의 규모가 커질수록 리더십의 영향력은 직접적인 개입에서 점차 멀어지게 된다. 이때 필요한 리더십이 바로 서번트 리더십이다. 서번트 리더십은 리더가 앞장서서 이끄는 방식이 아니라, 구성원들이 성과를 낼 수 있는 환경을 조성하는 데 중점을 둔다.

서번트 리더십의 핵심은 '무엇을 지시할 것인가'에 있지 않고, '성과를 방해하는 요인은 무엇인가'를 찾아 제거하는 데 있다. 불명확한 권한, 정보의 비대칭, 불필요한 승인 절차, 낙후된 도구와 시스템 등은 모두 구성원의 실행력을 저해하는 장애물이다. 리더는 이러한 장애물을 인지하고 제거함으로써 조직이 자율적으로 움직일 수 있도록 지원해야 한다.

권한 위임은 서번트 리더십의 핵심 요소이지만, 단순히 업무를 맡기는 것과는 차이가 있다. 효과적인 위임을 위해서는 목표, 책임 범위, 의사결정 권한이 명확하게 규정되어야 한다. 또한, 정보 접근성과 실행 도구가 충분히 제공될 때 구성원들은 주인의식을 가지고 자율적으로 행동할 수 있다. 이러한 리더십이 자리 잡을수록 조직은 창업가 개인의 역량에 의존하지 않고, 집단적인 실행력을 갖춘 체계로 발전하게 된다.

코칭 리더십: 학습 속도를 올리는 질문의 힘

코칭 리더십은 구성원의 성장을 촉진하여 조직의 역량을 강화하는 리더십 방식이다. 이는 문제에 대한 해답을 직접 제시하기보다는, 질문을 통해 구성원의 사고 수준을 높이는 접근법을 의미한다. 급변하는 환경에서는 정답을 아는 리더보다 더 나은 질문을 던질 수 있는 리더가 더욱 필요하다.

코칭 리더십이 자리 잡은 조직에서는 실패를 처벌의 대상이 아닌 학습의 기회로 삼는다. 리더는 결과보다는 과정에서 얻은 교훈에 주목하며, 구성원들에게 스스로 문제를 정의하고 해결책을 모색하도록 격려한다. 이러한 접근은 개인의 역량을 조직 전체의 소중한 자산으로 발전시키는 밑거름이 된다.

정기적인 1:1 미팅, 팀 회고, 프로젝트 리뷰는 코칭 리더십을 일상적인 운영 리듬으로 정착시키는 핵심 요소이다. 이 과정에서 리더는 단순한 조언자보다는 촉진자의 역할을 맡게 된다. 코칭 리더십이 조직에 뿌리내릴수록 학습 속도는 더욱 빨라지고, 변화에 대한 적응력도 자연스럽게 향상된다.

리더십의 통합적 확장: 상황에 적합한 조합 능력 강화

성숙한 창업가의 리더십은 특정 유형에 국한되지 않는다. 중요한 것은 어떤 리더십이 '옳은가'가 아니라, 상황에 맞춰 언제 어떤 리더십을 강화해야 하는지를 판단하는 능력이다. 위기나 전환기에는 비전 리더십이, 조직이 성장하는 확장 단계에서는 서번트 리더십이, 인재 육성과 조직 학습이 필요한 시기에는 코칭 리더십이 상대적으로 더욱 강조되어야 한다.

리더십의 확장은 단순히 새로운 역할을 더하는 것이 아니라, 기존 역할들의 비중을 조절하는 과정이다. 창업가는 상황에 따라 앞장서기도 하고, 뒤에서 지원하기도 하며, 옆에서 질문을 던지는 역할을 유연하게 오가야 한다. 이러한 유연성이 확보될 때, 리더십은 개인의 성향을 뛰어넘어 조직의 성장 단계에 맞춰 확장할 수 있는 전략적 자산으로 자리 잡게 된다.

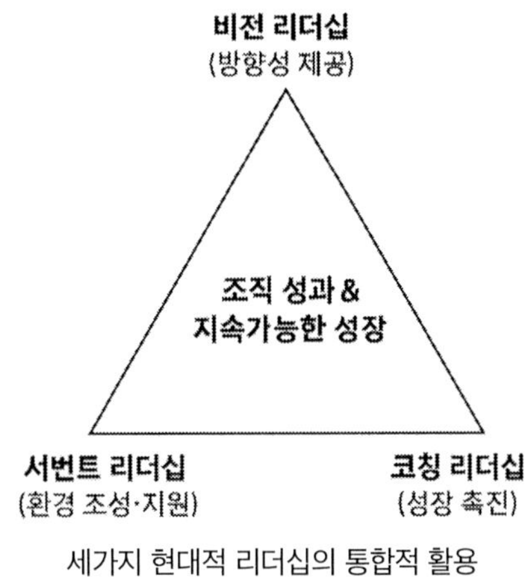

세가지 현대적 리더십의 통합적 활용

[세 가지 리더십 실제 사례 소개]

• 비전 리더십 - 일론 머스크(테슬라·스페이스X)

일론 머스크는 단순히 자동차나 로켓을 제작하는 기업가에 그치지 않고, '지속 가능한 에너지 전환'과 '화성 이주'라는 명확한 비전을 제시하며 구성원과 투자자들의 마음을 사로잡았다. 그의 비전 리더십은 제품 개발을 넘어 모든 전략적 결정의 핵심 기준이 되었다.

• 서번트 리더십 - 허브 켈러허(사우스웨스트 항공)

켈러허는 직원 만족을 최우선으로 여기며, 직원이 행복해야 고객도 만족할 수 있다는 신념을 실천에 옮겼다. 그는 직원들이 자율적으로 의사결정을 내리고 고객에게 유연하게 대응할 수 있도록 적극적으로 지원함으로써 서번트 리더십의 모범을 보여주었다.

• 코칭 리더십 - 사티아 나델라(마이크로소프트)

사티아 나델라는 CEO로 취임한 이후 '성장 마인드셋'을 전사적인 문화로 확산시키며, 구성원들이 끊임없이 학습하고 자기 성찰할 수 있도록 적극적으로 독려했다. 그는 구성원과의 소통에서 질문과 피드백을 중시하며, 마이크로소프트를 폐쇄적 경쟁 풍토에서 개방적 학습 문화로, 성공적으로 전환했다.

[세 가지 리더십 통합 운영의 실제 사례 소개]

[사례 1] 구글(Google)의 조직 운영 방식

구글은 창업 초기부터 "세상의 정보를 체계적으로 정리하여 누구나 쉽고 편리하게 접근하고 활용할 수 있도록 한다"라는 명확한 사명을 바탕으로 일관된 비전과 리더십을 이어왔다. 이 비전은 검색, 인공지능, 클라우드 등 다양한 사업 분야로 확장되면서도 조직의 방향성을 견고하게 잡아주는 기준이 되었다.

구글은 20% 자유 프로젝트, 사내 학습 프로그램, 심리적 안정을 중시하는 회의 문화 등을 통해 직원들이 자율적으로 아이디어를 실현할 수 있도록 지원하며 서번트 리더십을 제도화했다. 또한 '프로젝트 아리스토텔레스'를 통해 효과적인 리더는 지시자가 아니라 코치라는 결론을 내리고, 관리자들에게 피드백과 질문 중심의 코칭 리더십을 교육했다.

비전, 서번트, 코칭 리더십의 통합적 운영은 구글 X와 같은 혁신 프로젝트를 추진하는 동시에 핵심 서비스를 지속적으로 개선할 수 있는 조직 운영의 토대가 되었다.

[사례 1] 네이버(NAVER)의 비전, 서번트 리더십, 코칭 리더십의 통합적 운영

네이버는 검색 중심의 기업에서 플랫폼과 AI 기업으로 확장하는 과정에서도 '기술과 플랫폼을 통해 사용자의 일상과 창작 생태계를 연결한다'라는 명확한 비전을 조직의 핵심에 두고 있다. 이 비전은 다양한 사업 확장 속에서도 의사결정의 기준점으로 작용해 왔다.

조직 운영에서는 책임 리더 제도와 자율 조직을 도입하여 서번트 리더십을 체계화했다. 리더는 통제자가 아닌, 구성원이 성과를 낼 수 있도록 필요한 자원과 환경을 제공하는 데 주력했다. 여기에 정기적인 피드백과 수평적 소통을 바탕으로 한 코칭 리더십이 더해져, 관리자는 지시보다는 질문과 피드백을 통해 팀을 이끌었다.

이러한 리더십의 통합적 운영은 네이버가 급변하는 기술 환경 속에서도 신규 서비스 실험과 기존 플랫폼의 안정적인 운영을 동시에 실현할 수 있는 핵심 기반이 되었다.

점검표

점검 항목	질문
비전 정렬(Vision Alignment)	우리 조직의 비전이 모든 팀원이 명확하게 이해하고 실천할 수 있도록 구체적으로 제시되어 있는가?
목표와의 연계	비전이 연간 목표와 개인 과업에 잘 연계되어 있는가?
전사적 의사소통	전사 회의, 1:1 면담, 회고 등에서 비전 메시지가 일관되게 전달되고 있는가?
장애 요소 제거	팀 내 권한, 정보, 도구와 관련된 병목 현상을 파악했는가?
성장 계획	팀원들이 성장할 수 있도록 과제를 적절히 배분하고, 학습에 필요한 자원을 충분히 지원했는가?
코칭 실천하기	주간 체크인이나 회고 시간을 활용하여 질문 중심의 리더십을 실천하고 있는가?
자율성 증진	구성원들이 상사에게 보고하지 않고도 스스로 문제를 해결할 수 있는 문화를 조성했는가?

<u>연습 문제</u>

1. 자신의 리더십 역량을 네 가지 영역으로 나누어 영역별 강점과 약점을 분석하시오.

2. 귀하의 조직에서 현재 가장 많이 활용되고 있는 리더십 스타일은 무엇이며, 그로 인해 발생하는 한계점은 무엇인지 설명해 주십시오. 또한 비전 리더십, 서번트 리더십, 코칭 리더십 중 어느 스타일을 보완적으로 도입하는 것이 바람직한지, 그 이유와 함께 서술해 주시오.

3. 당신의 팀이 현재 직면하고 있는 주요 장애 요소 세 가지를 설명하고, 서번트 리더십 관점에서 이를 극복하기 위한 구체적인 실행 방안을 제시하시오.

4. 코칭 리더십 관점에서 다음 상황에 적합한 질문 세 가지를 작성해 보시오.

3. 지속 가능한 창업가 성장 루틴: 성장을 반복할 수 있게 하는 힘

많은 창업가가 어느 순간 심각한 피로와 정체를 겪게 된다. 이는 개인의 의지가 부족해서가 아니라, 기존의 성장 방식이 지속 가능하지 않기 때문이다. 기업이 시스템과 루틴 없이는 확장할 수 없듯이, 창업가 개인 역시 자기 성장을 뒷받침할 구조가 없으면 한계에 부딪히게 된다. 이 절에서 강조하는 핵심은 '더 열심히 일하는 방법'이 아니라, 성장을 자동으로 끌어내는 루틴을 설계하는 방법이다.

지속 가능한 성장 루틴은 의욕이나 감정에 좌우되지 않는다. 이는 리더가 장기적으로 판단력, 에너지, 학습 능력을 유지하고 확장할 수 있도록 돕는 전략적 장치다. 이러한 루틴이 자리 잡으면, 창업가는 위기와 성장의 반복 속에서도 흔들림 없는 일관된 리더십을 발휘할 수 있다.

에너지 관리: 시간 관리보다 더 중요한 전략

창업가에게 가장 소중한 자원은 시간보다 에너지이다. 같은 10시간이라도 어떤 상태로 일하느냐에 따라 의사결정의 질과 조직에 미치는 영향은 크게 달라진다. 지속 가능한 성장의 출발점은 단순히 업무 시간을 늘리는 것이 아니라, 고부가가치 판단에 에너지를 집중할 수 있는 최적의 상태를 유지하는 데 있다.

이를 위해 창업가는 자신의 에너지 소모 패턴을 명확히 인식해야 한다. 반복적인 회의, 사소한 의사결정, 감정 소모가 큰 갈등 개입은 에너지를 빠르게 소진시킨다. 반면, 전략적 사고, 핵심 인재와의 대화, 장기적인 방향 설정은 에너지를 재충전하는 데 도움을 준다. 성장 루틴은 이러한 활동들의 비중을 의도적으로 재조정하는 과정을 의미한다.

실천적으로는 하루 또는 주 단위로 '에너지를 충전하는 활동'과 '에너지를 소모하는 활동'을 구분하여 기록하고, 창업가만이 수행해야 할 일에 에너지를 먼저 배분해야 한다. 이는 개인의 컨디션 관리에 그치지 않고, 조직 전체의 의사결정 품질을 유지하기 위한 전략적 선택이다.

학습 루틴: 지식이 아닌 통찰을 쌓아라

지속 가능한 창업가의 성장은 무작위적인 학습이 아니라 체계적인 학습에서 비롯된다. 단순히 책을 많이 읽거나 강의를 듣는 것만으로는 부족하다. 중요한 것은 배운 내용을 실제 전략과 의사결정에 어떻게 적용하느냐이다.

효과적인 학습 루틴은 세 가지 단계로 이루어진다. 첫째, 현재 직면한 전략적 과제와 연관된 학습 주제를 명확하게 설정한다. 둘째, 학습한 내용을 자신의 사업 환경에 맞게 적용하여 가설로 전환한다. 셋째, 실행과 그 결과를 통해 학습의 유효성을 검증한다. 이러한 과정을 반복할 때, 학습은 단순한 지식 축적을 넘어 판단력의 발달로 이어진다.

정기적인 독서, 외부 멘토링, 동료 창업가와의 네트워킹은 학습 루틴에서 중요한 요소이다. 하지만 가장 중요한 것은 학습 후 반드시 '무엇을 바꿀 것인가'를 명확히 정의하는 것이다. 학습이 실행으로 이어지지 않는다면 단순한 정보 소비에 그칠 뿐이다. 성장하는 창업가는 학습을 통해 자신과 조직의 전략적 선택지를 넓혀 나간다.

의사결정 루틴: 판단의 질을 체계화하라

창업가는 하루에도 수십 차례 결정을 내린다. 이때 모든 결정을 똑같이 중요하게 다루면 판단 피로가 쌓여 핵심 결정의 질이 크게 저하된다. 지속 가능한 성장 루틴은 의사결정을 체계적으로 분류하고 위임하며, 반복할 수 있는 판단을 시스템화하는 과정을 의미한다.

우선 창업가는 자신의 결정 중에서 전략적인 것과 운영적인 것을 명확히 구분해야 한다. 운영적인 결정은 명확한 기준과 절차에 따라 팀에 위임할 수 있어야 하며, 리더는 전략적인 결정에만 집중해야 한다. 이를 위해 의사결정 원칙, 승인 기준, 위임 범위를 문서로 만드는 것이 매우 중요하다.

또한 중요한 결정에는 반드시 사후 검토 절차가 필요하다. 이는 결정의 결과 자체가 아니라, 판단 과정이 적절했는지를 평가하는 것이다. 이러한 검토 과정을 통해 창업가는 자신의 직관을 점차 더 정교한 판단 체계로 발전시킬 수 있으며, 장기적으로는 리더십의 일관성과 예측 가능성을 높이는 데 이바지한다.

회복과 재정비 루틴: 멈춤을 전략적으로 설계하라

지속 가능한 성장은 단순한 끊임없는 전진이 아니라, 의도적으로 계획된 멈춤을 포함한다. 위기 상황이나 중요한 의사결정 이후, 또는 일정한 성장 단계에 도달했을 때 창업가는 반드시 재정비의 시간을 가져야 한다. 이는 후퇴가 아니라 다음 도약을 위한 전략적 리셋인 셈이다.

재정비 루틴에는 세 가지 핵심 질문이 포함되어야 한다. 첫째, 무엇이 효과적이었는가? 둘째, 무엇이 더이상 유효하지 않은가? 셋째, 다음 단계에서 반드시 내려놓아야 할 것은 무엇인가? 이 질문들에 대한 답변은 개인의 업무 수행 방식뿐만 아니라 조직의 구조와 전략에도 반드시 반영되어야 한다.

이처럼 멈춤과 재설계가 반복될 때, 창업가는 탈진 없이 장기적인 여정을 이어갈 수 있다. 지속 가능한 성장 루틴은 자기 소모를 최소화하면서도 끊임없이 학습하고 성장할 수 있도록 돕는 리더십의 안전장치라 할 수 있다.

요약: 성장하는 기업 뒤에는 끊임없이 발전하는 창업가가 있다

창업가의 성장은 단순한 우연이나 의지에만 맡길 수 없다. 이는 체계적으로 설계되어야 하는 전략적 영역이다. 에너지 관리, 학습, 의사결정, 회복이라는 네 가지 핵심 루틴이 잘 구조화될 때, 창업가는 일시적인 성과를 넘어 장기적인 리더십을 유지할 수 있다. 결국 기업의 지속가능성은 창업가 개인의 지속적인 성장에 달려 있다.

[사례 1] 카카오(Kakao), "체력보다 판단력을 중시하는 경영"

카카오 창업자 김범수 의장은 한때 과도한 업무 몰입으로 탈진을 겪은 경험을 바탕으로, 창업가의 성장이 개인의 희생 위에 세워져서는 안 된다는 문제의식을 확고히 다졌다. 그는 모든 의사결정에 직접 관여하는 방식을 벗어나, 핵심적인 판단에만 에너지를 집중하는 구조로 자신의 역할을 재정립했다.

이를 위해 비핵심 의사결정은 과감히 위임하고, 장기 전략과 조직 문화 설계에 집중하는 루틴을 마련했다. 또한 일정 수준 이상의 휴식과 거리 두기를 의도적으로 계획하여 판단력과 시야를 유지하는 데 힘썼다. 이러한 선택은 개인의 워라밸을 넘어 조직 전체의 의사결정 품질과 지속가능성을 높이는 토대가 되었다.

주요 교훈 창업가의 에너지 관리 루틴은 단순한 개인 관리가 아니라, 기업의 전략적 안정성을 유지하는 중요한 수단이다.

[사례 2] 아마존, "결정 수를 줄여 성장 동력을 키우다"

아마존은 창업 초기부터 의사결정 피로를 줄이기 위한 체계적인 구조를 설계해 왔다. 제프 베조스는 모든 결정을 똑같은 중요도로 다루는 것이 조직과 리더 모두에게 큰 부담이 된다는 점을 깨달았다. 이에 그는 결정을 '되돌릴 수 있는 결정'과 '되돌릴 수 없는 결정'으로 구분하고, 되돌릴 수 있는 결정은 팀에 위임하는 원칙을 세웠다.

이 구조 덕분에 창업가와 리더는 정말 중요한 전략적 결정에만 에너지를 집중할 수 있었고, 조직 전체의 실행 속도와 판단의 일관성도 함께 향상시킬 수 있었다. 이는 의사결정 루틴을 체계적으로 시스템화한 대표적인 사례다.

주요 교훈 의사결정의 양을 줄이는 것이 아니라, 의사결정의 질을 체계적으로 관리하는 데 있다.

점검표

- 성장 활동을 일정에 명확하게 반영했는가?
- 학습한 내용을 조직의 자산으로, 효과적으로 전환하고 있는가?
- 탈진 예방을 위한 회복 계획이 수립되어 있는가?

<u>연습 문제</u>

1. 개인 성장 루틴을 주간, 월간, 분기별로, 체계적으로 계획하세요.

2. 배운 내용을 조직 내에 효과적으로 내재화할 수 있는 두 가지 방법을 제시하시오.

3. 향후 3개월 동안의 성과 목표와는 별도로 설정할 수 있는 '개인 성장 목표'는 무엇이며, 이를 KPI로 어떻게 구체화할 수 있을까요?

4. 제가 경험한 실패나 갈등 상황 중에서 조직 차원에서 지침으로 정리할 만한 사례가 있다면 무엇일까요?

맺음말: 창업가의 성장이 곧 기업의 미래이다

기업의 성장 한계는 시장 환경이나 자원의 부족이 아니라, 궁극적으로 창업가 개인의 사고방식과 리더십 구조에서 비롯된다는 점이다. 자기 인식은 단순한 감정적 성찰이 아니라 전략적 역량이며, 리더십은 타고난 성향이 아니라 성장 단계에 맞춰 확장되고 전환되어야 하는 실행 능력이다. 비전 리더십, 서번트 리더십, 코칭 리더십은 서로 대체 가능한 개념이 아니라, 상황에 따라 적절히 조합되고 조율되어야 하는 통합적 리더십 자산이다. 이러한 전환이 이루어질 때, 조직은 창업가 개인의 역량을 뛰어넘어 자율적으로 작동하는 구조로 진화할 수 있다.

지속 가능한 기업은 우연히 만들어지지 않는다. 에너지 관리, 학습, 의사결정, 회복이라는 성장 루틴이 체계적으로 설계될 때, 창업가는 탈진 없이 장기적인 판단력을 유지할 수 있으며, 조직 또한 위기와 성장의 반복 속에서도 일관성을 잃지 않는다. 이 장에서 제시한 리더십과 성장 전략은 단순히 더 나은 사람이 되기 위한 조언이 아니라, 더 오래 살아남는 기업을 만들기 위한 전략적 조건이다. 결국 창업의 여정은 사업을 키우는 과정이자, 동시에 리더로서 자신을 끊임없이 재설계해 나가는 과정이며, 그 성장을 멈추지 않는 창업가만이 다음 단계의 기업을 만들어낼 수 있다.

• 14장 •

종합 창업 전략 로드맵

전략은 단순한 조언의 집합이 아니라 유기적으로 연결된 설계도이다

많은 창업서와 강의에서는 아이디어 발굴, 시장 분석, 사업계획서 작성, 실행 전략을 각각 별개의 주제로 다루고 있다. 그러나 실제 창업 현장에서 실패가 반복되는 이유는 개별 전략이 부족해서가 아니라, 이러한 전략들이 하나의 유기적인 흐름으로 연결되지 않기 때문이다. 아이디어는 있지만 실행이 뒤따르지 않고, 계획서는 있지만 전략적 우선순위가 명확하지 않으며, 실행은 이루어지지만, 방향을 점검할 체계가 부족한 경우가 많다.

이 장의 목적은 단순히 개별 전략을 나열하는 데 있지 않다. 지금까지 살펴본 창업의 핵심 요소들을 단계별로, 체계적으로 통합하여 하나의 전략 로드맵으로 제시하는 데 있다. 이 로드맵은 창업가가 불확실한 선택의 순간마다 "지금 무엇을 고민해야 하고, 무엇을 내려놓아야 하는가?"를 명확히 판단할 수 있도록 돕는 전략적 지침이다.

1. 창업 단계별 전략 요약: 전체적인 흐름을 먼저 파악하라

창업은 직선적인 과정이 아니라 순환적인 구조를 가진다

창업은 흔히 아이디어를 떠올리고 실행한 뒤 성장을 이루는 직선적인 과정으로 설명되곤 한다. 하지만 실제 창업 현장은 이처럼 단순한 단계 구분과는 거리가 멀다. 대부분의 스타트업은 초기 가설이 그대로 유지되지 않으며, 시장과 고객의 반응에 따라 전략을 끊임없이 수정한다. 따라서 창업은 '단계를 순차적으로 완료하는 과정'이 아니라 가설 수립, 검증, 수정, 확장이 반복되는 순환 구조로 이해하는 것이 바람직하다.

초기 단계에서 설정한 문제 정의와 가치 제안은 고객 인터뷰와 실제 사용 경험을 통해 끊임없이 검증받는다. 이 과정에서 얻은 피드백은 다시 문제 정의로 돌아가 전략을 재설계하는 계기가 된다. 성장 단계에서도 상황은 크게 다르지 않다. 매출 증가와 조직 확장은 새로운 병목 현상과 위험을 불러오며, 이는 사업 모델이나 운영 전략의 조정이 필요하다. 이때 맞닥뜨리는 위기와 정체는 실패가 아니라 다음 전략 순환을 촉진하는 신호로 볼 수 있다.

이러한 맥락에서 전략 로드맵은 단순히 단계를 '완료하는 점검표'가 아니라, 필요에 따라 반복적으로 참고하고 수정할 수 있는 유연한 사고의 틀로 이해해야 한다. 창업가는 현재 자신이 어느 단계에 있는지 명확히 인식하는 동시에, 언제든 이전 단계의 핵심 질문으로 돌아갈 수 있어야 한다. 이러한 순환적 관점이 있을 때 변화와 불확실성은 실패가 아니라 학습의 중요한 과정으로 전환된다.

성공적인 창업가는 개별 전략의 우수성보다 전략의 순서, 연결성, 그리고 타이밍을 정확히 이해하는 사람이다. 전략은 단편적인 점이 아니라 선이며, 나아가 서로 맞물려 작동하는 하나의 구조이다. 이 책에서 제시하는 창업 전략 또한 단순한 순차적 목록이 아니라, 상호 피드백을 주고받으며 끊임없이 진화하는 시스템으로 구성되어 있다.

창업 단계별 핵심 전략에 대한 집중 사항

창업의 각 단계는 서로 다른 전략적 질문이 필요하며, 모든 단계에 동일한 에너지를 쏟는 것은 오히려 전략적 혼란을 불러일으킬 수 있다. 전략 로드맵은 각 시점에서 가장 중요한 전략적 초점을 명확하게 구분하는 역할을 한다.

초기 단계에서 가장 중요한 질문은 "무엇을 만들 것인가"가 아니라 "어떤 문제를, 왜 지금 해결해야 하는가?"이다. 이 시점에서 전략의 핵심은 고객 문제의 정의와 가치 제안에 있다. 창업가는 자신의 아이디어가 아니라 고객의 상황과 불편함을 출발점으로 삼아야 하며, 문제의 규모와 긴급성, 그리고 대안의 존재 여부를 냉철하게 검토해야 한다. 이 단계에서 세우는 시장 가설은 아직 검증되지 않은 가정이기 때문에, 완성도를 높이기보다는 빠르게 테스트할 수 있는 형태로 설계하는 것이 중요하다.

다음 단계에서는 시장 분석과 포지셔닝이 전략의 핵심으로 자리 잡는다. 이때 가장 중요한 질문은 "이 아이디어가 어떤 시장에서 어떤 위치를 차지할 수 있을까?"이다. 시장 규모, 고객 세그먼트, 경쟁 구도를 자세히 분석하여 사업이 진입할 수 있는 현실적인 영역을 파악해야 한다. 이 과정은 단순한 시장 조사를 넘어, '어떤 고객을 포기하고 어떤 고객에게 집중할 것인가'를 결정하는 전략적 선택의 단계이기도 하다.

실행 단계에서는 전략이 현실과 직접 맞닿게 된다. MVP 개발과 고객 피드백을 통해 가설을 검증하고, 운영과 마케팅을 통해 반복할 수 있는 구조를

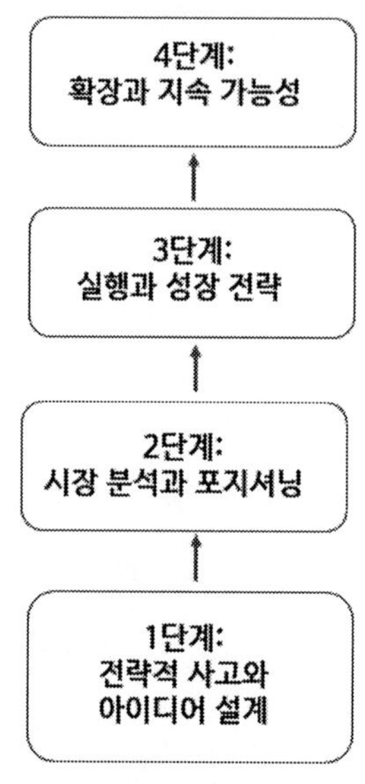

창업 전략의 네 단계 통합 구조

구축하는 것이 핵심이다. 이 단계에서 중요한 것은 완성도가 아니라 학습 속도이다. 전략은 단순히 문서에 머무르지 않고, 실제 고객의 반응과 데이터를 통해 검증되어야 하며, 그 결과는 다시 전략 수정으로 이어진다.

성장 단계에 접어들면 전략의 초점은 확장과 조직화로 자연스럽게 이동한다. 이 시기에는 확장 전략, 사업 전환 가능성, 조직 구조 및 리더십 확장의 중요성이 더욱 드러난다. 창업가 개인의 역량에 의존하던 운영 방식은 한계에 다다르며, 시스템과 프로세스를 통한 확장 가능성이 기업 성장의 핵심 요소로 자리 잡는다. 동시에 시장 변화에 대응해 기존 전략을 유지할지, 아니면 전환할지를 결정해야 하는 복잡한 선택의 순간이 빈번히 찾아온다.

마지막으로, 지속가능성 단계에서는 단기적인 성과보다 장기적인 생존이 전략의 핵심이 된다. 재무 안정성 확보, 현금 흐름 관리, 위기 대응 체계 구축, 그리고 창업가 리더십의 내적 성숙도가 기업의 미래를 좌우한다. 이 단계의 전략은 더이상 공격적인 성장에만 집중하지 않고, 위기 상황에서도 흔들림 없는 견고한 구조를 만드는 데 중점을 둔다.

이처럼 전략의 초점은 창업 단계에 따라 자연스럽게 변화하며, 모든 전략을 한꺼번에 완벽하게 실행할 필요는 없다. 전략 로드맵의 진정한 가치는 '현재 이 단계에서 가장 중요한 질문이 무엇인지'를 명확히 하고, 그 질문에 집중할 수 있도록 돕는 데 있다. 창업가는 이 로드맵을 통해 복잡한 선택의 순간에도 흔들림 없이 올바른 방향을 유지할 수 있다.

2. 실전 점검표: 전략을 실행으로 전환하는 핵심 기준

아무리 정교한 전략과 계획이라도 실행 단계에 접어들면 현실은 급격히 복잡해진다. 예상치 못한 변수들과 제한된 자원, 그리고 동시에 요구되는 다양한 의사결정 속에서 창업가는 쉽게 우선순위를 잃기 마련이다. 이럴 때 필요한 것이 바로 실전 점검표다. 점검표는 전략을 새롭게 설계하는 도구가 아니라, 이미 수립한 전략이 현장에서 흔들리지 않고 제대로 실행되도록 지켜주는 기준점이다.

점검표의 역할은 '통제'가 아니라 '조율'이다

점검표는 흔히 관리와 통제를 위한 도구로 오해받기 쉽지만, 창업 환경에서는 전혀 다른 의미를 지닌다. 창업가와 팀을 얽매는 규칙이 아니라, 조직의 판단과 행동을 일관되게 맞추는 역할을 한다. 실행 과정에서 발생하는 많은 혼란은 역량이나 노력 부족 때문이 아니라, '지금 가장 중요한 것이 무엇인지'에 대한 공감대가 부족할 때 생긴다.

스타트업은 동시에 수많은 업무를 병행한다. 제품 개발, 고객 대응, 마케팅 실험, 자금 관리, 팀 운영 등이 동시에 진행되며, 분야마다 긴급성을 내세운다. 이런 상황에서 점검표는 단순히 모든 일을 관리하는 도구가 아니라, 중요한 질문을 반복해서 상기시키는 역할을 해야 한다. 즉, "이 행동이 현재 전략의 핵심과 연결되어 있는가?", "지금 이 단계에서 반드시 지켜야 할 기준을 벗어나고 있지는 않은가?"와 같은 질문을 스스로 던지게 만드는 장치가 되어야 한다.

따라서 좋은 점검표는 세부 항목이 많다고 해서 더 효과적인 것이 아니다. 오히려 최소한의 질문으로 전략적 정렬을 유지할 수 있을 때 진정한 가치를 발휘한다. 점검표의 목적은 완벽한 실행을 강요하는 것이 아니라, 전략적 일탈을 조기에 발견하고 적절히 조정할 수 있는 감각을 유지하는 데 있다.

단계별 핵심 점검 사항: 단계별로 점검해야 할 내용이 다르다

점검표가 효과를 발휘하려면 모든 단계에 동일한 기준을 적용해서는 안 된다. 창업의 단계마다 직면하는 위험과 핵심 과제가 달라서 점검의 초점도 그에 맞춰 조정되어야 한다. 실전 점검표는 단계별로 '무엇을 더 잘해야 하는가?'보다는 '무엇을 놓치면 치명적인가'를 점검하는 데 중점을 둔다.

초기 단계에서 점검표의 핵심은 실행 속도가 아니라 문제 정의와 검증의 깊이에 있다. 이 시점에서 점검해야 할 것은 제품의 완성도가 아니라, 고객의 문제가 실제로 존재하는지와 그 문제에 대한 가설이 충분히 테스트 되고 있는지 여부이다. 아이디어가 빠르게 구현되는 것보다 고객의 반응을 바탕으로 가설이 지속적으로 수정되고 있는지가 더 중요한 점검 기준이 된다.

실행 단계에 접어들면 점검표의 초점은 학습의 축적 여부로 옮겨진다. 단순히 MVP가 출시되었는지를 확인하는 데 그치지 않고, 그 결과가 실제 의사결정에 반영되고 있는지를 점검해야 한다. 고객 반응, 사용 데이터, 실패 사례가 다음 실행에 어떻게 반영되고 있는지 살피지 않는다면, 실행은 반복되더라도 성장은 멈추게 된다. 이 단계의 점검표는 활동의 양이 아니라 학습의 질을 평가하는 도구로 활용된다.

성장 단계에서는 점검표의 성격이 다시 한번 변화한다. 이 시점에서 가장 중요한 질문은 "이 성장이 지속 가능한가?"이다. 단위 경제가 제대로 작동하는지, 조직과 시스템이 현재의 성장 속도를 감당할 수 있는지, 그리고 특정 인물이나 채널에 과도하게 의존하고 있지는 않은지를 꼼꼼히 점검해야 한다. 이때는 성장 속도보다 구조의 안정성이 점검표의 핵심 기준이 된다.

마지막으로, 위기 상황에서는 점검표가 선택의 도구로 활용된다. 이 단계에서는 모든 것을 점검하려 하기보다는, 현금 흐름이 원활히 유지되고 있는지, 반드시 지켜야 할 핵심 자산이 무엇인지, 그리고 의사결정 권한과 책임이 명확히 작동하고 있는지를 먼저 확인하는 것이 중요하다. 위기 국면에서의 점검표는 실행을 무조건 늘리는 수단이 아니라, 불필요한 행동을 줄이고 생존에 집중할 수 있도록 돕는 필터 역할을 한다.

결국 실전 점검표의 목적은 완벽한 관리를 위한 것이 아니다. 그것은 전략이 현장에서 흐려지지 않도록 방향을 잡아주는 최소한의 기준이며, 창업가가 복잡한 실행 과정에서도 전략적 감각을 잃지 않도록 돕는 안전장치다. 잘 설계된 점검표는 실행을 통제하지 않는다. 대신 실행이 전략에서 벗어나지 않도록 끊임없이 점검한다.

3. 독자를 위한 실행 가이드: 나만의 전략 로드맵을 완성하기

전략은 완성된 결론이 아니라, 다음 행동을 끌어내는 출발점이다. 창업의 여정은 단발성 프로젝트나 일회성 의사결정의 연속이 아니라, 가설을 세우고 실행하며 결과를 점검하고 다시 설계하는 반복적인 과정으로 이루어진다. 따라서 전략은 한번 잘 수립해 끝내는 문서가 아니라, 지속적으로 갱신되어야 하는 사고의 틀이다.

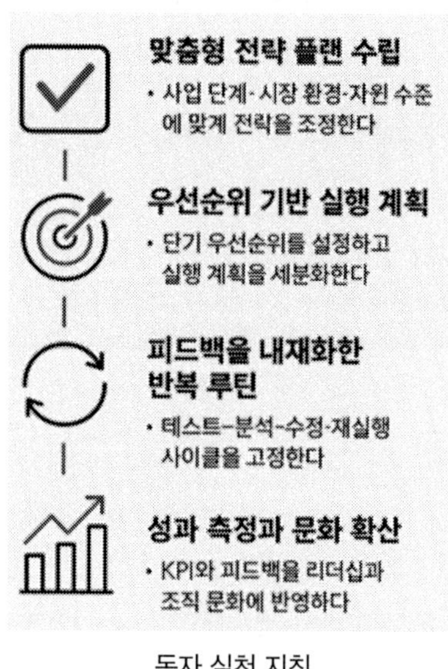

독자 실천 지침

지금까지 이 책에서 다룬 문제 정의, 시장 분석, 실행 전략, 재무 설계, 조직과 리더십, 위기 대응은 각각 독립적인 기법처럼 보일 수 있다. 그러나 실제 현장에서는 이 전략들이 분리되어 작동할 때 오히려 창업가가 더 큰 혼란을 겪게 된다. 효과적인 전략 로드맵은 개별 전략을 단순히 나열하는 것이 아니라, 서로 유기적으로 연결된 하나의 시스템으로 설계되어야 한다. 이 절에서는 독자 여러분이 그 연결 고리를 스스로 완성할 수 있도록 돕는 실행 가이드를 제시하고자 한다.

전략은 단순히 복제하는 것이 아니라 직접 설계해야 한다

많은 창업가가 성공 사례나 유명 기업의 전략을 참고하려 하지만, 전략은 단순히 복사할 수 있는 것이 아니다. 같은 산업에 속해 있더라도 각 기업이 가진 자원, 팀의 역량, 시장 진입 시기, 그리고 창업가의 목표는 모두 다르다. 따라서 전략의 핵심은 '무엇을 따라 할 것인가'가 아니라, 자신의 상황에 맞게 무엇을 선택하고 무엇을 포기할지 결정하는 과정에 있다.

이 책에서 제시한 전략 로드맵은 정답이 아니라 설계의 재료일 뿐이다. 모든 전략을 한꺼번에 실행하려 하면 실행력이 급격히 저하된다. 오히려 현재 단계에서 가장 중요한 전략적 질문 한두 가지에 집중할 때 조직의 에너지가 결집된다. 예를 들어, 아직 문제 검증이 충분하지 않은 초기 단계라면 확장 전략보다는 고객 인터뷰와 가설 검증에 집중해야 하며, 성장 단계에 접어들었다면 새로운 기능 추가보다는 운영 구조와 단위 경제 점검이 우선되어야 한다.

전략을 수립한다는 것은 자신의 현재 위치를 객관적으로 진단하고, 다음 단계로 나아가기 위해 반드시 해결해야 할 핵심 과제를 명확히 선정하는 것을 의미한다. 이러한 선택이 분명할수록 전략이 실행으로 이어질 가능성도 높아진다.

시간 프레임에 따라 전략을 구분하라

전략이 제대로 실행되지 않는 가장 흔한 원인 중 하나는 시간 감각의 부족이다. 목표가 불분명하거나 너무 먼 미래에 설정되어 있으면, 일상적인 의사결정이 단기적인 긴급 과제에 휘둘리기 쉽다. 이를 방지하려면 전략을 반드시 시간 프레임에 맞춰 재구성해야 한다.

실무에서는 전략을 3개월, 6개월, 12개월 단위로 나누어 설계하는 것이 효과적이다. 3개월 단위 전략은 생존과 검증에 중점을 두며, 이 기간에는 완성도보다는 학습 속도가 중요하다. 최소한의 실행으로 최대한의 피드백을 얻는 것이 핵심 목표이다. 6개월 단위 전략은 구조화와 반복성에 초점을 맞춘다. 검증된 요소를 바탕으로 운영 프로세스와 수익 구조를 정비하고, 조직 내 역할 분담과 기준을 명확히 해야 한다. 12개월 단위 전략은 확장과 지속가능성을 다룬다. 이 단계에서는 성장 속도보다 방향성과 안정성이 더 중요한 판단 기준이 된다.

이러한 시간 프레임은 전략의 우선순위를 명확히 할 뿐만 아니라, '지금 당장 하지 않아도 되는 일'을 구분하는 데 도움을 준다. 전략을 시간에 따라 체계적으로 나눌 수 있을 때, 창업가는 불필요한 조급함에서 벗어나 보다 일관된 실행 리듬을 유지할 수 있다.

전략에는 반드시 피드백 루프가 포함되어야 한다

전략은 실행되고 그 결과가 측정될 때 비로소 진정한 의미가 있다. 실행이 수반되지 않은 전략은 단지 선언에 불과하며, 측정이 이루어지지 않는 실행은 같은 실수를 반복하게 만든다. 따라서 나만의 전략 로드맵에는 반드시 피드백 루프가 체계적으로 포함되어야 한다.

이 피드백은 단순한 결과 보고에 그치지 않는다. 고객 반응, KPI 검토, 재무 건전성 지표 점검, 팀 회고 등은 모두 전략 가설의 유효성을 평가하기 위한 학습 도구다. 중요한 것은 성과의 좋고 나쁨이 아니라, 그 결과가 다음 전략 결정에 어떻게 반영되는가이다. 전략이 문서에만 머무르면 실패가 반복되지만, 전략이 일상적인 과정으로 자리 잡을 때 학습은 조직의 소중한 자산으로 쌓인다.

피드백 루프가 제대로 작동하는 조직에서는 전략 수정이 실패의 징후로 여겨지지 않는다. 오히려 이는 시장과 학습이 원활하게 이루어지고 있다는 긍정적인 신호다. 창업가는 이 과정을 통해 전략을 고수하는 사람이 아니라, 전략을 발전시키는 설계자로 자리매김하게 된다.

맺음말: 전략 로드맵은 올바른 방향을 잃지 않도록 안내하는 나침반과 같다

창업 전략은 단순한 기법이나 조언의 집합이 아니라, 선택과 실행이 유기적으로 결합한 하나의 설계도이다. 아이디어, 시장 분석, 실행 전략, 조직과 재무, 그리고 위기 대응에 이르기까지 각 전략 요소는 개별적으로 존재할 때보다 하나의 흐름으로 연결될 때 비로소 진정한 힘을 발휘한다. 이 장에서 제시하는 종합 전략 로드맵은 창업가가 불확실한 환경 속에서도 현재 위치를 정확히 진단하고, 가장 중요한 질문에 집중할 수 있도록 돕는 사고의 틀이다.

중요한 점은 이 로드맵이 정답을 제시하지 않는다는 사실이다. 대신 창업가는 반복되는 선택의 순간마다 방향을 점검하고 전략을 조정하며 앞으로 나아갈 수 있는 기준점을 얻는다. 창업의 여정은 항상 변화와 불확실성을 동반하지만, 전략적 사고의 틀을 갖춘 창업가는 그 혼란 속에서도 길을 잃지 않는다. 결국, 종합 창업 전략 로드맵은 성공을 보장하는 계획표가 아니라, 실패와 학습을 거치며 지속적으로 성장할 수 있도록 돕는 전략적 나침반이다.

• 15장 •
사업계획서 작성 방법

아이디어는 창업의 출발점에 불과하며, 성공을 보장하지 않는다. 창업 현장에서는 수많은 아이디어가 쏟아져 나오지만, 그중 극히 일부만이 실제 사업으로 발전한다. 이 차이를 만드는 것은 아이디어의 참신함이 아니라, 아이디어를 실행할 수 있는 구조로 전환하는 능력이다. 그리고 이 전환 과정의 핵심 도구가 바로 사업계획서다.

많은 창업가는 사업계획서를 단순히 부담스러운 문서 작업이나 투자 유치를 위한 형식적인 자료로 오해하곤 한다. 그러나 사업계획서의 진정한 역할은 외부를 설득하기 이전에 창업가 스스로의 생각을 정리하고 전략을 체계화하는 데 있다. 무엇을 할 것인가 보다 더 중요한 것은, 왜 그 선택이 합리적인지 그리고 그 선택이 어떻게 실행으로 이어질 수 있는지를 명확히 설명하는 것이다.

이 장에서는 사업계획서가 아이디어를 현실로 연결하는 전략적 다리 역할을 어떻게 하는지, 그리고 불확실한 환경일수록 이 문서가 왜 더욱 중요해지는지를 단계적으로 살펴본다. 즉흥적인 실행이 아니라, 사고와 학습, 실행이 유기적으로 연결되는 전략적 창업을 위해 사업계획서가 어떤 역할을 해야 하는지 탐구하는 것이 이 장의 목적이다.

1. 사업계획서는 왜 필요한가?

창업을 준비하거나 이미 사업을 시작한 많은 사람들이 가장 먼저 묻는 질문이 있다. "과연 사업계획서가 꼭 필요한가?"

이 질문은 단순히 문서 작성의 필요성을 논하는 형식적인 논쟁이 아니다. 사업계획서를 어떻게 이해하느냐에 따라 창업가의 전략적 사고 수준과 사업 운영 방식이 크게 달라지기 때문이다. 실제 현장에서는 사업계획서에 관한 여러 오해가 반복적으로 나타나며, 이러한 오해는 창업가가 전략적 사고를 미루거나 회피하게 만드는 원인이 된다. 이 절에서는 사업계획서와 관련된 대표적인 오해들을 살펴보고, 계획 수립 전에 반드시 이해해야 할 기본 전제들을 정리하고자 한다.

사업계획에 관한 오해

첫 번째 오해는 "사업계획서 없이도 성공한 사람을 알고 있으니, 나에게는 필요 없다"라는 생각이다. 실제로 사업계획서 없이 성공한 창업 사례가 있긴 하다. 하지만 이는 결과만 보고 과정을 간과한 잘못된 해석이다. 성공한 창업가들의 공통점은 문서의 유무가 아니라, 자신의 전략을 머릿속에 명확하게 구조화하고 끊임없이 점검했다는 점이다. 즉, 사업계획서를 작성하지 않았을 뿐, 사업계획 자체가 전혀 없었던 것은 아니다. 오히려 많은 경우, 그들은 경험과 실패를 통해 암묵적인 계획을 지속적으로 수정해 왔다. 문제는 대부분의 창업가가 이러한 암묵적인 사고 체계를 갖추기 전에 사업을 시작한다는 데 있다.

두 번째 오해는 '투자를 받을 생각이 없으니, 사업계획서가 필요 없다'라는 인식이다. 이는 사업계획서를 단지 투자 유치를 위한 외부 문서로만 여길 때 흔히 발생하는 착각이다. 사업계획서는 투자자를 설득하기 전에, 창업가 자신을 설득하기 위한 문서다. 고객이 누구인지, 어떤 문제를 해결하는지, 수익은 어떻게 창출되는지, 그리고 사업을 지속할 수 있는 구조가 갖춰져 있는지에 대해 스스로 명확히 답하지 못한다면, 외부 자금의 유무와 관계없이 사업은 큰 불확실성에 직면할 수밖에 없다. 따라서 사업계획서는 투자 유치의 수단이기 이전에, 불확실한 환경 속에서 올바른 판단 기준을 세우는 내부 전략 도구라 할 수 있다.

세 번째 오해는 "사업은 계속 변하기 때문에 계획서는 의미가 없다"라는 주장이다. 이 말은 절반만 맞다. 실제로 사업은 끊임없이 변화하지만, 그래서 오히려 계획이 더욱 필요하다. 계획이 없으면 변화는 방향을 잃고 흔들리기 쉽지만, 계획이 있으면 변화는 학습과 조정의 과정이 된다. 사업계획서는 미래를 고정하는 문서가 아니라, 변화를 해석하고 조정하기 위한 기준점이다. 기준이 없을 때의 변화는 혼란을 초래하지만, 기준이 있을 때의 변화는 전략적인 진화로 이어진다.

사업계획서 작성 전에 반드시 알아야 할 사항

사업계획서를 효과적으로 활용하기 위해서는 몇 가지 중요한 전제를 먼저 이해해야 한다. 가장 핵심적인 점은 비즈니스 계획이 단 한 번 작성하고 끝내는 문서가 아니라, 끊임없이 변화하는 전략 문서라는 사실이다. 시장, 고객, 경쟁 환경은 끊임없이 변하기 때문에 계획도 이에 맞춰 지속적으로 수정되어야 한다. 따라서 사업계획서를 완성된 최종본으로만 생각하는 순간, 그 문서는 현실과 점점 괴리되기 시작한다.

두 번째로, 계획 수립을 미루지 말아야 한다. 많은 창업가가 "조금 더 정리가 된 후에", "제품이 출시된 다음에", "고객 반응을 확인한 뒤에" 계획을 작성하겠다고 말한다. 하지만 계획은 모든 준비가 완료된 후에 작성하는 문서가 아니다. 오히려 불완전한 상태에서 가설을 정리하고, 그 가설을 검증하기 위한 도구로 활용하는 것이다. 계획을 미루는 것은 불확실성을 줄이는 것이 아니라, 오히려 불확실성을 관리할 소중한 기회를 놓치는 셈이다.

세 번째로, 세상에서 가장 완벽한 계획을 세우려고 집착할 필요는 없다. 완벽한 계획은 존재하지 않으며, 그런 집착이 오히려 실행을 지연시키는 가장 흔한 원인이 된다. 중요한 것은 완성도가 아니라 명확성이다. 현재 시점에서 알고 있는 것과 모르는 것을 명확히 구분하고, 검증해야 할 가설을 분명히 제시하는 것이 좋은 사업계획의 출발점이다.

네 번째로, 새로운 학습을 바탕으로 방향 전환에 유연하게 대응할 준비가 되어 있어야 한다. 사업계획서는 고집을 굳히는 문서가 아니라, 학습 내용을 반영하는 도구이다. 고객 인터뷰, 시장 반응, 실행 결과 등을 통해 기존 가정이 잘못되었음을 알게 되면, 계획은 반드시 수정되어야 한다. 계획을 변경하는 것은 실패가 아니라, 전략적 성숙을 보여주는 증거이다.

마지막으로, 사업계획서를 영구적으로 사용할 계획을 세우지 않는 것이 중요하다. 사업계획서는 특정 시점의 판단과 가설을 정리한 스냅숏과 같기 때문이다. 시간이 지나면 반드시 재검토해야 하며, 상황에 따라 폐기하거나 새롭게 작성해야 한다. 중요한 것은 문서를 오래 보관하는 것이 아니라, 계획을 통해 사고하고 학습하는 능력을 꾸준히 유지하는 것이다.

이처럼 사업계획서는 단순한 선택이 아니라, 창업가가 불확실한 환경 속에서 자신을 점검하고 방향을 설정하는 데 필수적인 사고 도구이다. 다음 절에서는 이러한 관점을 바탕으로 사업계획서의 본질과 목적을 더욱 체계적으로 살펴보겠다.

2. 사업계획서란 무엇인가?

창업은 끊임없는 혼란의 연속이지만, 체계적인 계획이 수반된 혼란은 곧 전략이 된다. 미국의 패스트푸드 체인 '웬디스(Wendy's)' 창립자 데이브 토마스는 이에 대해 이렇게 말했다. "비즈니스를 시작하려면 무엇이 필요할까요?" 그의 답은 간결했다. "제품을 누구보다 잘 알고, 고객을 깊이 이해하며, 성공에 대한 뜨거운 열망을 갖는 것. 이 세 가지면 충분합니다." 언뜻 단순해 보이는 이 세 가지 요소는 사실 창업자가 반드시 집중해야 할 핵심 전략 영역을 의미한다. 고객을 이해하고, 문제를 명확히 정의하며, 해결책을 설계하고, 이를 실행할 동기와 자원을 갖추는 것. 이 모든 과정을 체계적으로 정리하는 도구가 바로 사업계획서다.

사업계획서는 실행 일정표가 아니라 전략을 담은 문서다

많은 창업가가 사업계획서를 단순히 투자 유치를 위한 형식적인 문서로만 생각하는 경향이 있다. 그러나 사업계획서의 진정한 가치는 외부를 설득하기 이전에 창업가 자신의 전략적 사고를 체계화하는 데 있다. 잘 작성된 사업계획서는 단순히 무엇을 할 것인지 나열하는 데 그치지 않고, 왜 그 선택이 합리적인지, 그리고 이러한 선택들이 어떻게 하나의 일관된 전략적 흐름을 이루는지를 명확하게 설명한다.

사업계획서는 아이디어, 시장, 비즈니스 모델, 실행 계획, 조직 운영, 재무 구조를 하나의 논리적 흐름으로 연결한 전략적 설계도이다. 이 문서를 작성하는 과정에서 창업가는 자신의 가정이 어디에 위치하는지, 어떤 부분이 아직 검증되지 않았는지, 그리고 전략의 핵심이 무엇인지 명확히 파악할 수 있다. 즉, 사업계획서는 단순히 아이디어를 정리한 문서가 아니라, 전략적 사고가 응축된 결과물이라 할 수 있다.

이 문서는 창업가가 스스로에게 던져야 할 근본적인 질문들을 제시한다. 우리는 누구를 위해 가치를 창출하는지, 어떤 문제를 어떤 방식으로 해결할 것인지, 이를 실행할 자원과 역량이 충분한지, 시장이 이 해법을 받아들일 준비가 되어 있는지, 그리고 수익은 어떻게 창출되고 지속될 수 있는지를 고민해야 한다. 사업계획서는 이러한 질문들에 대한 종합적이고 일관된 답을 체계적으로 정리하는 과정이며, 이 과정 자체가 전략 수립의 핵심이다.

사업계획서의 세 가지 주요 목적

사업계획서의 가장 중요한 목적은 사업의 방향성을 명확히 설정하는 데 있다. 사업계획서는 막연한 아이디어를 실행할 수 있는 전략으로 구체화하는 나침반과 같은 역할을 한다. 문제 정의에서 시작해 시장 분석, 제품 및 서비스 설계, 마케팅 전략, 운영 구조, 재무 계획에 이르기까지 전 과정을 일관된 흐름으로 정리함으로써, 창업자는 자신의 사업 구상이 현실적이고 체계적인지 스스로 점검할 수 있다. 이는 창업자가 자신의 사업을 얼마나 깊이 이해하고 있는지를 확인하는 중요한 과정이기도 하다.

두 번째 목적은 자원 확보를 위한 설득 도구로서의 역할이다. 사업은 창업자 개인의 역량만으로 성장하기 어렵기 때문에 외부 자본, 인재, 그리고 파트너와의 협력이 필수적이다. 이때 사업계획서는 '왜 이 사업에 참여해야 하는가?'에 대한 공식적인 답변이 된다. 중요한 것은 아이디어의 참신함이 아니라 실현 가능성과 신뢰성이다. 시장 진입 전략의 현실성, 수익 모델의 타당성, 그리고 팀의 역량과 실행 능력이 논리적으로 제시될 때, 이해관계자들은 이 사업이 실제로 성장할 수 있다는 확신을 갖게 된다.

세 번째 목적은 조직 내부의 방향성을 명확히 제시하는 기준점을 마련하는 것이다. 창업은 더이상 개인의 프로젝트가 아니라, 여러 이해관계자가 함께하는 공동의 여정이다. 사업계획서는 공동 창업자와 팀원들이 동일한 비전과 우선순위를 공유하도록 돕고, 각자의 역할과 목표를 분명히 하여 조직 내 혼란을 최소화한다. 이 문서는 내부 의사결정의 기준이자, 조직 구성원 모두가 합의한 전략적 약속으로서 중요한 역할을 한다.

결국 사업계획서는 단순히 제출용 문서가 아니라, 전략을 수립하고 공유하며 점검하는 핵심 도구이다. 이 문서가 탄탄할수록 창업가는 올바른 방향을 유지할 수 있고, 조직 구성원들은 같은 언어로 소통하며, 외부 이해관계자들은 신뢰를 바탕으로 사업의 여정에 함께할 수 있다.

좋은 사업계획서의 기준: 설득이 아닌 신뢰를 쌓는 문서

훌륭한 사업계획서는 화려한 표현이나 낙관적인 전망으로 평가받지 않는다. 오히려 읽는 이에게 "이 사업은 아직 완성 단계에 이르지 않았지만, 체계적인 사고를 바탕으로 학습하며 꾸준히 발전할 수 있는 구조를 갖추고 있다"라는 신뢰를 전달하는 문서이다. 다시 말해, 사업계획서의 완성도는 아이디어의 독창성보다 전략적 사고의 성숙도에 의해 평가된다.

첫 번째 기준은 명확성이다. 훌륭한 사업계획서는 복잡한 개념을 쉽고 간결한 언어로 풀어낸다. 불필요한 수식이나 추상적인 비전을 나열하기보다는, 핵심 메시지가 빠르게 전달될 수 있도록 구조와 표현이 깔끔하게 다듬어져 있다. 독자가 전문 지식이 없더라도 사업의 본질과 방향을 즉시 이해할 수 있다면, 그 문서는 이미 절반 이상의 설득력을 갖춘 셈이다.

두 번째로 중요한 점은 논리적 일관성이다. 사업계획서는 각 장이 개별적으로 잘 작성되었는지보다 전체가 하나의 흐름으로, 유기적으로 연결되는지가 더욱 중요하다. 문제 인식, 전략적 선택, 실행 방향, 기대 결과 간의 인과관계가 명확할수록 문서는 자연스럽게 신뢰를 얻는다. 중간에 설명이 비약되거나 선택의 근거가 불분명하다면, 독자는 계획이 아닌 추측을 읽고 있다고 느끼게 된다.

세 번째 기준은 현실적인 가정과 수치의 제시이다. 훌륭한 사업계획서는 야심 찬 목표를 숨기지 않으면서도, 그 목표를 뒷받침하는 전제와 계산 과정을 투명하게 공개한다. 지나치게 낙관적인 시장 전망이나 근거 없는 성장 곡선은 오히려 계획의 신뢰성을 떨어뜨릴 수 있다. 반면, 제한된 자원과 불확실성을 고려한 보수적인 가정은 창업가가 위험을 인지하고 효과적으로 관리할 준비가 되어 있음을 보여준다.

네 번째는 맥락이 담긴 스토리이다. 숫자와 논리는 필수적인 요소이지만, 그것만으로는 사람들의 마음을 움직이기 어렵다. 훌륭한 사업계획서는 고객의 문제, 시장 변화의 배경, 그리고 창업가의 선택이 어떤 맥락 속에서 이루어졌는지를 자연스럽게 연결한다. 이 스토리는 단순히 감정을 자극하기 위한 장치가 아니라, 전략적 판단이 어떻게 형성되었는지를 이해시키는 설명 구조이다. 이 과정에서 이야기는 숫자를 보완하고, 숫자는 이야기를 검증하는 역할을 한다.

다섯 번째 기준은 실행 가능성에 대한 철저한 검토이다. 뛰어난 사업계획서는 '무엇을 할 것인가'보다 '누가, 언제, 어떤 자원으로 실행할 것인가'에 더 큰 비중을 둔다. 실행 과정에서 예상되는 제약과 위험을 숨기지 않고 명확히 제시하며, 이에 대한 대응 방안도 함께 제시할 때, 그 문서는 단순한 구상이 아닌 실제 실행을 위한 설계도의 역할을 하게 된다.

종합해 보면, 좋은 사업계획서는 단순히 아이디어를 포장하는 문서가 아니라, 생각의 체계를 명확히 드러내는 문서이다. 이는 창업가가 자신의 가정을 얼마나 분명하게 인식하고 있는지, 불확실성을 얼마나 솔직하게 다루고 있는지, 그리고 학습과 수정의 가능성을 전략에 어떻게 반영하고 있는지를 보여준다. 이러한 기준을 충족하는 사업계획서는 외부를 설득하기 이전에, 창업가 자신에게 가장 신뢰할 수 있는 전략적 나침반이 된다.

점검표

사업계획서 작성 전 반드시 확인해야 할 사항

- 문제 정의와 해결 방안이 명확하게 제시되어 있는가?
- 시장 규모와 타깃이 구체적인 수치로 명확하게 제시되어 있는가?
- 경쟁 분석과 차별점이 명확하게 구분되어 있는가?
- 수익 모델과 비용 구조가 합리적인가?
- 초기 실행 계획과 핵심 성과 지표(KPI)가 마련되어 있는가?

<u>연습 문제</u>

사업계획서 핵심 문단 작성 연습하기

1. 당신의 아이디어가 해결하고자 하는 문제를 한 문장으로 간결하게 표현해 주세요.

2. 해당 문제에 대한 본인만의 해결 방안을 간략하게 서술해 보시오.

3. 이 아이디어가 실현 가능하다고 판단하는 이유를 시장, 수익, 경쟁력 측면에서 각각 한 문장으로 작성해 보시오.

4. 이 아이디어를 A4 용지 한 장 분량의 단일 단락으로 요약하시오.

3. 사업계획서의 핵심 구성 요소: 전략 논리로 설계하기

많은 창업가가 사업계획서를 작성할 때 가장 먼저 고민하는 것은 '무엇을 써야 할까'이다. 하지만 더 중요한 질문은 '어떤 논리로 작성해야 할까'이다. 사업계획서는 단순히 항목을 빠짐없이 채우는 문서가 아니라, 하나의 전략적 사고 과정을 체계적으로 정리한 결과물이다. 따라서 좋은 사업계획서는 개별 항목의 완성도보다는 각 요소가 어떻게 유기적으로 연결되어 있는지를 통해 평가되어야 한다.

사업계획서의 모든 구성 요소는 하나의 질문에서 시작하여 다음 질문으로 자연스럽게 이어지는 논리적 연결 고리를 형성한다. 문제를 명확히 정의하고, 그 문제를 해결할 방안을 제시하며, 제안한 해결책이 시장에서 효과적으로 작동할 수 있음을 입증한다. 또한, 실제 실행 가능한 구조와 자원을 구체적으로 제시하고, 장기적인 지속가능성을 수치로 증명하는 과정을 거친다. 이러한 흐름이 살아 있을 때, 사업계획서는 단순한 보고서가 아니라 전략 문서의 역할을 하게 된다.

개요(Executive Summary)

개요는 사업계획서의 첫 부분에 위치하며, 전체 계획의 핵심 내용을 간결하게 전달하는 역할을 한다. 이 부분은 독자가 문서 전체를 읽을지 결정하는 중요한 기준이자, 사업의 본질과 전략적 방향을 가장 빠르게 파악할 수 있는 창구이다. 특히 투자자와 파트너에게는 사업의 가치와 실행 가능성을 짧은 시간 내에 효과적으로 보여주는 매우 중요한 영역이다.

일반적으로 1~2페이지 분량으로 작성되며, 세부 설명보다는 사업이 해결하고자 하는 핵심 문제와 그 해결 방안, 시장 기회, 수익 구조, 핵심 팀 구성, 현재 진행 상황 등 전략의 핵심 내용을 간결하게 담아야 한다. 이 요약은 단순한 항목 나열이 아니라, 문제 정의에서 해결책과 시장 기회로 자연스럽게 이어지는 하나의 전략적 흐름을 보여주어야 한다.

잘 작성된 Executive Summary는 단순한 사업계획서의 축소판이 아니라, 전략의 핵심을 담은 정수이다. 불필요한 정보는 과감히 배제하고, 사업의 핵심 가설과 주요 선택 사항만을 엄선하여 제시할 때, 이 한두 페이지는 문서 전체의 신뢰도를 높이고 독자의 관심을 집중시키는 강력한 설득 도구로 작용한다.

문제 정의: 모든 전략은 질문에서 출발한다

사업계획서의 출발점은 아이디어가 아니라 문제의 명확한 정의이다. 이 사업이 존재해야 하는 이유는 무엇인지, 고객이 어떤 상황에서 어떤 불편을 반복적으로 겪고 있는지를 분명히 파악해야 한다. 문제 정의가 명확하지 않으면 이후의 모든 전략이 방향성을 잃게 된다.

중요한 것은 이 문제가 창업가 개인의 관점이 아니라 고객의 실제 행동과 상황에서 도출되어야 한다는 점이다. 고객 인터뷰, 사용 경험 관찰, 그리고 기존 대안의 한계 분석을 통해 '왜 현재의 해결 방식이 충분하지 않은지'를 명확히 설명해야 한다. 잘 정의된 문제는 그 자체로 시장 기회의 크기와 방향을 제시하며, 이후 전략을 수립하는 데 중요한 기준이 된다.

해결 방안 및 가치 제안: 우리가 차별화되는 점은 무엇인가?

문제가 명확해지면 다음 단계는 해결 방안과 가치 제안을 제시하는 것이다. 이 과정에서 창업가는 단순히 제품이나 서비스를 설명하는 데 그치지

않고, 문제를 어떻게 해결할지와 그로 인해 고객의 삶이 어떻게 변화하는
지를 구체적으로 보여주어야 한다.

가치 제안의 핵심은 차별성에 있다. 고객이 기존의 대안 대신 이 솔루션
을 선택해야 하는 이유와, 비용·시간·위험·경험 측면에서 어떤 본질적인 개
선이 이루어지는지를 명확히 설명해야 한다. 중요한 것은 기능의 많고 적음
이 아니라, 고객이 실제로 느끼는 변화의 질이다. 이 단계는 사업계획서 전
체의 중심축이 되며, 이후 진행되는 시장 분석과 수익 모델 역시 이 가치
제안을 바탕으로 확장된다.

시장 및 경쟁 구조: 이 전략이 효과를 발휘할 수 있는 여지가 있는가?

아무리 뛰어난 해결책이라도 시장이 없으면 사업은 성립할 수 없다. 따라
서 사업계획서에서 시장과 경쟁 구조를 다루는 것은 단순히 시장 규모를
제시하는 것을 넘어, 해당 전략이 실제로 실행할 수 있는 '공간'이 존재함을
입증하는 과정이다. 여기서 말하는 '공간'이란 수요가 존재하고, 경쟁이 과
도하게 포화되지 않았으며, 차별화를 통해 의미 있는 성과를 낼 수 있는 전
략적 위치를 의미한다.

시장 분석의 핵심은 단순한 숫자가 아니라 시장의 구조를 이해하는 데
있다. 먼저 고객이 누구인지, 구매 결정의 기준은 무엇인지, 그리고 시장이
어떤 세그먼트로 나뉘어 있는지를 명확히 설명해야 한다. 그다음에는
TAM, SAM, SOM과 같은 프레임워크를 활용해 전체 시장에서 실제로 공
략할 수 있는 시장까지 단계적으로 범위를 좁혀 나가며, 이 사업이 현실적
으로 진입할 수 있는 영역을 구체적으로 정의해야 한다. 이러한 과정은 과
도한 낙관을 경계하고 전략의 초점을 명확히 하는 데 중요한 역할을 한다.

경쟁 분석은 단순히 경쟁자를 나열하는 데 그쳐서는 안 된다. 중요한 질

문은 "우리는 누구와 경쟁하는가?"가 아니라 "우리는 어떤 기준으로 선택 받는가?"이다. 가격, 품질, 편의성, 경험, 전문성 등 핵심 경쟁 요소를 중심으로 비교할 때, 이 사업의 전략적 차별점이 명확해진다. 시장과 경쟁 구조에 대한 분석은 이후 비즈니스 모델과 마케팅 전략 수립의 가장 중요한 토대가 된다.

비즈니스 모델과 수익 구조: 가치가 어떻게 수익으로 연결되는가?

가치 제안과 시장 기회가 확인되었다면, 다음으로 반드시 답해야 할 질문은 "이 가치가 어떻게 지속적인 수익으로 이어지는가?"이다. 비즈니스 모델은 단순한 가격 책정이 아니라, 가치가 경제적 성과로 연결되는 메커니즘을 설명하는 체계다.

이 절에서는 비용 부담 주체와 수익 발생 시점, 수익의 일회성 여부 및 반복성, 그리고 사업 규모 확대에 따른 수익성과 비용 구조의 변화를 명확히 밝혀야 한다. 특히 고객 가치와 수익 구조 간의 연관성을 명확히 설명하지 못하면, 앞서 제시한 전략의 설득력이 크게 떨어질 수밖에 없다.

중요한 것은 이 단계에서 완벽한 수익 모델을 제시하는 것이 아니라, 합리적인 가설과 그에 따른 검증 계획을 명확히 제시하는 것이다. 사업계획서는 미래를 예측하는 문서가 아니라, 어떤 가정을 바탕으로 어떻게 검증할 것인지를 구체적으로 보여주는 전략적 도구이기 때문이다. 수익 구조가 명확할수록 이후 재무 계획의 신뢰도도 함께 높아진다.

마케팅 및 고객 확보 전략: 시장 진입의 열쇠를 쥐다

마케팅과 고객 확보 전략은 사업계획서에서 종종 부차적인 부분으로 다뤄지지만, 실제 실행 단계에서는 성공과 실패를 좌우하는 핵심 요소이다.

이 절의 목적은 단순히 홍보 방안을 나열하는 데 그치지 않고, 초기 고객을 어떻게 발굴하고 설득하며, 지속적으로 관계를 유지할 것인지에 대해 체계적으로 설명하는 데 있다.

마케팅 전략은 곧 고객 여정의 설계와 같다. 먼저 핵심 타깃 고객이 누구인지 명확히 파악하고, 그들이 문제를 인식하고 해결책을 찾는 과정을 이해해야 한다. 그다음에는 어떤 채널을 먼저 활용할지 결정하고, 초기 확산을 위해 유료 마케팅, 콘텐츠 기반 접근, 또는 파트너십을 통한 확장 중 어떤 방식을 전략적으로 선택할지 구분해야 한다.

이때 CAC, 전환율, 유지율과 같은 지표는 단순한 수치가 아니라 전략의 실현 가능성을 평가하는 중요한 기준이 된다. 고객 확보 전략이 명확할수록 사업은 계획 단계에서 실행 단계로 자연스럽게 이어진다.

실행 전략 및 운영 구조: 이 계획은 실제로 실행 가능한가?

전략은 실행될 때 비로소 그 가치를 발휘한다. 따라서 사업계획서에는 무엇을 언제, 어떤 순서로 실행할지에 대한 명확한 계획이 반드시 포함되어야 한다. 이 절의 핵심은 모든 것을 다 하겠다는 선언이 아니라, 현재 단계에서 반드시 수행해야 할 핵심 실행 과제를 명확히 하는 데 있다.

MVP 개발 일정, 초기 고객 확보 목표, 운영 프로세스, 핵심 KPI는 각각 독립된 항목이 아니라 하나의 실행 논리로, 유기적으로 연결되어야 한다. 무엇을 검증하기 위해 어떤 실행을 하는지, 그리고 그 결과를 어떻게 측정할 것인지가 명확할 때 비로소 계획은 생명력을 갖게 된다. 이 절은 사업계획서가 단순한 아이디어 문서에 그치지 않고, 실제로 조직과 자원이 투입될 수 있는 구체적인 설계도임을 입증하는 부분이다.

팀과 조직: 이 전략을 실행하는 주체는 누구인가?

아무리 뛰어난 전략이라도 실행할 인력이 없다면 의미가 없다. 따라서 이 절에서는 해당 전략을 실제로 수행할 팀의 적합성을 입증해야 한다. 중요한 것은 화려한 경력의 나열이 아니라, 사업의 핵심 과제를 해결할 수 있는 역할과 역량이 얼마나 잘 맞는지이다.

창업자와 핵심 인력이 맡고 있는 책임과 현재 부족한 역량, 그리고 이를 보완하기 위한 방안이 명확히 제시되어야 한다. 또한, 외부 자문이나 파트너가 수행하는 역할도 분명히 밝혀져야 하며, 이러한 내용은 실행 가능성을 평가하는 중요한 근거가 된다.

투자자가 아이디어보다 팀을 먼저 보는 이유는, 이 절에서 전략과 인력이 얼마나 잘 조화를 이루는지를 확인하기 위함이다.

재무 계획: 전략의 지속가능성을 수치로 입증하라

사업계획서에서 재무 재무 계획은 단순히 숫자를 제시하는 것을 넘어, 지금까지 설명한 모든 전략적 선택이 경제적 일관성과 지속가능성을 갖추고 있는지를 검증하는 최종 관문이다. 아무리 시장, 고객, 비즈니스 모델, 실행 전략이 설득력 있게 보인다고 하더라도, 그것이 재무 구조와 연결되지 않는다면 사업은 장기적으로 지속되기 어렵다.

재무 계획의 핵심은 '얼마를 벌 수 있는가?'에 집중하기보다 '왜 이러한 수치가 가능한가?'에 있다. 매출 전망은 단순히 시장 규모에 비율을 곱해 산출하는 것이 아니라, 고객 확보 전략, 가격 정책, 전환율, 유지율 등 앞서 세운 전략적 가정들과 명확히 연계되어야 한다. 비용 구조도 마찬가지다. 고정비와 변동비가 어떻게 구성되는지, 규모가 커질수록 비용 효율이 개선되는지, 혹은 새로운 비용이 발생하는지를 구체적으로 설명하지 못하면 그 숫자는 설득력을 잃게 된다.

특히 현금 흐름은 재무 계획에서 중요한 요소 중 하나이다. 많은 스타트업이 손익계산서상으로는 흑자를 예상하지만, 실제로는 현금 부족으로 위기를 겪는 경우가 많다. 따라서 현금이 언제 유입되고 언제 유출되는지, 그리고 자금 공백이 발생하는 시점이 언제인지를 명확히 설명하는 것이 필요하다. 이는 단순한 회계상의 문제가 아니라, 기업의 생존과 직결된 전략적 과제이다.

재무 계획은 미래를 정확히 예측하는 도구가 아니다. 오히려 이 사업이 어떤 가정에 기반하고 있으며, 그 가정이 흔들릴 경우 어떤 영향을 받는지를 명확하게 보여주는 역할을 한다. 숫자의 크기보다 더 중요한 것은 논리의 일관성과 가정의 명확성이다. 이러한 원칙이 지켜질 때 재무 계획은 신뢰를 얻을 수 있다.

위험 및 대응 전략: 실패를 초래할 수 있는 요인과 대처 방안

성공 가능성만을 강조하는 사업계획서는 오히려 위험할 수 있다. 현실적인 계획서는 항상 "무엇이 이 전략을 무너뜨릴 수 있는가?"라는 질문을 함께 고려한다. 위험 분석은 사업에 대한 부정이 아니라, 불확실성을 효과적으로 관리할 준비가 되어 있음을 보여주는 전략적 성숙의 증거다.

위험은 크게 시장, 기술, 재무, 조직, 외부 환경 등 여러 측면으로 구분하여 살펴볼 수 있다. 시장 리스크는 고객 수요가 예상보다 저조할 가능성이나 경쟁 환경의 급격한 변화 등을 포함한다. 기술 리스크는 제품 개발 지연, 성능 미달, 또는 기술의 대체 가능성과 관련된다. 재무 리스크는 자금 조달 실패나 현금 흐름 악화에서 발생하며, 조직 리스크는 핵심 인재의 이탈이나 의사결정 구조의 불안정에서 비롯된다.

중요한 것은 단순히 위험을 나열하는 데 그치지 않고, 각 위험에 대해 구체적인 대응 원칙과 판단 기준을 명확히 제시하는 것이다. 예를 들어, 고객 확보 속도가 계획보다 느려질 때 어떤 지표를 기준으로 전략을 조정할지, 자금 소진 속도가 빨라질 때는 어떤 비용을 우선적으로 통제할지에 대한 기준이 분명해야 한다.

리스크 대응 전략은 모든 위험을 완전히 제거하겠다는 약속이 아니다. 대신, 위험이 실제로 발생했을 때 조직이 당황하지 않고 합리적인 판단을 내릴 수 있도록 사고의 기준을 미리 마련하는 과정이다. 이 절차가 충실할수록 사업계획서는 더 현실적이고 신뢰할 만한 문서가 된다.

투자 요청 및 향후 계획: 자금이 가능하게 하는 것들

투자 요청은 단순히 사업계획서의 결론이 아니라, 새로운 전략 단계의 출발점이다. 이때 중요한 질문은 '얼마가 필요한가?'가 아니라 '이 자금이 투입되면 무엇이 어떻게 달라지는가?'이다. 자금은 그 자체가 목적이 아니라, 전략을 가속하거나 전환을 가능하게 하는 수단이기 때문이다.

따라서 투자 요청 시에는 자금 사용 계획을 구체적으로 제시해야 한다. 제품 개발, 인재 채용, 마케팅, 인프라 구축 등 각 항목에 얼마의 자금을 투입할지 명확히 밝히고, 이를 통해 어떤 전략적 성과가 기대되는지 함께 설명해야 한다. 이러한 접근은 투자자에게 자금 운용의 효율성과 관리 능력을 동시에 입증하는 역할을 한다.

또한, 단계별 성과 목표와 향후 로드맵을 함께 제시해야 한다. 이번 투자를 통해 무엇을 검증할 것이며, 어떤 지표를 달성해야 다음 성장 단계로 나아갈 수 있는지를 명확히 밝혀야 한다. 이때 향후 계획은 단순한 비전이 아니라, 앞서 제시한 시장, 비즈니스 모델, 재무 계획과 논리적으로 연계되어야 한다.

투자 요청 절은 외부 투자자에게 설명하는 동시에 창업가가 자신의 전략을 점검하는 중요한 도구이다. 자금이 없으면 어떤 전략이 실행 불가능해지는지, 반대로 자금이 확보되면 어떤 새로운 선택지가 열리는지를 명확히 이해할 때, 투자 요청은 단순한 요구가 아니라 전략적인 제안으로 거듭난다.

실전 점검표 |나의 사업계획서 점검표

항목	질문
핵심 요약	2분 이내로 설명해 주실 수 있나요?
문제 정의	고객의 문제점을 명확하게 파악하고 계신가요?
해결책	저희 제품은 문제를 어떻게 해결하나요?
시장 분석	고객 수, 성장률, 그리고 트렌드에 관한 데이터를 가지고 계신가요?
경쟁 분석	경쟁자와의 차별점이 시각적으로 명확하게 드러나고 있습니까?
수익 모델	어떤 방법으로 수익을 창출하나요?
실행 일정	구체적인 로드맵이 마련되어 있나요?
팀 구성	각 인물의 역할과 역량이 명확하게 설명되어 있습니까?
재무 계획	자금 계획과 투자 요청이 잘 정리되어 있습니까?

<u>연습 문제</u>

나만의 사업계획서 목차 만들기

1. 당신이 구상한 사업 아이디어를 바탕으로, 위에 제시된 10개 항목을 참고하여 나만의 목차를 작성해 보세요.

2. 작성한 목차를 팀원이나 지인에게 보여주고, "이 문서를 읽었을 때 이 사업의 필요성과 실행 방안을 명확히 이해할 수 있는가?"라고 질문해 보세요. 받은 피드백을 바탕으로 목차를 다시 한번 수정해 보세요.

3. 'Why - How - What'의 3단계 흐름 중에서 본인의 사업에 가장 설득력이 부족하다고 생각되는 부분을 하나 선택한 후, 이를 보완하기 위한 추가 항목을 목차에 삽입해 보시오. (예: 사회적 임팩트, 기술 개발 전략 등)

맺음말

사업계획서는 미래를 정확히 예측하기 위해 작성되는 것이 아니다. 불확실한 현실 속에서 창업가가 어떤 기준으로 판단하고, 어떤 논리로 선택하며, 어떤 순서로 실행할지를 스스로 명확히 설명하기 위한 사고의 틀이다. 실행 과정에서 계획은 얼마든지 수정될 수 있지만, 전략적 사고가 정리되지 않은 상태에서의 실행은 방향성 없는 시도와 반복적인 시행착오로 이어지기 쉽다. 사업계획서는 이러한 혼란을 줄이고, 변화 속에서도 중심을 잃지 않도록 돕는 전략적 기준점의 역할을 한다.

이 장에서 다룬 사업계획서 작성의 원리는 단순히 잘 정리된 문서를 만드는 기술에 그치지 않는다. 이는 창업가가 자신의 가정과 선택을 언어로 체계화하고, 이를 검증 가능한 전략으로 전환하는 사고 훈련의 과정이다. 불확실한 환경에서 성공하는 창업가는 가장 많은 정보를 가진 사람이 아니라, 가장 효과적으로 사고하고 학습하는 사람이다. 사업계획서를 작성하는 행위는 곧 전략적으로 창업하는 방법을 익히는 과정이며, 이 기준이 견고할수록 변화와 위기 속에서도 창업가는 일관된 판단과 실행을 지속할 수 있다.

전략은 멈추지 않는다 — 창업은 삶의 방식으로 완성된다.

이 책은 한 가지 전제에서 출발합니다. 창업은 우연이 아니라 철저한 설계의 결과이며, 성과는 속도가 아니라 올바른 방향에서 비롯된다는 것입니다.

아이디어를 체계화하고, 시장을 분석하며, 경쟁 구도를 파악하고, 실행 체계를 구축하고, 재무 구조를 설계하는 한편, 성장과 위기에 대비하는 과정까지 우리는 모두 전략이라는 틀 안에서 창업을 접근해왔습니다. 하지만 이러한 모든 과정을 거친 끝에 우리는 결국 한 가지 더 근본적인 질문과 마주하게 됩니다.

"나는 어떤 기준을 가지고 삶의 방향을 선택할 것인가?"

창업은 단순히 사업을 시작하는 일이 아니라, 스스로 선택의 기준을 세우는 행위입니다. 이러한 기준은 궁극적으로 삶의 수준을 결정짓는 중요한 요소가 됩니다. 따라서 전략은 단순히 매출을 창출하기 위한 기술이 아니라, 방향을 잃지 않기 위한 사고 체계이자 자신의 삶을 어떤 방향으로 이끌 것인지에 대한 의식적인 선택의 과정이라 할 수 있습니다.

많은 사람들이 창업을 성공과 실패라는 결과로만 평가합니다. 그러나 전략적 관점에서 보면, 성공은 단순한 결과가 아니라 그 기반이 되는 구조입니다. 실제로 창업의 과정을 겪은 이들이 공통적으로 깨닫는 점은 결과보다 더 중요한 것은 '방향'이라는 사실입니다. 방향이 없는 성공은 확장 과정에서 무너지고, 기준이 없는 성장은 조직 내부에 균열을 초래합니다. 반면,

아직 수치로 증명되지 않았더라도 명확한 방향성과 일관된 판단 기준을 갖춘 사업은 시간이 지날수록 복리처럼 성장해 나갑니다.

따라서 전략은 단기적인 성과를 창출하는 수단이 아니라, 장기적인 생존 가능성을 높이는 구조를 설계하는 것입니다.

이 책이 반복해서 강조하는 메시지는 단순합니다. 더 빠르게 움직이는 것이 아니라, 더 올바른 선택을 하라는 것입니다.

시장은 끊임없이 변화하고, 계획은 계속해서 수정되며, 예상치 못한 변수들이 언제든지 등장합니다. 기술은 빠르게 발전하고 경쟁 환경은 예측하기 어렵습니다. 이처럼 완벽한 계획은 존재하기 어렵지만, 일관된 판단 기준은 세울 수 있습니다. 전략적 창업가는 "무엇을 할 것인가?"를 묻기 전에 먼저 근본적인 질문을 던집니다.

"이 결정이 우리의 장기적인 방향성과 부합하는가?"

이 질문을 스스로에게 던질 수 있을 때, 창업은 혼란이 아닌 성장의 여정이 됩니다. 전략은 미래를 완벽히 예측하는 도구가 아니라, 변화 속에서도 흔들리지 않도록 중심을 잡아주는 나침반과 같습니다. 전략은 완성된 문서가 아니라 실행 과정에서 검증되고, 실패를 통해 다듬어지며, 성찰을 거쳐 발전해 나가는 것입니다.

사업계획서는 단순한 제출용 문서가 아니라 사고를 체계적으로 정리하는 프레임워크입니다. 시장 분석은 단순한 예측이 아니라 확률을 관리하는 과정이며, 재무 계획은 희망사항이 아니라 리스크를 통제하는 전략입니다. 이러한 관점을 이해하는 순간, 창업은 감정에 휘둘리는 영역에서 체계적인 구조의 영역으로 전환됩니다.

시간이 흐를수록 창업의 문제는 외부에서 내부로 옮겨집니다. 시장의 문제가 아닌 사람의 문제로, 궁극적으로는 창업가 자신에게로 귀결됩니다. 누구와 함께 일할 것인지, 어떤 문화를 형성할 것인지, 무엇을 직접 통제하고 무엇을 위임할 것인지에 대한 고민이 이어집니다. 그리고 마침내, 다음과 같은 질문에 마주하게 됩니다.

"나는 어떤 리더로 성장할 것인가?"

이 질문은 스스로의 리더십 방향성을 고민하는 중요한 출발점입니다.

성과 중심의 리더는 빠른 성장을 이끌 수 있지만, 구조 중심의 리더는 지속 가능한 발전을 가능하게 합니다. 진정한 경쟁력은 제품이 아니라 리더의 사고 수준에서 비롯됩니다. 사업의 성장 역시 창업가의 사고 범위에 달려 있습니다.

창업은 불확실성을 없애는 과정이 아닙니다. 오히려 불확실성을 전제로 하여 의사결정 능력을 키우는 과정이며, 그 안에서 선택하고 책임지는 역량을 발전시키는 여정입니다. 전략적 창업가는 위험을 회피하는 사람이 아니라, 감당할 수 있는 위험을 선별하고 이를 관리 가능한 상태로 만들어 나가며, 그 경험을 바탕으로 자신과 전략을 더욱 정교하게 다듬어 가는 사람입니다. 실패는 끝이 아니라 새로운 전략이 시작되는 출발점이며, 위기는 중단이 아닌 재설계의 기회입니다. 이러한 태도를 갖추는 순간, 창업은 두려움의 영역에서 통제의 영역으로 나아가게 됩니다.

이 책의 마지막 부분에서 독자에게 전하고자 하는 메시지는 분명합니다.

창업은 한 번에 완성되는 일이 아니라, 끊임없이 발전해 나가는 과정임을 명심해야 합니다.

전략은 한 번 수립하고 끝나는 정답이 아닙니다. 시장이 변화하면 전략도 새롭게 재정의되어야 하며, 조직이 성장함에 따라 구조 역시 재설계되어야 합니다. 또한, 삶의 단계가 바뀔 때마다 사업의 의미를 다시 되짚어보아야 합니다. 전략은 고정된 답이 아니라 끊임없이 업데이트해 나가야 하는 운영체계입니다.

이 책을 덮는 이 순간에도 당신의 환경은 여전히 불확실할 수 있습니다. 자본이 부족할 수도 있고, 경쟁은 더욱 치열해졌으며, 미래는 여전히 불투명할지 모릅니다. 하지만 분명 한 가지는 달라졌습니다.

이제 당신은 더욱 깊이 있는 질문을 할 수 있습니다.

더 많은 정보를 가진 것이 아니라, 더 정확한 기준을 갖추게 되었습니다.

그 기준이 당신의 선택을 체계화하고, 그 체계화가 실행을 쌓아 올리며, 그 쌓임이 결국 당신의 사업을 탄탄하게 구축할 것입니다.

창업은 단순히 사업을 시작하는 것이 아니라, 자신만의 삶을 설계하는 과정입니다.

당신의 전략은 당신의 사고방식을 반영하며, 조직은 당신의 기준을 닮아가고, 성장은 당신의 선택을 입증합니다.

전략은 멈추지 않습니다. 마찬가지로, 당신의 성장도 멈추지 말아야 합니다.

이제 다시 현장으로 돌아갈 때입니다. 계획을 실행으로, 질문을 선택으로, 선택을 구조로 전환해야 할 시점입니다.

창업은 단 한 번의 결단이 아니라 매일의 신중한 판단을 통해 이루어집니다.

그리고 그 판단의 질이 바로 당신의 미래를 결정짓습니다.

1장 / 왜 창업은 전략이어야 하는가?

Christensen, Clayton M. The Innovator's Dilemma, with a New Foreword : When New Technologies Cause Great Firms to Fail. Harvard Business Review Press, 2024.

Dweck, Carol S. Mindset: The New Psychology of Success. Random House, 2006.

Mullins, John. Break the Rules!: The Six Counter-Conventional Mindsets of Entrepreneurs That Can Help Anyone Change the World. Wiley, 2023.

Ries, Eric. The Lean Startup. Crown Publishing Group, 2011.

2장 / 전략적 창업가의 내면 설계: 성공을 이끄는 보이지 않는 조건들

Csikszentmihalyi, Mihaly. Flow: The Psychology of Optimal Experience. Harper Perennial Modern Classics, 2008.

Duckworth, Angela. Grit: The Power of Passion and Perseverance. Scribner, 2018.

Dweck, Carol S. Mindset: The New Psychology of Success. Ballantine Books, 2007.

Goleman, Daniel. Emotional Intelligence: Why It Can Matter More Than IQ. Bantam, 2005.

3장 / 시장과 창업 환경을 분석하는 전략적 관점

Blokdyk, Gerardus. SWOT Analysis A Complete Guide, 5STARCooks, 2021

Dyson, Robert G. Strategic Development and SWOT Analysis. Oxford:

Butterworth-Heinemann, 2004.

Kim, W. Chan, and Renée Mauborgne. Blue Ocean Strategy: How to Create Uncontested Market Space and Make the Competition Irrelevant. Boston, MA: Harvard Business School Press, 2005.

McDonald, Malcolm, and Ian Dunbar. Market Segmentation: How to Do It and How to Profit from It. 4th ed. Chichester, UK: Wiley, 2012.

Minsky, Laurence, and David Aron. "Are You Doing the SWOT Analysis Backwards?" Harvard Business Review, February 23, 2021.

Porter, Michael E. "How Competitive Forces Shape Strategy." Harvard Business Review, vol. 86, no. 1, February 2008, pp. 78-93.

4장 / 사업 아이디어 발굴과 검증의 기술

Anthony, Scott. "A Disciplined Approach to Evaluating Ideas." Harvard Business Review, January 03, 2012.

Bland, David J., and Alexander Osterwalder. Testing Business Ideas: A Field Guide for Rapid Experimentation. The Strategyzer Series, Wiley, 2019.

Caldwell, Dalton. "All about Pivoting." Y Combinator Startup Library, YouTube video, August 29, 2019, https://www.youtube.com/watch?v=8pNxKX1SUGE.

Friedman, Jared. "How to Get and Evaluate Startup Ideas." Y Combinator Startup School, YouTube video, 2020, https://www.youtube.com/watch?v=Th8JoIan4dg.

Hollins, Peter. Rapid Idea Generation: How to Create, Innovate, Conceive, and Invent From Scratch. Pkcs Media, 2020.

Johnson, Steven. Where Good Ideas Come From: The Natural History of Innovation. Riverhead Books, 2011.

Snyder, Philip. The Art of Brainstorming: The Practical Guide to Mastering Creative and Design Thinking and Generating Out of the Box Ideas to Solve Personal and Professional Problems. Dream Books, 2021.

5장 / 가치 제안: 고객의 선택을 이끄는 핵심 논리

Anderson, James C., James A. Narus, and Wouter van Rossum. Customer Value Propositions in Business Markets. Boston: Harvard Business School Press, 2006.

Barnes, Colin, Helen Blake, and David Pinder. Creating and Delivering Your Value Proposition: Managing Customer Experience for Profit. London: Kogan Page, 2009.

Blank, Steve, and Bob Dorf. The Startup Owner's Manual: The Step-By-Step Guide for Building a Great Company. 1st ed., Wiley, 2020.

Osterwalder, Alexander, Yves Pigneur, et al. Value Proposition Design: How to Create Products and Services Customers Want. Wiley, 2014.

Thomson, Peter. "Value Proposition Canvas Template." Peter J. Thomson, 2013, www.peterjthomson.com/2013/11/value-proposition-canvas/. Accessed 18 Oct. 2024.

6장 / 비즈니스 모델과 수익 구조 전략

Magretta, Joan. "Why Business Models Matter." Harvard Business Review 80, no. 5: 86-92, 2002.

Osterwalder, Alexander, and Yves Pigneur. Business Model Generation. John Wiley & Sons, 2010.

Ries, Eric. The Lean Startup: How Today's Entrepreneurs Use Continuous Innovation to Create Radically Successful Businesses. New York: Crown Business, 2011.

Teece, David J. "Business Models, Business Strategy and Innovation." Long Range Planning 43, no. 2-3: 172-194, 2010.

Zott, Christoph, and Raphael Amit. 2010. "Business Model Design: An Activity System Perspective." Long Range Planning 43, no. 2-3: 216-226.

7장 / 제품과 서비스 개발 및 가격 정책

Cagan, Marty. Inspired: How To Create Tech Products Customers Love. 2nd ed., Wiley, 2017.

Dunford, April. Obviously Awesome: How to Nail Product Positioning so Customers Get It, Buy It, Love It, Plummet Press, 2019.

Hinterhuber, Andreas, and Todd C. Snelgrove, eds. Value First, Then Price: Building Value-Based Pricing Strategies, 2nd ed., Routledge, 2021.

Macdivitt, Harry, and Mike Wilkinson. Value-Based Pricing: Drive Sales and Boost Your Bottom Line by Creating, Communicating and Capturing Customer Value, McGraw-Hill, 2011.

Müller, Georg, et al. The Strategy and Tactics of Pricing: A Guide to Growing More Profitably. 7th ed., Routledge, 2023.

Phillips, Robert L. Pricing and Revenue Optimization, Stanford University Press, 2020.

Poundstone, William. Priceless: The Myth of Fair Value (and How to Take Advantage of It), Hill and Wang, 2018.

Ramanujam, Madhavan, and Georg Tacke. Monetizing Innovation: How Smart Companies Design the Product Around the Price, Wiley, 2016.

8장 / 시장 진입 및 마케팅 전략

Aaker, David A., V. Kumar, and George S. Day. Marketing Research. 12th ed. Hoboken, NJ: Wiley, 2019.

Bradley, Nigel. Marketing Research: Tools and Techniques. 4th ed. Oxford: Oxford University Press, 2017.

Burns, Alvin C., Ronald F. Bush, and Ann Veeck. Marketing Research. 9th ed. Harlow, UK: Pearson Education, 2020.

Churchill, Gilbert A., and Dawn Iacobucci. Marketing Research: Methodological Foundations. 11th ed. Mason, OH: Cengage Learning, 2019.

Dibb, Sally, and Lyndon Simkin. Market Segmentation Success: Making It Happen! New York: Routledge, 2008.

Hague, Paul. Market Research in Practice: An Introduction to Gaining Greater Market Insight. 4th ed., Kogan Page, 2021.

Holt, Douglas B. How Brands Become Icons: The Principles of Cultural Branding. Boston: Harvard Business School Press, 2004.

Keller, Kevin Lane. Strategic Brand Management: Building, Measuring, and Managing Brand Equity. 5th ed. Boston: Pearson, 2020.

Kotler, Philip, and Kevin Lane Keller. Marketing Management. 16th ed. Hoboken, NJ: Pearson, 2022.

McDaniel, Carl, and Roger Gates. Marketing Research Essentials. 10th ed. Hoboken, NJ: Wiley, 2019.

Porter, Michael E. Competitive Strategy: Techniques for Analyzing Industries and Competitors. Free Press, 1998.

Wedel, Michel, and Wagner A. Kamakura. Market Segmentation: Conceptual and Methodological Foundations. 2nd ed. Boston: Springer, 2000.

9장 / 창업팀 구성과 실행 전략

Cappelli, Peter. Talent on Demand: Managing Talent in an Age of Uncertainty. Boston: Harvard Business School Press, 2008.

Collins, Jim. Good to Great: Why Some Companies Make the Leap... and Others Don't. New York: HarperBusiness, 2001.

Hoffman, Reid, Ben Casnocha, and Chris Yeh. The Alliance: Managing Talent in the Networked Age. Boston: Harvard Business Review Press, 2014.

Horowitz, Ben. The Hard Thing about Hard Things: Building a Business When There Are No Easy Answers. New York: Harper Business, 2014.

Hume, Dean. Building Great Startup Teams: A Guide to Attracting, Hiring, and Retaining Employees. Blurb, 2016.

Khosla, Vinod, and Anu Hariharan. "How to Build and Manage Teams." Stanford Center for Professional Development, video recording, 30 May 2017. https://www.ycombinator.com/library/7g-how-to-build-and-manage-teams. Accessed 16 Oct. 2024.

10장 / 재무 계획 및 자금 조달 전략 수립

Berman, Karen, Joe Knight, and John Case. Financial Intelligence: A Manager's Guide to Knowing What the Numbers Really Mean. Rev. ed., Harvard Business Review Press, 2013.

Cafferky, Michael, and Jon Wentworth. Break Even Analysis. Business Expert Press, 2010.

Cremades, Alejandro. The Art of Startup Fundraising: Pitching Investors, Negotiating the Deal, and Everything Else Entrepreneurs Need to Know. Hoboken, NJ: Wiley, 2016.

Elliott, Barry, and Jamie Elliott. Financial Accounting & Reporting. 20th ed., Pearson, 2022.

Feld, Brad, and Jason Mendelsohn. Venture Deals: Be Smarter Than Your Lawyer and Venture Capitalist. 4th ed., Wiley, 2019.

Kupor, Scott. Secrets of Sand Hill Road: Venture Capital and How to Get It. Portfolio, 2019.

Morlidge, Steve, and Steve Player. Future Ready: How to Master Business Forecasting. Wiley, 2010.

Robinett, Judy. Crack the Funding Code: How Investors Think and What They Need to Hear to Fund Your Startup. AMACOM, 2019.

Samonas, Michael. Financial Forecasting, Analysis, and Modelling: A Framework for Long-Term Forecasting. Wiley, 2015.

11장 / 운영 전략과 확장 가능한 성장 구조

Colvin, Claire, and Brendan McGurgan. Simple Scaling: Ten Proven Principles to 10x Your Business. Houndstooth Press, 2022.

Gil, Elad. High Growth Handbook: Scaling Startups from 10 to 10,000 People. Create Space, 2018.

Grove, Andrew S. High Output Management. Vintage Books, 2015.

Harnish, Verne. Scaling Up: How a Few Companies Make It…and Why the Rest Don't. Gazelles, Inc., 2014.

12장 / 확장과 변화, 그리고 위기 대응 전략

Anthony, Scott D., Paul Cobban, Natalie Painchaud, and Andy Parker. Dual Transformation: How to Reposition Today's Business While Creating the Future. Harvard Business Review Press, 2017.

Collins, Jim. Built to Last: Successful Habits of Visionary Companies. Harper Business, 1994.

Eisenmann, Thomas R. Why Startups Fail: A New Roadmap for Entrepreneurial Success. Currency, 2021.

Grove, Andrew S. Only the Paranoid Survive: How to Exploit the Crisis Points That Challenge Every Company. Doubleday, 1996.

Mitroff, Ian I., and Gus Anagnos. Managing Crises Before They Happen: What Every Executive Needs to Know about Crisis Management. AMACOM, 2001.

Raynor, Michael E. The Strategy Paradox: Why Committing to Success Leads to Failure (and What to Do About It). Currency/Doubleday, 2007.

Ries, Eric. The Startup Way: How Modern Companies Use Entrepreneurial Management to Transform Culture and Drive Long-Term Growth. Currency, 2017.

13장 / 창업가 리더십과 자기 성장 전략

Bass, Bernard M., and Ronald E. Riggio. Transformational Leadership. 2nd ed. Psychology Press, 2005.

Goleman, Daniel, Richard Boyatzis, and Annie McKee. Primal Leadership: Unleashing the Power of Emotional Intelligence. Harvard Business Review Press, 2013.

Greenleaf, Robert K. Servant Leadership: A Journey into the Nature of Legitimate Power and Greatness. 25th Anniversary ed., Paulist Press, 2002.

Heifetz, Ronald A., Alexander Grashow, and Marty Linsky. The Practice of Adaptive Leadership: Tools and Tactics for Changing Your Organization and the World. Harvard Business Press, 2009.

Kouzes, James M., and Barry Z. Posner. The Leadership Challenge: How to Make Extraordinary Things Happen in Organizations. 6th ed., Wiley, 2017.

Northouse, Peter G. Leadership: Theory and Practice. 9th ed., Sage Publications, 2021.

Senge, Peter M. The Fifth Discipline: The Art and Practice of the Learning Organization. Revised ed., Doubleday, 2006.

Yukl, Gary. Leadership in Organizations. 9th ed., Pearson, 2018.

15장 / 사업계획서 작성 방법

Carroll Kay, The Entrepreneur's Guide to Writing a Winning Business Plan: A Step-by-Step Beginner's Guide from Idea to Success to Raise Capital and Achieve Profitability, Independently published, 2023

Grant, Walter. How to Write a Winning Business Plan, Independently published, 2020

국내 도서 참고 문헌

문석현. 쿠팡, 우리가 혁신하는 이유: 수평적 조직문화는 어떻게 만들 수 있는가. 서울: 갈매나무, 2017.

홍성태. 배민다움: 배달의민족 브랜딩 이야기. 서울: 북스톤, 2016.

김병규. 플랫폼 제국의 탄생과 브랜드의 미래: 쿠팡, 네이버, 배민보다 먼저 찾는 브랜드는 무엇이 다른가. 서울: 미래의창, 2021.

김영배 외. 한국의 스타트업 생태계 과거, 현재, 미래. 서울: 청람, 2025.

김난도. 마켓컬리 인사이트: 스케일을 뛰어넘는 디테일로 시장을 장악하는 방식. 서울: 다산북스, 2020.

정경화. 유난한 도전: 경계를 부수는 사람들, 토스팀 이야기. 서울: 북스톤, 2022.

부록 1
창업 예산 작성의 예

* 아래 나열된 비용 항목은 전체 목록이 아니며, 사업 분야에 따라 다를 수 있다.

창업 예산 워크시트

단위: 만원

일회성 비용(One-time Cost)	우선순위	예산
장비 및 설비 구입 비용	1	10,000
리모델링 비용	1	500
사업 시작을 위한 인벤토리	1	500
공공 서비스 기관에 대한 보증금	1	100
법률 및 기타 전문가 수수료	1	350
라이센스 및 허가 비용	1	100
현금	1	1,000
필수 사무용품 및 장비 구입비용	1	800
추정 손실에 대비한 현금준비금(3개월)	2	15,330
임대보증금	1	2,000
기타	3	5,000
일회성 비용 총계		**35,680**
월 비용 (Monthly Recurring Expenses)		
소유자-관리자의 급여	1	1,000
기타 모든 종업원 급여	1	1,800
임대료	1	800
광고, 마케팅	2	80
사무용품	1	50
전기, 전화 및 기타 유틸리티	1	50
보험료	1	80
세금	1	100
유지 관리비	2	300
법률 및 기타 수수료	1	100
자동차 유지 관리비	1	150
사무용 소프트웨어 관리비	1	100
기타	3	500
월 비용 총계		**5,110**
총 예상 창업 비용		**40,790**

1. 일회성 비용은 창업 시 단 한 번 발생하는 비용이며, 월 비용은 매월 반복적으로 발생하는 비용이다. 따라서 총 예상 창업 비용은 일회성 비용과 월별 비용을 합산하여 산출된다.

2. 예산 목표는 처음부터 명확한 지출 한계를 설정하는 것이 바람직하다.

3. 보유하거나 확보할 수 있는 자금을 고려하여 예산을 수립한다.

4. 창업 초기에는 매출이 발생하지 않을 가능성이 높으므로, 최소 3개월 치의 비상 자금을 예산에 반드시 포함하는 것이 바람직하다.

5. 예산안을 작성할 때는 우선순위를 명확히 정하고, 예산 조정이 필요할 경우 우선순위가 낮은 항목부터 차례대로 삭감하여 조정한다.

6. 모든 예산은 계획한 금액보다 실제 집행 시 초과하는 경우가 많다. 이에 대비하기 위해 일반적으로 전체 예산의 10%에서 15% 정도를 추가로 책정하여 여유 자금을 확보하는 것이 바람직하다.

부록 2

창업 자금 출처 및 사용 명세서의 예

자금 출처 및 사용 내역서

단위: 만원

자금 사용처	
시설 비용	10,500
장비 및 차량	2,750
공급품 및 광고	1,300
기타 창업 비용	5,800
총 창업 비용	**20,350**
필요한 운영 자본	**5,110**
총 사용 자금	**25,460**

자금 조달원	
창업자 투자및 담보:	
창업자 연금	500
창업자 저축	250
은행 대출	1,000
총 창업자 투자금	**1,750**
개인 투자자	**1,000**
총 투자금 조달 대상	**22,710**
총 조달 자금	**25,460**

자금 출처 및 사용 내역서는 복잡할 필요가 없다. 이는 대출자나 투자자에게 자금 조달 규모와 자금의 구체적인 사용처 및 금액을 명확하게 전달하기 위한 것이다.

1. 자금 사용처 항목은 앞서 제시된 창업 예산 워크시트에 기재된 항목들을 모두 합산한 소계를 기준으로 작성한다. 즉, 시설비, 장비 및 차량비, 용품 및 광고비, 기타 창업 비용 등 모든 관련 금액을 합산하여 산출한다.

2. 자금 사용처 항목에서는 필요한 운영 자본을 추정치를 비탕으로 산정한다. 이는 사업 초기 단계에서 청구서 결제를 위해 필요한 금액을 의미한다.

3. 자금 조달원 섹션에서는 창업자가 직접 제공할 수 있는 모든 자금 출처를, 대출 신청을 위한 담보를 포함하여 상세히 기재한다.

4. 개인 투자자들로부터 조달한 투자금과 창업자가 마련한 자금을 합산한 후, 이를 총사용 자금에서 차감하면 최종적으로 필요한 총투자금액을 산출할 수 있다.

총투자금 조달 필요액 = 총 사용 자금 - (총창업자 투자금 + 개인 투자 자금)

5. 자금 사용 총액은 조달한 자금 총액과 반드시 일치해야 한다 (총사금 사용 = 총 조달 자금).

손익계산서의 예

손익계산서
2026년 1월 1일부터 2026년 12월 31일까지

회사 이름:

수익	단위:	운영 비용	단위:
매출액		급여	
제품/서비스 1 ...		퇴직급여(충당금전입액포함)	
제품/서비스 2 ...		복리후생비	
반품, 환불 및 공제		임대료	
기타 수익		자동차/운송	
총 매출 수익		감가상각비	
		보험	
매출 원가		세금및 공과금 비용	
제품/서비스 1 재료비		사업 허가 및 허가	
제품/서비스 2 재료비		광고선전비	
직접 노무비		연구비	
감가상각비-직접		경상개발비	
재고액		은행 서비스 수수료	
기타 직접 비용		전문 서비스 - 법률, 회계	
총 매출 원가		전기, 전화, 인터넷	
		급여 처리 비용	
매출 총이익(손실)		웹사이트 개발	
		사무용품	
영업외 수익(손실)		접대비	
이자(수입)		기타 비용	
이자 비용		**총 운영 비용**	
소득세 비용			
외환차손 이익(손실)		**영업 이익(손실)**	
기타			
총 영업외 수익(손실)			
세비용차감전 순이익(손실)			
세금비용			
순이익(손실)			

손익계산서에는 네 가지 주요 이익(손실) 개념이 포함되어 있다. 즉, 매출총이익(손실), 영업이익(손실), 세전순이익(손실), 그리고 순이익(손실)이다. 이 네 가지 이

익(손실) 개념은 각각의 의미를 명확히 구분하여 이해하는 것이 중요하다.

1. 총매출 수익 : 보고 기간 사업체가 창출한 총수익 금액을 의미한다.
2. 총 매출원가(COGS) : 회사가 제조 및 판매하는 제품이나 서비스의 구성 요소와 관련된 모든 비용을 의미한다.
3. 총 운영 비용 : 보고 기간 사업체가 지출한 금액을 의미한다.
4. 매출총이익(손실) : 매출액에서 매출원가를 차감한 금액을 의미한다.
5. 영업이익(손실) : 매출총이익(손실)에서 영업비용을 차감한 금액을 의미한다.
6. 총영업 외 수익(손실) : 영업 활동 이외의 영역에서 발생하는 이익 또는 손실을 의미한다.
7. 세비용 차감 전 순이익(손실) : 영업이익(손실)에 총영업 외 이익(손실)을 더한 금액으로, 영업 외 비용을 제외한 금액이다.
8. 순이익 : 세전 순이익(손실) 에서 세금을 공제한 금액을 말한다.

손익계산서 작성 단계

1. 보고 기간 선택 : 손익계산서가 다루는 특정 기간을 의미하므로, 적절한 보고 기간을 선택하는 것이 매우 중요하다.
2. 총매출 수익 산출 : 보고 기간을 확인한 뒤, 해당 기간 발생한 사업의 총매출 수익을 계산한다.
3. 매출원가(COGS) 산정
4. 매출총이익(손실) 산출
5. 총 운영 비용 산정
6. 영업이익 (손실) 산출
7. 영업 외 이익 및 손실 계산
8. 세금 비용 차감 전 순이익(손실) 산출
9. 세금 비용 산정
10. 순이익 계산

재무상태표(대차 대조표)의 예

재무상태표 (대차대조표)

2024년 12월 31일 현재

회사명:

단위:

자산		부채	
유동자산 현금 미수금 선급금 선불비용 단기투자금 재고 자산 기타 자산		**유동부채** 미지급금 단기 차입금 미지급 세금 미지급 급여/임금 유동선 장기 부채 선수금 기타	
I. 총 유동자산		**I. 총 유동 부채**	
고정자산 장기투자금 장기대여금 유형자산 (토지, 건물, 시설장비등) 무형자산 기타 고정자산		**고정부채** 장기 차입금 장기 매입채무 장기 미지급금 제준비금 임대보증금 기타	
II. 총 고정자산		**II. 총 고정부채**	
기타 자산 장기 선급금 연기된 소득세 임대보증금		**부채 총계 (I + II)**	
		자본금 투자금 당기 순이익(손실)금 기타	
III. 총 기타 자산			
		III. 자본금 총계	
자산 총계 (I + II + III)		**부채및 자본금 총계 (I + II + III)**	

핵심 내용

1. 대차대조표는 자산, 부채, 자본금의 세 가지 요소로 구성되어 있다.

2. 대차대조표에서는 자산 총액이 부채와 자본금의 합계과 반드시 일치해야 한다.

3. 자산과 부채는 장기와 단기로 구분된다.

4. 자본금은 자산에서 부채를 뺀 순자산 가치를 의미한다.

현금흐름표의 예

현금흐름표

제 00 기 : 0000월 0월 0일부터 0000년 00월 00일까지
제 00 기 : 0000월 0월 0일부터 0000년 00월 01일까지

회사명:

단위: 원

	제 00 (당) 기	제 00 (전) 기
영업 활동에서의 현금 흐름 매출에서의 현금 흐름 영업 활동에서의 지출 현금		
영업에서의 순 현금 흐름		
투자 활동에서의 현금 흐름 주식 매수 유형자산 취득 무형자산 취득		
투자에서의 순 현금 흐름		
재무 활동에서의 현금 흐름 보통주 발행 지급어음 발행 지급어음에 대한 원금 상환 지급된 배당금		
재무활동에서의 순 현금 흐름		
순 현금 흐름		
기간 시작 시 현금		
현재 현금		

핵심 내용

1. 현금 흐름 보고서는 회사의 영업 활동과 외부 투자원에서 발생하는 모든 현금 유입 내역을 제공한다. 이 보고서에는 영업, 투자, 자금 조달 활동을 통해 발생한 현금이 포함되며, 이들의 합계를 '순 현금 흐름'이라고 한다.

2. 현금 흐름표의 첫 번째 부분은 영업 활동으로 인한 현금 흐름(CFO)을 다루며, 이는 모든 영업 관련 거래를 포함한다.

3. 자활동으로 인한 현금흐름(CFI)은 재무제표의 두 번째 항목으로, 투자에서 발생한 이익과 손실을 반영한다.

4. 재무 활동(자금 조달)에서의 현금 흐름(CFF)은 마지막 부분으로, 부채와 자본과 관련된 현금의 유입과 유출을 종합적으로 보여준다.

5. 현금 흐름은 일반적으로 기업이 지출하는 금액보다 더 많은 현금을 벌어들이는 경우 긍정적이라고 하며, 반대로 지출보다 적은 현금을 벌어들이는 경우 부정적이라고 구분한다.

(1) 긍정적인 현금 흐름

양의 현금 흐름은 일정 기간 동안 회사의 사업 활동에서 유입되는 현금이 유출되는 현금보다 많다는 것을 의미한다. 이는 회사가 현금을 여유롭게 보유하게 되어, 자사 및 주주를 위한 재투자, 부채 상환, 그리고 사업 성장의 새로운 기회를 모색할 수 있는 이상적인 상황을 나타낸다.

그러나 현금 흐름이 긍정적이라고 해서 반드시 이익으로 연결되는 것은 아니다. 현금 흐름이 음수일지라도 사업이 수익성을 유지할 수 있으며, 반대로 이익이 발생하지 않더라도 양의 현금 흐름이 나타날 수 있다.

(2) 부정적 현금 흐름

음의 현금 흐름은 특정 기간 동안 현금 유출이 현금 유입보다 많다는 뜻이지만, 반드시 손실을 의미하는 것은 아니다. 오히려 음의 현금 흐름은 지출과 수입 간의 시차나 불일치에서 비롯될 수 있으며, 조속히 해결해야 할 과제로 여겨진다. 현금 흐름이 음수로 나타나는 경우는 회사가 사업 확장과 미래 성장을 위한 투자에 나섰기 때문일 수 있으므로, 기간별 현금 흐름 변화를 면밀히 분석하는 것이 중요하다. 이러한 분석은 회사의 전반적인 성과를 파악하는 데 큰 도움이 된다.

사업계획서(Business Plan) 작성 템플릿

이 템플릿은 미래를 예측하기 위한 문서가 아니라, 전략적 사고를 체계화하기 위한 도구이다. 각 항목은 '무엇을 쓸 것인가'보다는 '왜 이 질문이 필요한가?'에 초점을 맞춘다.

0. 개요(Executive Summary) - 1~2페이지

작성 목적 전체 사업을 한눈에 이해할 수 있도록 핵심만 압축한다.

포함 내용

- 해결하고자 하는 핵심 문제
- 제안하는 해결책(가치 제안)
- 타깃 시장과 기회 요약
- 비즈니스 모델 요약
- 현재 진행 상황(트랙션)
- 향후 12~24개월 핵심 목표

작성 팁 이 부분만 읽고도 "왜 이 사업이 의미 있는가?"가 이해되어야 한다.

1. 문제 정의

핵심 질문

- 고객은 어떤 문제를 겪고 있는가?
- 왜 이 문제는 아직 충분히 해결되지 않았는가?
- 왜 '지금'이 문제인가?

작성 항목

- 타깃 고객 정의
- 고객의 핵심 Pain Point
- 문제의 빈도 · 강도 · 비용
- 기존 해결책의 한계

주의 : 문제는 아이디어의 출발점이지, 제품 설명이 아니다.

2. 해결 방안 및 가치 제안

핵심 질문

- 우리는 이 문제를 어떻게 해결하는가?
- 고객이 체감하는 핵심 가치는 무엇인가?

작성 항목

- 제품 / 서비스 개요
- 핵심 기능과 차별 요소
- 고객 관점의 Before / After
- 대체재 대비 우위

작성 팁 : 기능 설명보다 문제 해결 흐름을 중심으로 작성하라.

3. 시장 분석

핵심 질문

- 이 사업이 들어갈 시장은 충분히 큰가?
- 현실적으로 공략할 수 있는 영역은 어디인가?

작성 항목

- 시장 정의
- TAM / SAM / SOM
- 시장 성장성 및 트렌드
- 고객 세그먼트 특징

주의 : '큰 시장'보다 '접근할 수 있는 시장'을 보여주는 것이 중요하다.

4. 경쟁 분석 및 포지셔닝

핵심 질문

- 고객은 지금 무엇을 선택하고 있는가?
- 우리는 어떤 기준에서 다르게 선택되는가?

작성 항목

- 주요 경쟁자 목록
- 경쟁 제품 비교
- 차별화 포인트
- 포지셔닝 지도(선택)

작성 팁 : 경쟁이 없다는 주장은 위험 신호다.

5. 비즈니스 모델과 수익 구조

핵심 질문

- 우리는 어떻게 돈을 버는가?
- 이 구조는 반복 가능한가?

작성 항목

- 수익 모델 유형
- 가격 전략
- 주요 비용 구조
- 단위 경제(LTV / CAC 가설)

주의 : 수익 모델은 아이디어가 아니라 구조다.

6. 마케팅 및 고객 확보 전략

핵심 질문

- 첫 고객은 어떻게 확보하는가?
- 성장은 어떤 경로로 이루어지는가?

작성 항목

- 초기 타깃 고객
- 주요 채널
- 고객 획득 전략
- 유지·확장 전략

작성 팁 : "모든 고객"은 전략이 아니다.

7. 실행 및 운영 계획

핵심 질문

- 이 전략은 실제로 실행 가능한가?

작성 항목

- 3 / 6 / 12개월 로드맵

- 주요 마일스톤
- 핵심 KPI
- 운영 구조 개요

주의 : 일정 없는 전략은 실행되지 않는다.

8. 팀 구성 및 조직 전략

핵심 질문
- 누가 이 전략을 실행하는가?

작성 항목
- 창업자 소개
- 핵심 팀 역할
- 보완이 필요한 역량
- 자문 / 파트너 네트워크

투자자 관점 : 아이디어보다 팀의 학습 능력을 본다.

9. 재무 계획

핵심 질문
- 이 사업은 지속 가능한가?

작성 항목
- 매출 추정
- 비용 구조
- 손익분기점(BEP)
- 현금 흐름 전망

주의 : 숫자는 희망이 아니라 가정의 결과다.

10. 리스크 및 대응 전략(Risk & Mitigation)

핵심 질문

- 무엇이 잘못될 수 있는가?
- 우리는 어떻게 대비하는가?

작성 항목

- 주요 리스크 목록
- 발생 가능성
- 대응 시나리오

작성 팁 : 리스크를 인정하는 계획이 더 신뢰를 준다.

11. 투자 요청 및 향후 계획

작성 항목

- 투자 필요 금액
- 자금 사용 계획
- 향후 목표
- 출구 전략 가설(선택)

창업 실행 점검표

본 점검표는 창업 전 과정에서 전략적 준비 수준을 점검하기 위한 실행 도구이다. 각 항목을 '에 / 부분 / 아니오'로 체크하되, '아니오'가 많은 영역은 현재 가장 큰 실패 리스크가 집중된 구간으로 해석한다. 본 점검표는 창업 초기, 피벗, 성장 및 위기 국면 등 각 단계에서 반복적으로 활용할 것을 권장한다.

1. 창업가 전략 인식과 목표 점검

점검 항목	예	부분	아니오
나는 창업을 '아이디어 실행'이 아닌 '전략적 설계 과정'으로 인식하고 있는가	☐	☐	☐
단기 성과보다 중·장기 생존 구조를 우선 고려하고 있는가	☐	☐	☐
나의 창업 목적(경제적·전문적·사명적 목표)이 명확한가	☐	☐	☐
실패 가능성을 감이 이닌 구조로 관리하려는 관점을 갖고 있는가	☐	☐	☐

2. 시장·환경 분석 점검

점검 항목	예	부분	아니오
진입하려는 시장의 크기(TAM/SAM/SOM)를 설명할 수 있는가	☐	☐	☐
고객이 처한 문제를 시장 관점에서 정의했는가	☐	☐	☐
경쟁자를 기능이 아닌 대안 해결 방식으로 분석했는가	☐	☐	☐
이 시장에 진입해야 할 전략적 이유가 분명한가	☐	☐	☐

3. 아이디어에서 기회로의 전환 점검

점검 항목	예	부분	아니오
아이디어가 실제 고객 문제에서 출발했는가	☐	☐	☐
고객 인터뷰 또는 검증을 통해 가설을 테스트했는가	☐	☐	☐
'있으면 좋은 것'이 아닌 '없으면 불편한 것'인가	☐	☐	☐
기술·열정 중심이 아닌 시장 중심으로 검증했는가	☐	☐	☐

4. 가치 제안(Value Proposition) 점검

점검 항목	예	부분	아니오
우리 고객이 누구인지 한 문장으로 설명할 수 있는가	☐	☐	☐
고객의 핵심 Pain / Gain을 명확히 정의했는가	☐	☐	☐
경쟁사 대비 차별 포인트가 명확한가	☐	☐	☐
고객이 왜 '지금' 선택해야 하는지 설명할 수 있는가	☐	☐	☐

5. 비즈니스 모델 및 수익 구조 점검

점검 항목	예	부분	아니오
수익이 발생하는 구조를 명확히 이해하고 있는가	☐	☐	☐
반복 가능한 수익 구조를 고려했는가	☐	☐	☐
가격 전략이 고객 가치와 연결되어 있는가	☐	☐	☐
향후 피봇 가능성을 비즈니스 모델에 반영했는가	☐	☐	☐

6. 제품·서비스 실행 점검(MVP)

점검 항목	예	부분	아니오
완성도보다 검증 목적의 MVP를 정의했는가	☐	☐	☐
MVP의 성공 기준이 명확한가	☐	☐	☐
고객 피드백을 수집할 구조가 마련되어 있는가	☐	☐	☐
학습 결과를 다음 실행에 반영하고 있는가	☐	☐	☐

7. 마케팅 및 시장 진입 전략 점검

점검 항목	예	부분	아니오
'모두'가 아닌 명확한 타깃 고객을 설정했는가	☐	☐	☐
초기 시장 진입 채널이 명확한가	☐	☐	☐
경쟁 우위를 메시지로 표현할 수 있는가	☐	☐	☐
고객 경험(구매 전·중·후)을 전략적으로 설계했는가	☐	☐	☐

8. 팀·조직 실행 점검

점검 항목	예	부분	아니오
현재 팀에 필요한 핵심 역할이 정의되어 있는가	☐	☐	☐
공동 창업자의 역할과 책임이 명확히 합의되었는가	☐	☐	☐
갈등 발생 시 해결 기준이 사전에 정리되어 있는가	☐	☐	☐
장기적으로 유지 가능한 팀 구조인가	☐	☐	☐

9. 재무·생존 전략 점검

점검 항목	예	부분	아니오
월별 고정비와 변동비를 정확히 파악하고 있는가	☐	☐	☐
손익분기점(BEP)을 계산해 보았는가	☐	☐	☐
현금 흐름 리스크 시점을 인지하고 있는가	☐	☐	☐
자금 조달이 전략적 선택인지 검토했는가	☐	☐	☐

10. 성장·위기 대응 점검

점검 항목	예	부분	아니오
성장의 기준(KPI)이 명확한가	☐	☐	☐
확장 전에 현재 비즈니스 모델이 충분히 검증되었는가	☐	☐	☐
위기 시나리오를 사전에 가정해 보았는가	☐	☐	☐
창업가 개인의 지속 가능한 성장 루틴이 있는가	☐	☐	☐

종합 진단 질문

1. 현재 나의 가장 큰 실패 리스크는 무엇인가? (아이디어/시장/구조/실행/숫자)
2. 이 리스크는 노력의 문제인가, 아니면 설계의 문제인가?